NÓS SOMOS A MUDANÇA QUE BUSCAMOS

Organizado por E.J. DIONNE JR. e JOY-ANN REID

NÓS SOMOS A MUDANÇA QUE BUSCAMOS

Os discursos de Barack Obama

Tradução
Clóvis Marques

3ª edição

Rio de Janeiro | 2020

CIP-BRASIL. CATALOGAÇÃO NA PUBLICAÇÃO
SINDICATO NACIONAL DOS EDITORES DE LIVROS, RJ

Obama, Barack

O12n   Nós somos a mudança que buscamos / Barack Obama;
3ª ed. organização E.J. Dionne Jr., Joy-Ann Reid; tradução Clóvis
Marques. – 3ª ed. – Rio de Janeiro: Best*Seller*, 2020.
il.

Tradução de: We are the change we seek
ISBN: 9788546500536

1. Ciência política. I. Dionne Jr., E.J. II. Reid, Joy-Ann.
III. Marques, Clóvis. IV. Título.

17-43338   CDD: 320
                                                            CDU: 32

Texto revisado segundo o novo Acordo Ortográfico da Língua Portuguesa.

Título original:
WE ARE THE CHANGE WE SEEK

Copyright © E. J. Dionne Jr. e Joy-Ann Reid, 2017
Publicado de acordo com termos contratuais com a Bloomsbury Publishing Inc.
Todos os direitos reservados.
Copyright da tradução © 2017 by Editora Best Seller Ltda.

Design de capa: Katya Mezhibovskaya
Adaptação de capa: Sense Design
Imagem de capa: Getty Images/ Brooks Kraft / Colaborador
Editoração eletrônica: Abreu's System

Todos os direitos reservados. Proibida a reprodução,
no todo ou em parte, sem autorização prévia por escrito da editora,
sejam quais forem os meios empregados.

Direitos exclusivos de publicação em língua portuguesa para o Brasil
adquiridos pela
EDITORA BEST SELLER LTDA.
Rua Argentina, 171, parte, São Cristóvão
Rio de Janeiro, RJ – 20921-380
que se reserva a propriedade literária desta tradução

Impresso no Brasil

ISBN 978-85-4650-053-6

Seja um leitor preferencial Record.
Cadastre-se e receba informações sobre nossos lançamentos e nossas promoções.

Atendimento e venda direta ao leitor
sac@record.com.br.

Para minha esposa, Mary Boyle, e nossos filhos, James, Julia e Margot, que sempre se lembrarão de ter enfrentado o frio para testemunhar a história no dia 20 de janeiro de 2009.

Para meu marido, Jason Reid, e meus filhos, Winsome, Jmar e Miles, que tiveram a sorte de saber que alguém com a sua aparência pode ser presidente.

E para John Lewis, que tornou isto possível.

SUMÁRIO

Introdução: "Em marcha!"   11

"O que eu não quero é uma guerra estúpida"   27
Discurso contra a guerra no Iraque
Chicago, Illinois, 2 de outubro de 2002

"A audácia da esperança"   31
Discurso de abertura da Convenção Nacional Democrata de 2004
Boston, Massachusetts, 27 de julho de 2004

"Até onde chegamos"   39
Pronunciamento na festa do 65º aniversário de John Lewis
Atlanta, Geórgia, 21 de fevereiro de 2005

"Não podemos abandonar o campo do discurso religioso"   45
Discurso de abertura da Conferência da Call to Renewal
Washington DC, 28 de junho de 2006

"O que espera os Estados Unidos?"   59
Discurso no Banquete Jefferson-Jackson
Des Moines, Iowa, 10 de novembro de 2007

"Sim, nós podemos"   67
Discurso de reconhecimento da derrota nas primárias
de New Hampshire
Nashua, New Hampshire, 8 de janeiro de 2008

"Uma união mais perfeita" 73
Discurso no National Constitution Center
Filadélfia, Pensilvânia, 18 de março de 2008

"Mudar é possível" 89
Discurso de aceitação da candidatura na Convenção Nacional
Democrata de 2008
Denver, Colorado, 28 de agosto de 2008

"Esta vitória é de vocês" 105
Discurso da vitória na noite da eleição
Chicago, Illinois, 4 de novembro de 2008

"Uma nova era de responsabilidade" 113
Primeiro discurso de posse
Washington, 20 de janeiro de 2009

"Corações abertos. Mentes abertas. Palavras justas." 121
Pronunciamento na entrega de diplomas em Notre Dame
South Bend, Indiana, 17 de maio de 2009

"Um novo começo" 131
Pronunciamento na Universidade do Cairo
Cairo, Egito, 4 de junho de 2009

"O guerreiro feliz" 149
Elogio fúnebre do senador Edward M. "Ted" Kennedy
Boston, Massachusetts, 29 de agosto de 2009

"Uma paz justa e duradoura" 155
Conferência do Prêmio Nobel da Paz
Oslo, Noruega, 10 de dezembro de 2009

"Justiça foi feita" 169
Pronunciamento sobre Osama bin Laden
Washington DC, 2 de maio de 2011

"Venho aqui dizer que eles estão errados" — 175
Pronunciamento sobre a economia
Osawatomie, Kansas, 6 de dezembro de 2011

"Newtown, você não está sozinha" — 193
Pronunciamento na vigília inter-religiosa de oração Sandy Hook
Newtown, Connecticut, 16 de dezembro de 2012

"Nós, o povo..." — 199
Segundo discurso de posse
Washington DC, 21 de janeiro de 2013

"Agora temos que concluir o trabalho" — 207
Discurso do Estado da União de 2013
Washington, DC, 12 de fevereiro de 2013

"Trayvon Martin [...] podia ser meu filho" — 229
Pronunciamento sobre Trayvon Martin
Washington, D.C., 19 de julho de 2013

"Tenham amor" — 235
Pronunciamento no Café da Manhã da Oração Nacional
Washington, D.C., 5 de fevereiro de 2015

"Pois somos filhos da mudança" — 245
Pronunciamento no 50º aniversário do "Domingo Sangrento"
Selma, Alabama, 7 de março de 2015

"Sublime graça" — 257
Elogio fúnebre do ilustre reverendo Clementa Pinckney
Charleston, Carolina do Sul, 26 de junho de 2015

"Um mundo digno dos nossos filhos" — 267
Pronunciamento na primeira sessão da COP21
Paris, França, 30 de novembro de 2015

"Como veem, não basta uma justificada indignação para mudar" 273
Pronunciamento na cerimônia de formatura
da Universidade Howard
Washington DC, 7 de maio de 2016

"Precisamos ir em frente" 289
Pronunciamento na Assembleia Geral das Nações Unidas
Nova York, 20 de setembro de 2016

"O que nossa democracia exige" 305
Pronunciamento de despedida
Chicago, Illinois, 10 de janeiro de 2017

Agradecimentos 319

Introdução

"EM MARCHA!"

Barack Obama e a audácia da persuasão

E. J. Dionne Jr. e Joy-Ann Reid

BARACK OBAMA CHEGOU à Casa Branca em janeiro de 2009, enfrentando um conjunto de circunstâncias mais funesto do que qualquer presidente desde Franklin Roosevelt: um desastre financeiro global que chegaria muito perto de se transformar em um colapso econômico, índices estratosféricos de desemprego e guerras impopulares no Iraque e no Afeganistão, que não demonstravam qualquer sinal de solução. Apesar da fervorosa promessa de campanha de amainar as divisões políticas do país, ele se viu diante de uma oposição republicana empenhada em recuperar o poder criando obstáculos para seu programa, desafiando seu mandato de governo e condenando seus sonhos de harmonia a morrerem no nascedouro.

Com o tempo, isso significou que Obama teve que recorrer a seu talento retórico para enfrentar e derrotar os adversários políticos. Quando as circunstâncias exigiam, Obama podia ser um político partidário altamente eficaz, o que enfurecia ainda mais os oponentes. Por mais eloquente que se mostrasse, ele nunca conquistava a adesão daqueles que o viam como um perigoso antagonista filosófico.

Mas Obama nunca abandonou a ideia de que, sob a superfície dos conflitos mais tempestuosos, um país que o elegera como o primeiro presidente afro-americano não estava tão dilacerado quanto parecia. Para seus apoiadores — e cada vez mais, à medida que se aproximava o fim de seu mandato, para os americanos cansados das infindáveis guerras partidárias —, ele continuava sendo uma figura empenhada em reviver o apelo de Abraham Lincoln aos "melhores anjos da nossa natureza". Quando seu período na presidência estava chegando ao fim, até mesmo alguns adversários reconheciam, às vezes de má vontade, que Obama tinha uma fluência calma da qual sentiriam falta.

Obama sempre soube que, quando se tratava de envolver as pessoas por meio da fala, dispunha daquele "algo especial". Foi o que disse sem rodeios em 2009 a Harry Reid, líder da Maioria no Senado, depois de Reid descrever como "fenomenal" um discurso de Obama no plenário. Em suas memórias, Reid disse que "jamais esqueceria sua resposta".

— Eu tenho um dom, Harry — comentou Obama em tom casual.

Reid reforçou que Obama falou isso "sem a mais leve sombra de jactância ou presunção, mas com um sentimento que eu descreveria como de profunda humildade".

O relato foi publicado quando Obama já assumira a presidência, e é possível que Reid, o leal democrata, tenha se empenhado em evitar que a convicção do novo presidente em sua própria eloquência fosse considerada um sinal de arrogância. Ainda assim, a afirmação de Reid era plausível, pois o caráter de distanciamento tranquilo com frequência permitia a Obama enumerar de forma neutra seus próprios defeitos e virtudes. Ele simplesmente chegara à conclusão de que a capacidade de convencer, comover e inspirar era um de seus maiores trunfos. E tinha razão.

É surpreendente que o gênio retórico não seja nem nunca tenha sido essencial para uma presidência bem-sucedida. Ao longo do último século, a lista de presidentes que podemos considerar oradores particularmente talentosos não é longa — Franklin Roosevelt, John F. Kennedy, Ronald Reagan, Bill Clinton e Obama.

Roosevelt e Kennedy pertencem a esse rol não apenas porque falavam com eloquência, mas também por terem dominado os novos veículos que haviam se imposto na política — o rádio, no caso do primeiro, e a televisão, no do segundo. As exigências dos dois eram diferentes. Enquanto o rádio oferecia certa intimidade calorosa, a televisão se mostrava amigável com quem demonstrava uma ironia tranquila. Reagan, como não se cansavam de lembrar os liberais, tirava proveito do talento de ator e de anos no circuito de palestras, mas também se sobressaía por ter ideias claras e uma noção perfeita do rumo em que pretendia conduzir o país. Clinton compartilhava com Reagan a capacidade de argumentar com coerência e a certeza de que a reiteração dessas argumentações era um fator central de uma presidência bem-sucedida. Na Convenção Nacional Democrata de 2012, Clinton usou sua habilidade para vender o peixe de Obama, outrora rival de sua esposa, merecendo daquele que passara a apoiar um novo epíteto: "Explainer in chief" — [Consultor chefe]. Provando que até Obama podia, às vezes, ser superado em termos retóricos, Clinton fez uma argumentação em favor da reeleição que foi amplamente considerada mais convincente do que a do próprio presidente.

Na escolha de seus antecessores em matéria de oratória, Obama apontou Lincoln como seu primeiro ídolo, uma escolha lógica para um político de Illinois que anunciou a candidatura presidencial na cidade que Lincoln adotou como sua, Springfield, e cuja eleição como primeiro presidente afro-americano representou uma consumação da obra do Grande Emancipador (o que poderia ter chocado o próprio Lincoln, que compartilhava, especialmente no início da carreira, muitos dos preconceitos raciais da sua época). Obama tinha mais um ponto em comum com Lincoln: a visão de que a trajetória da história americana apontava na direção da justiça e da inclusão. Nesse ponto, Obama seguia também Martin Luther King Jr. Tanto Lincoln quanto King e Obama consideravam que a melhor maneira de resgatar a promessa americana era insistir que, desde as origens do país, essa promessa era inerente aos documentos fundadores, em especial a Declaração da Independência. Obama se conectou ao passado dos Estados Unidos para mudar o futuro.

Também havia muito de Roosevelt em Obama, tanto de Franklin quanto de Theodore. Assim como Clinton, Obama se considerava o presidente de uma nova era progressista que tinha em comum com a Era Progressista original* o imperativo de enfrentar desafios radicais na economia e na sociedade. Se aqueles primeiros progressistas se empenhavam em estabelecer novas regras para um país que se movia da fazenda para a fábrica e das regiões rurais para as grandes cidades, os mais recentes queriam levar ordem

---

* Referência ao período abarcando a última década do século XIX e as duas primeiras do século XX, quando foram empreendidas políticas de expansão da ação estatal e contenção da influência dos interesses comerciais e industriais e de barões políticos e empresariais muitas vezes envolvidos em práticas de corrupção, para o estabelecimento de formas mais consequentes de democracia direta. (*N. do T.*)

e maior grau de justiça a uma nação ainda mais metropolitana, tanto nas áreas suburbanas quanto nas centrais, e que assistia à substituição do trabalho nas manufaturas pelas novas frentes na economia tecnológica, científica e de serviços. Em um dos discursos mais importantes de sua presidência, em Osawatomie, Kansas, Obama se vinculou firmemente ao legado intelectual e político de Teddy Roosevelt.

Um presidente que assumiu durante a maior catástrofe econômica desde a Grande Depressão não podia deixar de ir na direção de Franklin Delano Roosevelt e, por outro lado, de sofrer sua inevitável influência. Numa capa da revista *Time*, Obama apareceu quase como um sósia de FDR: sorriso confiante e piteira no canto da boca — o que parecia adequado em se tratando de alguém que tentava parar de fumar.

Sem dúvida, havia também ressonâncias de JFK, em especial na parte da retórica de Obama que mais se conecta à questão das gerações. Se John Kennedy foi a voz jovem da geração da Segunda Guerra Mundial, Obama foi o primeiro presidente não afetado pelas turbulências da década de 1960, considerando-se capaz de libertar o país de muitos pressupostos, lutas e discórdias dessa época. Apesar do que os inimigos conservadores muitas vezes diziam a seu respeito, Obama, assim como Kennedy, desconfiava das ideologias e, às vezes, podia se mostrar bem duro com aliados mais à esquerda. (O discurso de Osawatomie foi, em certa medida, uma tentativa de reconquistar a confiança desses aliados nele.)

É provável que a referência mais inesperada de Obama, considerando-se o abismo filosófico entre os dois, tenha sido Reagan. Mas o respeito que Obama demonstrou pelo ex-presidente não deveria surpreender. Os dois tinham em comum algo inusitado na história dos Estados Unidos: ambos se valeram de um único discurso para galgar o mais alto patamar da política americana. É difícil encontrar outros políticos que tenham feito o mesmo. William Jennings Bryan, com seu discurso da "Cruz de Ouro", em 1896, foi quem chegou mais perto.

No caso de Reagan, o discurso que o lançou na carreira política foi "Hora de escolher", transmitido pela TV em 27 de outubro de 1964, no qual saiu em defesa da malfadada campanha presidencial de Barry Goldwater. Cabe duvidar que o discurso tenha feito muita gente mudar de ideia — Goldwater acabou amargando uma derrota histórica —, mas a transmissão destacou Reagan como um herói conservador de nossa época. Valendo-se de ironia, histórias interessantes e das devidas estatísticas (ainda que equivocadas), Reagan deu voz ao conservadorismo moderno. No momento em que concluiu seu pronunciamento naquela noite (com a expressão "a última melhor esperança da Terra", usada por Lincoln), os milhões de conservadores que o assistiam sabiam ter encontrado aquele que os levaria à Casa Branca. E foi o que ele fez, 16 anos depois.

Obama abriu sua porta para o imaginário político americano com um discurso muito diferente: o pronunciamento de abertura da Convenção Nacional Democrata, em 27 de julho de 2004. O que ficou na lembrança foi o chamamento à unidade nacional, a insistência em que "Não há uma América liberal e uma América conservadora; há os Estados Unidos da América". E também: "Não há uma América dos negros, dos brancos, dos latinos ou dos asiáticos; há os Estados Unidos da América." Um país que ansiava por união, ao que parecia na época, tinha encontrado seu representante.

O que esquecemos é que o discurso era também um pronunciamento partidário com objetivos políticos. Em certo sentido, corporificava tensões que estariam presentes na caminhada de Obama até a presidência e durante seu período na Casa Branca. Obama sempre precisou ir e vir entre suas esperanças de conciliação e a necessidade de vencer batalhas campais com um Partido Republicano que resistia a seus gestos de aproximação.

Enquanto Reagan procurava acirrar as divisões ideológicas, Obama as via — em especial àquelas em torno de questões sociais e morais — como um produto das estratégias republicanas e um empecilho para as esperanças liberais e democratas. O discurso de Obama em favor da unidade, afinal, era um ataque às intenções divisivas dos republicanos. "Neste exato momento em que falamos", disse ele, "não faltam aqueles que se preparam para nos dividir, os manipuladores e vendedores de pessimismo que adotam a política do vale-tudo." À sua maneira, Obama também estava dividindo o país: entre os que separavam o país por motivos políticos e os que se recusavam a fazê-lo.

Isso tinha a ver com um projeto alimentado por Obama à época: diminuir o impacto de questões culturais, assim como de divisões raciais e religiosas, estimulando americanos brancos da classe média e da classe trabalhadora a apoiar progressistas e democratas empenhados em defender seus interesses econômicos. O discurso sobre a divisão dos Estados Unidos entre republicanos e democratas continha uma visão progressista da economia e promessas em nome daqueles que estavam "perdendo seus empregos sindicalizados" e salários decentes. Ironicamente, Donald Trump, o arqui-inimigo de Obama, apelaria para esses mesmos eleitores em 2016. Dois dos discursos mais importantes de Obama — um, sobre religião, na conferência Apelo à Renovação, em 2006, e, outro, sobre raça, após a polêmica que envolveu seu pastor, o reverendo Jeremiah Wright — destinavam-se a acabar com duas das maiores linhas divisórias da política americana, em benefício, esperava Obama, dos progressistas.

"Os secularistas se equivocam ao exigir que os crentes deixem sua religião do lado de fora ao entrar na arena pública", disse ele no primeiro discurso. Quanto a Wright, Obama criticou seu pastor por "ter uma visão profundamente distorcida de nosso país — uma visão que considera o racismo branco como endêmico e equipara o que está errado nos Estados Unidos com tudo aquilo que sabemos estar certo nos Estados Unidos". Considerando-se as grandes divisões que se aprofundaram nos anos Obama, é paradoxal e até mesmo trágico que ele tenha dedicado tanto de seu poder de fogo retórico à missão de conciliar os conservadores religiosos brancos com sua visão enquanto observava, pelo contrário, o agravamento dessas cisões. Até os pregadores mais talentosos podem fracassar na missão de converter.

Obama tinha algo mais em comum com Reagan, ou pelo menos era o que esperava. Assim como o antecessor, ele queria realinhar a política americana. Reagan movera a política para a direita. Obama queria ter o mesmo êxito em reverter essa maré. Durante sua campanha nas primárias contra Hillary Clinton, declarou, enfaticamente, em uma entrevista ao *Reno Gazette-Journal*: "Considero que Ronald Reagan mudou a trajetória dos Estados Unidos de um jeito que nem Richard Nixon nem Bill Clinton foram capazes." É provável que a equiparação do marido de sua adversária a Nixon não tenha sido mero acidente. No entanto, as palavras mais reveladoras de Obama foram a respeito de Reagan: "Ele nos conduziu a um caminho fundamentalmente diferente porque o país estava pronto", disse. "Acho que ele foi direto no que as pessoas já estavam sentindo. Isto é: queremos clareza, queremos otimismo, queremos a volta àquele sentimento de dinamismo e iniciativa do qual temos sentido falta."

Essa entrevista se revelaria um excelente guia para a estratégia retórica de Obama nos oito anos subsequentes. Seus índices de aprovação no fim do mandato indicavam que, de fato, a maioria do país estava pronta para a mudança prometida por ele, muito embora uma considerável minoria continuasse resistindo.

E havia, na abordagem retórica de Obama, um aspecto muito característico dele ou, talvez mais precisamente, que ele não compartilhava com presidentes anteriores, e sim com os heróis dos direitos civis: o reconhecimento de que a tarefa de mudar o rumo da história era longa, árdua e cheia de decepções. Era aí que surgia, e sempre haveria de surgir, a esperança. Obama insistiria que, mesmo em momentos de decepção, o desespero estava fora de questão — não apenas por ser inútil, mas também por negar possibilidades que sempre existiriam.

"Esperança não é otimismo cego", disse Obama no início da campanha de 2008. "Não significa ignorar a enormidade da tarefa que temos pela frente ou os obstáculos no caminho. Nem, tampouco, cruzar os braços enquanto a caravana passa, ou fugir da luta. Esperança é aquilo dentro de nós que, apesar das indicações em contrário, insiste em que algo melhor nos espera se tivermos coragem de buscar, trabalhar e lutar."

Assim, Obama exortava constantemente seus aliados a levar em conta as vitórias obtidas, os sucessos alcançados, as possibilidades concretizadas. Em 2016, ele disse aos alunos da Howard University que "negar o quanto avançamos seria um desserviço à causa da justiça, às legiões de soldados, a (…) suas mães e seus pais, seus avós e bisavós, que marcharam e lutaram e sofreram e superaram tudo para tornar este dia possível".

Os detratores conservadores de Obama o acusavam com frequência de "se desculpar" pelos Estados Unidos. Na verdade, ele defendia o tempo todo o legado do país, os Estados Unidos que sempre foram capazes de mudar e se "aperfeiçoar". Assim como seu herói teológico, Reinhold Niebuhr, Obama entendia a fragilidade humana — o "pecado original", em termos cristãos —, mas também a capacidade humana de transcendência. Tinha em mente essa fragilidade em todos os seus empreendimentos, fossem políticos ou retóricos. Assim como Niebuhr, era, decididamente, um realista. Mas continuava apostando na transcendência e na esperança. "Sim, nós podemos" foi um slogan político inteligente, mas também uma frase que ia direto ao cerne da tese que ele não se cansaria de sustentar.

SEM DÚVIDA É um hábito dos presidentes falar em termos históricos e situar seus esforços no longo fluxo da história americana. Mas poucos outros presidentes (Lincoln foi um deles) insistiram tanto quanto Obama em oferecer uma aula permanente sobre a história americana e seu significado. Isso, escreveu o historiador James Kloppenberg em seu livro *Reading Obama*, refletia o fato de Obama encarar as complexas lições da saga americana como um guia para indicar os passos seguintes:

> Obama amalgamou tradições americanas comumente — mas incorretamente — consideradas distintas. Aprendeu lições congruentes de diversas fontes. A democracia funciona melhor quando os direitos são equilibrados com as responsabilidades. Democracia requer compromisso, não por ser o caminho da menor resistência, mas porque as pessoas podem aprender umas com as outras e porque as mudanças duradouras exigem amplo consentimento popular. A mudança nos Estados Unidos é uma tarefa de décadas, e não de meses, nem mesmo de anos. Absorvendo todas essas lições, Obama também aprendeu que a única base de uma cultura se encontra em sua complexa história.

Isso explica por que Obama retorna com frequência (como fazia Bill Clinton) à ideia de uma "união mais perfeita" contida no Preâmbulo da Constituição. Na retórica de Obama, a palavra *perfect* significa, com a mesma frequência, tanto o verbo aperfeiçoar quanto um adjetivo que remete a uma condição ideal. O pressuposto é sempre de que os Estados Unidos ainda não atingiram sua meta, mas se aproximam dela a cada década. "Cinquenta anos depois do Domingo Sangrento, nossa marcha ainda não terminou, mas estamos chegando mais perto", declarou ele no 50º aniversário da marcha em Selma.* "Duzentos e trinta e nove anos

---

* Marcha pelos direitos civis e voto dos cidadãos negros em 1965 no estado do Alabama, em clima de racismo e repressão, e que envolveu a morte de militantes no chamado "Domingo Sangrento". (*N do T.*)

após a fundação desta nação, nossa união ainda não é perfeita, mas estamos chegando mais perto. Nossa tarefa é mais fácil porque alguém já nos fez percorrer esse primeiro quilômetro. Alguém já nos fez atravessar essa ponte."

Ele expôs a mesma ideia ao jogar com o duplo significado de *perfect* em seu pronunciamento sobre a polêmica em torno de Wright: "Esta união talvez nunca seja perfeita, mas as gerações vêm demonstrando, uma após a outra, que pode ser aperfeiçoada."

Na visão de mundo de Obama, há um pressuposto muito semelhante à ideia exposta por Václav Havel ao se dirigir ao Congresso americano em 1990. "Enquanto as pessoas forem pessoas, a democracia, no pleno sentido da palavra, nunca passará de um ideal", declarou Havel. "Podemos nos aproximar dela como nos aproximaríamos do horizonte, de formas que podem ser melhores ou piores, mas ela nunca poderá ser plenamente alcançada. Nesse sentido, vocês também estão apenas se aproximando da democracia." A jornada em direção a uma meta é uma meta em si mesma. Assim foi que Obama se referiu, falando aos alunos de pós-graduação da Howard University em 2016, ao que mais admirava nos combatentes da campanha dos direitos civis: "Eles sabiam que, mesmo que vencessem, aquele seria apenas o início de uma longa marcha em direção à igualdade."

Obama também costumava se situar em termos históricos, como fez em Osawatomie e como sempre fez ao se referir a algo que poderia ser encarado como um autêntico milagre americano: o fato de um país dilacerado desde o início pela injustiça racial chegar a eleger um cidadão negro como presidente.

Foi na presidência de Obama que uma divisão acentuada na maneira como os americanos absorvem e interpretam sua história ficou mais clara que nunca — talvez em decorrência do inevitável contraste entre a visão de Obama e a atitude assumida por seus adversários conservadores, em especial os membros do Tea Party, a ala radical e ultraconservadora do Partido Republicano.

Simplificando: alguns americanos se mostram mais inclinados a se voltar para o passado, e, outros, para o futuro. Alguns consideram que as virtudes manifestas da nação estão enraizadas em antigos valores nutridos por um elenco de ideias que precisam ser defendidas contra qualquer um que as conteste. Outros se voltam para a comprovada capacidade do país de se corrigir e mudar.

Em consequência, uma das correntes de reverência aos fundadores dos Estados Unidos decorre da crença de que eles estabeleceram verdades atemporais. A visão alternativa os apresenta como aventureiros políticos e intelectuais dispostos a romper com antigos sistemas e formas consagradas de pensamento.

Não há dúvida de que muitos americanos combinam essas visões em suas próprias formas de patriotismo, mas a maioria tende para um lado ou para o outro. Obama evidentemente celebra a capacidade de mudança dos Estados Unidos e, nesse sentido, enquadra-se na tradição de Franklin Roosevelt, que em um pronunciamento na casa de Thomas Jefferson, em Monticello, em 4 de julho de 1936, frisou que os inventores da experiência americana criaram uma nação que jamais teria medo da mudança.

O que os fundadores da pátria tinham feito?, perguntou. "Romperam com o sistema de campesinato, com a servidão por contrato", explicou Roosevelt. "Eles foram capazes de construir para si mesmos uma nova independência econômica. Seus deuses não eram os deuses das coisas tal como se apresentavam, mas os deuses das coisas como deveriam ser. E assim, como tão bem demonstra Monticello, usaram novos recursos e novos modelos para construir novas estruturas."

Não os deuses das coisas tal como se apresentavam, mas os deuses das coisas como deveriam ser é o credo do reformista. O propósito do passado é servir ao presente e ao futuro. A história é uma questão de testar instituições no confronto com os padrões e adaptá-las, como dizia Roosevelt, para "ampliar a liberdade da mente humana e acabar com a sujeição a ela imposta pela ignorância, pela pobreza e pela intolerância política e religiosa".

Há uma linha divisória entre as visões de Roosevelt e de Obama sobre a tradição americana, como foi expresso em Selma. "Que maior expressão de fé na experiência americana poderia haver, que maior forma de patriotismo do que a crença de que os Estados Unidos não estão concluídos, de que somos fortes o bastante para ser autocríticos, de que cada geração que se sucede pode contemplar nossas imperfeições e decidir que temos a capacidade de refazer esta nação para deixá-la mais alinhada com nossos ideais mais elevados?", perguntava Obama.

Mas o dom de Obama também implicava em desvantagens. Ele ficava em uma saia-justa quando sua eloquência falhava, quando um discurso não alcançava o padrão esperado dele desde o momento em que desceu da tribuna na Convenção de 2004. Às vezes, Obama era vítima do que Mario Cuomo, o eloquente governador de Nova York, considerava uma versão do "estereótipo da loura burra". Cuomo dizia que, quando um político falava particularmente bem, considerava-se que sua única habilidade era falar. Em 2008, Obama fez uma piada dizendo que seus adversários ridicularizavam seus apoiadores por terem se apaixonado por sua lábia. Em meio a risos, ele imitou a fala dos inimigos: "Só querem saber dele porque fala bonito."

O elevado tom de confiança que ele exortava seus partidários a adotar era também objeto de zombaria. Obama gostava de dizer que era acusado de ser um "vendedor de esperança". Não se incomodava com isso, e especialmente em 2008, mas também em muitas ocasiões desde então, tentou reviver na política presidencial seu trabalho como organizador comunitário. Considerava que envolver os cidadãos no trabalho duro da democracia era sua tarefa. "Não haverá mudança se esperarmos outra pessoa ou outra época", declarou na noite da Super Terça das primárias em 2008. "Nós somos aqueles por quem estávamos esperando. Nós somos a mudança que buscamos."

Ele também carregava outro fardo. Estivesse agindo como um grande animador ou sedutor, o primeiro presidente negro do país era constantemente chamado a interpretar momentos de crise racial, e seus esforços suscitavam tanto elogios efusivos quanto críticas cáusticas. Talvez fosse inevitável que ele se tornasse uma referência positiva para dezenas de milhões de americanos e uma referência negativa para outras dezenas de milhões. Um homem negro criado por uma mãe branca e avós brancos, do Meio-Oeste, ele também era um marido e pai que sempre tinha em mente o seu dever como exemplo e herói para jovens afro-americanos, em especial jovens negros do sexo masculino. Carregava responsabilidades acerca da questão racial como nenhum de seus antecessores carregara.

Ao levar adiante esses encargos, Obama se voltava para o esperançoso credo multirracial do cristianismo dos direitos civis. A ênfase na esperança; a insistência na luta, na organização e na estruturação de movimentos; as frequentes referências à "brutal urgência do agora" — tudo ecoava abertamente o vocabulário de uma causa dos direitos civis ancorada nas Escrituras. Ele invocava as características de Martin Luther King Jr. mais associadas aos temas da conciliação, e não o King mais indignado, que, perto do fim da vida, tornou-se alvo de críticas intensas dos conservadores por sua decidida oposição à guerra no Vietnã. Era esse King mais tardio que encontrava ressonância em Wright, gerando a tempestade à qual Obama se viu obrigado a reagir.

A retomada da retórica dos primeiros tempos da campanha dos direitos civis se encaixava perfeitamente com o temperamento e a visão de mundo de Obama, além de apresentar vantagens práticas. O início do movimento, em particular a pregação de King, não se centrava, primordialmente, na derrota dos adversários, mas na conversão deles. O tema da conversão e da busca de uma "amada comunidade" inter-racial combinava com a mensagem central de reconciliação política e racial sustentada por Obama. "Precisamos levar a fé a sério", escreveu ele em *A audácia da esperança* (título derivado de um sermão de Wright), "não apenas para bloquear o caminho da direita religiosa, mas também para mobilizar todas as pessoas de fé no projeto mais amplo da renovação americana." As ressonâncias espirituais da retórica dos direitos civis contribuíram para dar certo ar de revitalização religiosa à campanha de 2008, assentando as bases para o apelo de Obama à esperança.

Esse Obama seria ouvido com frequência durante seu período como presidente, alcançando o momento mais comovente em Charleston, Carolina do Sul, no elogio fúnebre do reverendo Clementa Pinckney, após um massacre em uma igreja afro-americana. A fala terminou com o presidente cantando espontaneamente "Amazing Grace", tal como um pregador poderia cantar as frases de seu sermão, em meio a um coro de perplexas aleluias.

KLOPPENBERG ASSINALA UM aspecto importante da visão de mundo de Obama que por vezes entrava em conflito com sua visão esperançosa do país e de seu futuro. Escrevendo num período complicado da presidência, Kloppenberg via em Obama o pragmatismo filosófico de William James e John Dewey. Embora quase todo político goste de se considerar "pragmático", o pragmatismo, em si mesmo, é uma filosofia fria, nada tendo a ver com o calor da retórica:

O pragmatismo é uma filosofia para céticos, uma filosofia para quem está comprometido com o debate democrático e a avaliação crítica dos resultados das decisões políticas, e não para crentes convencidos de conhecerem o caminho certo antes mesmo de qualquer investigação ou experimentação (...) A flexibilidade da filosofia pragmática, que ajuda a entender a acuidade e a flexibilidade intelectuais de Obama, pode, paradoxalmente, solapar sua capacidade de inspirar e convencer o eleitorado americano e o Congresso dos Estados Unidos, em um momento em que a retórica estridente e a inflexibilidade partidária tomaram o lugar do raciocínio lógico e do compromisso com a solução dos problemas.

Kloppenberg simpatizava com a luta de Obama, mas o presidente precisava enfrentar as circunstâncias políticas que se apresentavam, e não aquelas com que sonhava. Embora tenhamos reunido neste volume alguns de seus discursos mais convincentes, eficazes e comoventes, houve momentos na presidência em que seu talento retórico não foi capaz de socorrê-lo — e ocasiões nas quais ele sequer pareceu convocá-lo. Obama se mostrou decididamente (e surpreendentemente, para seus apoiadores) incapaz de convencer com seus argumentos a favor de duas de suas principais realizações: o estímulo econômico e o programa de assistência de saúde. E foi perseguido por esses dois fracassos ao longo de toda a presidência. Em seu relato sobre o primeiro ano de Obama na Casa Branca, Jonathan Alter escreveu que, muitas vezes, ele pareceu tratar o estímulo econômico "como se fosse uma refeição de cachorro preparada por outra pessoa". Os argumentos do presidente em defesa do Obamacare mudavam à medida que a batalha se arrastava, e ele se viu preso em um círculo vicioso: a incapacidade de apresentar uma argumentação eficaz a favor do programa o tornava impopular, o que fazia com que Obama se eximisse de uma defesa mais robusta da proposta para não transformá-la em uma questão central que pudesse prejudicá-lo politicamente.

Às vezes, o presidente parecia perder todo o seu dom de persuasão. Em seu livro de memórias, *Believer*, David Axelrod, um de seus principais assessores e um amigo leal, escreve a respeito de uma reunião de planejamento para a qual havia preparado um vídeo contendo trechos do discurso na Convenção de 2004 e alguns momentos mais inspiradores da campanha de 2008. "Encerrei com gravações mais recentes, documentando um presidente contido, comunicando detalhes de suas políticas de redução do déficit e falando do que significariam em termos de algum ano fiscal distante. Era um desempenho clínico e frio, sem qualquer paixão ou empenho para convencer."

"Precisamos que você volte a ser *esse* sujeito", disse Axelrod ao chefe, referindo-se ao Obama que costumava ser "apaixonado e decidido".

Mas o fato é que ele voltava a ser *esse* sujeito com regularidade. Obama conquistou sua fama de orador justamente por ser capaz de se valer de discursos para resolver problemas políticos e capturar a atenção do país. Seu discurso no banquete Jefferson-Jackson de 2007, em Iowa, sem dúvida sacudiu os democratas do estado. O discurso, pronunciado durante a polêmica em torno de Wright, de fato fez com que ela virasse passado. O pronunciamento em Osawatomie arrancou-o do lodaçal das disputas orçamentárias e reanimou o espírito de lealdade de seus apoiadores progressistas. A sobriedade de sua fala ao receber o Prêmio Nobel da Paz abrandou as críticas daqueles que diziam que ele ainda não fizera por merecê-lo — em certa medida, porque ele próprio o admitiu. Se os discursos e elogios fúnebres de Obama após os muitos episódios de violência armada durante seu mandato não foram capazes de levar o Congresso a aprovar uma legislação consequente de controle de armas de fogo, o fato é que serviram de estímulo aos americanos que ansiavam por um caminho diferente para o país. E, fosse em Notre Dame ou Selma, ele se manteve firme na convicção de que um país dividido por raça, religião, cultura e política, ainda assim, seria capaz de resistir e seguir em frente, pois "a América não é frágil".

Esta coletânea reflete nossa mais sincera avaliação quanto aos discursos de Obama que têm maior probabilidade de perdurar, incluindo os mais conhecidos e os mais lembrados. Representa, também, um esforço no sentido de apresentar vários aspectos do homem, do político, do pregador e do comandante em chefe. Começa com seu discurso em 2002 em um comício em Chicago, no qual manifestou sua oposição à Guerra no Iraque, encontrando (sem sabê-lo ainda na época) a questão que lhe permitiria conquistar a indicação presidencial democrata seis anos depois. E termina com seu emotivo pronunciamento de despedida em Chicago, em janeiro de 2017 — discurso que funciona como um apanhado de suas realizações nacionais e internacionais na presidência, além de uma reafirmação de sua crença na força da ideia democrática.

Uma semana antes da eleição de 1960, Adlai Stevenson, outro democrata de Illinois que conquistou muitos corações com sua eloquência em duas campanhas malsucedidas para a presidência, apresentou John F. Kennedy em um comício em Los Angeles. Redator de discursos respeitado pelos admiradores por apelar para o intelecto, Stevenson estava lançando um jovem que tinha um dom ainda mais especial: o de inspirar engajamentos apaixonados.

"Por acaso se lembram", perguntou Stevenson, "que na era clássica, quando Cícero acabava de falar, o povo exclamava 'Como falou bem!', mas quando Demóstenes acabava de falar o povo dizia 'Em marcha!'?"

Não é certo que algum político americano possa ser equiparado a Cícero ou Demóstenes. Nunca o saberemos de fato. Mas, em seus melhores momentos, Obama era capaz de inspirar muitos americanos a acreditar que valia a pena marchar, engajar-se em um sistema político que muitas vezes desprezavam. Ele não chegou a unir o país como esperava, pois a nação continuou dividida exatamente em torno da questão à qual Obama dedicou tanta energia. Muitos americanos pensavam que a grandeza era algo a ser reconquistado. Obama acreditava que ainda devia ser alcançada.

Sua mensagem assumiu muitas formas, mas ele voltava periodicamente à ideia de que o país podia ser melhorado se os cidadãos se dedicassem a essa tarefa. Desconfiamos de que os americanos voltarão aos discursos de Obama justamente porque os Estados Unidos são um país em que sempre haverá espaço para a esperança.

"O QUE EU NÃO QUERO É UMA GUERRA ESTÚPIDA"

Discurso contra a guerra no Iraque

CHICAGO, ILLINOIS, 2 DE OUTUBRO DE 2002

Em 2 de outubro de 2002, dia em que uma resolução autorizando intervenção militar no Iraque era apresentada no Congresso americano, um jovem senador do estado de Illinois fez, em Chicago, um pronunciamento apaixonado em um comício contra a guerra. Barack Obama investiu contra aquela que considerava uma guerra "estúpida" e "precipitada", empreendida pelos "guerreiros de poltrona e de fim de semana deste governo". Na época, a imprensa não deu muita atenção a suas observações, mas ele galvanizou a multidão e se lançou como uma estrela em ascensão na comunidade progressista de Chicago. Anos depois, a integridade de sua posição contra a guerra no Iraque ajudaria Obama na campanha contra a ex-senadora Hillary Clinton pela vaga do Partido Democrata na disputa presidencial.

QUERO COMEÇAR DIZENDO que, embora a convocação tenha sido para um comício contra a guerra, apresento-me aqui diante de vocês como alguém que não se opõe a uma guerra em quaisquer circunstâncias. A Guerra Civil foi uma das mais sangrentas de nossa história e, no entanto, só mesmo o teste da espada e o sacrifício de multidões nos permitiram começar a aperfeiçoar esta união, acabando com o flagelo da escravidão em nosso solo. Eu não me oponho a toda e qualquer guerra.

Meu avô se apresentou como voluntário para a guerra no dia seguinte ao bombardeio de Pearl Harbor, combateu no exército de Patton. Viu mortos e moribundos nos campos da Europa; ouviu as histórias das tropas amigas que foram as primeiras a entrar em Auschwitz e Treblinka. Lutou em nome de uma liberdade maior, parte daquele arsenal democrático que triunfou sobre o mal, e não lutou em vão. Eu não me oponho a toda e qualquer guerra.

Depois do 11 de setembro, após testemunhar a carnificina e a destruição, a poeira e as lágrimas, apoiei a promessa deste governo de caçar e neutralizar aqueles que se dispõem a massacrar inocentes em nome da intolerância, e de bom grado empunharia armas para impedir que uma tragédia assim acontecesse de novo. Eu não me oponho a toda e qualquer guerra. E sei perfeitamente que hoje, aqui nesta multidão, não faltam patriotas nem patriotismo.

Eu me oponho, isso sim, a uma guerra estúpida. Oponho-me a uma guerra precipitada. Oponho-me à tentativa cínica de Richard Perle e Paul Wolfowitz e outros guerreiros de poltrona e de fim de semana deste governo de enfiar suas agendas ideológicas por nossa goela abaixo, independentemente do preço a ser pago sob a forma de vidas e privações.

Oponho-me à tentativa de oportunistas políticos como Karl Rove de desviar nossa atenção do aumento do número dos que não têm seguro-desemprego, do aumento dos índices de pobreza, da queda da renda média — de nos distrair de escândalos corporativos e de uma bolsa de valores que acaba de passar pelo pior mês desde a Grande Depressão. É a isso que me oponho. Uma guerra estúpida. Uma guerra precipitada. Uma guerra que não se baseia na razão, mas na paixão, não se baseia em princípios, mas em política. Quero ser bem claro: não tenho ilusões a respeito de Saddam Hussein. É um homem brutal. Um homem implacável. Um homem que dizima seu próprio povo para se manter no poder. Repetidas vezes ele desrespeitou resoluções da ONU, cerceou a ação de equipes de inspeção da ONU, desenvolveu armas químicas e biológicas e teve a intenção de desenvolver capacidade nuclear. É um mau sujeito. O mundo e o povo iraquiano estariam melhor sem ele.

Mas também sei que Saddam não representa uma ameaça iminente e direta para os Estados Unidos nem para seus vizinhos, que a economia iraquiana está em ruínas, que as Forças Armadas iraquianas têm hoje apenas uma fração da força que já tiveram e que, com a união da comunidade internacional, ele pode ser contido até cair na lata de lixo da história, como costuma acontecer com todos os ditadores mesquinhos. Sei que até mesmo uma guerra bem-sucedida contra o Iraque exigirá uma ocupação americana de duração indefinida, a um custo indefinido, com consequências indefinidas. Sei que uma invasão do Iraque sem uma justificativa clara e sem forte apoio internacional servirá apenas para insuflar as chamas no Oriente Médio e estimular não os melhores, mas os piores impulsos do mundo árabe, fortalecendo o braço de recrutamento da Al-Qaeda. Eu não me oponho a toda e qualquer guerra. Oponho-me a guerras estúpidas.

Então, vamos todos nós, que queremos um mundo mais justo e seguro para nossos filhos, mandar hoje uma mensagem clara para o presidente. O senhor quer uma briga, presidente Bush? Pois vamos encerrar a briga com Bin Laden e Al-Qaeda com medidas eficazes e coordenadas de inteligência, acabando com as redes financeiras de apoio ao terrorismo e lançando um programa de segurança interna que não signifique apenas a ativação de alertas codificados em cores. O senhor quer uma briga, presidente Bush?

Pois vamos brigar para que os inspetores da ONU possam fazer seu trabalho, para fazer valer vigorosamente um tratado de não proliferação, para que antigos inimigos e atuais aliados como a Rússia protejam e, em última análise, destruam seus estoques de material nuclear, para que países como o Paquistão e a Índia jamais venham a usar as terríveis armas que já têm em seu poder e para que os comerciantes de armas do nosso próprio país parem de alimentar as incontáveis guerras travadas ao redor do mundo. O senhor quer uma briga, presidente Bush?

Pois vamos brigar para que nossos supostos aliados no Oriente Médio, os sauditas e os egípcios, parem de oprimir seu próprio povo, de reprimir a oposição, de tolerar a corrupção e a desigualdade e de gerir mal sua economia, fazendo com que seus jovens cresçam sem educação, sem perspectivas, sem esperança, prontos para serem recrutados por células terroristas. O senhor quer uma briga, presidente Bush? Pois vamos brigar para nos livrarmos da dependência do petróleo do Oriente Médio, com uma política energética que não atenda exclusivamente aos interesses da Exxon e da Mobil.

São essas as batalhas que precisamos combater. As batalhas às quais aderimos de bom grado. As batalhas contra a ignorância e a intolerância. A corrupção e a ganância. A pobreza e o desespero. As consequências de uma guerra são terríveis e os sacrifícios, incomensuráveis. É possível que, no decorrer de nossas vidas, ainda precisemos nos levantar mais uma vez em defesa de nossa liberdade, pagando o preço da guerra. Mas não devemos — não vamos — mergulhar cegamente nesse caminho infernal. Nem devemos permitir que aqueles que estão dispostos a marchar e assumir o maior sacrifício de todos, aqueles que provariam toda a sua dedicação com o próprio sangue, façam um sacrifício tão terrível em vão.

"A AUDÁCIA DA ESPERANÇA"

Discurso de abertura da Convenção Nacional Democrata de 2004

BOSTON, MASSACHUSETTS, 27 DE JULHO DE 2004

Depois de cumprir quase oito anos de mandato no Senado estadual de Illinois, em 2003 Barack Obama lançou sua campanha para o Senado dos Estados Unidos. Começando como um nítido azarão, ele saiu vitorioso em uma concorridíssima primária democrata com 53% dos votos, mais que o dobro do segundo colocado. A repercussão de sua vitória esmagadora na primária atraiu a atenção presidenciável de John Kerry. Em junho, a equipe da campanha de Kerry informou a Obama que ele tinha sido escolhido para fazer o discurso de abertura na Convenção Democrata em Boston. A mensagem central do discurso de Obama — "a audácia da esperança" — era uma frase usada em um sermão por seu pastor, o reverendo Jeremiah A. Wright Jr. Mais tarde Obama se distanciaria da retórica não raro inflamada de Wright, mas, na época, essa expressão simples resumia perfeitamente a visão do futuro que ele oferecia ao povo americano: saindo dos anos de forte polarização da presidência Bush, o país poderia apagar as linhas divisórias entre republicanos e democratas e reconstruir "os Estados Unidos da América". Uma carreira política nacional nascia com este discurso.

Em nome do grande estado de Illinois, encruzilhada de uma nação, terra de Lincoln, quero expressar minha profunda gratidão pelo privilégio de falar a esta convenção. Esta noite é uma honra especial para mim, pois, sejamos francos, minha presença neste palanque era altamente improvável.

Meu pai era um estudante estrangeiro, nascido e criado em uma aldeia no Quênia. Cresceu cuidando de cabras, frequentou a escola em um barraco com telhado de zinco. O pai dele, meu avô, era cozinheiro, empregado doméstico dos britânicos.

Mas meu avô tinha sonhos maiores para o filho. Com trabalho duro e perseverança, meu pai conseguiu uma bolsa para estudar em um lugar mágico, os Estados Unidos, que brilhavam como um farol de liberdade e oportunidade para tantos que haviam chegado antes dele.

Durante seus estudos aqui, meu pai conheceu minha mãe. Ela nasceu em uma cidade do outro lado do mundo, no Kansas.

O pai dela trabalhou em plataformas petrolíferas e em fazendas durante a maior parte da Grande Depressão. No dia seguinte a Pearl Harbor, meu avô se apresentou como voluntário, entrou para o exército de Patton e marchou pela Europa. Em casa, minha avó criou um bebê e passou a trabalhar em uma linha de montagem de bombardeiros. Depois da guerra, eles estudaram por meio da GI Bill,* compraram uma casa através da FHA** e, mais tarde, mudaram para o Oeste, e chegaram ao Havaí, em busca de oportunidades.

E eles também tinham grandes sonhos para a filha, um sonho em comum nascido em dois continentes.

Meus pais não partilhavam apenas um amor improvável; partilhavam também uma fé inabalável nas possibilidades desta nação. Deram-me um nome africano, Barack, "abençoado", na convicção de que, em uma América tolerante, o nome de uma pessoa não é uma barreira para o sucesso.

Imaginavam que eu frequentaria as melhores escolas do país, embora não fossem ricos, pois em uma América generosa não é preciso ser rico para alcançar seu potencial.

---

* Lei de Readaptação dos Militares (1944), também conhecida como G.I. Bill ou Lei dos GIs. (*N. do T.*)
** Federal Housing Admininstration, organismo federal criado em 1934 para fixar padrões na construção civil e conceder empréstimos a particulares na construção de residências. (*N. do T.*)

Ambos já faleceram. No entanto, eu sei que nesta noite estão me vendo com grande orgulho.

E hoje estou aqui me sentindo grato pela diversidade de minha herança, consciente de que os sonhos de meus pais têm prosseguimento em minhas duas filhas preciosas.

Estou aqui sabendo que minha história faz parte da história americana, que tenho uma dívida com todos aqueles que vieram antes de mim e que em nenhum outro país do planeta minha história nem de longe seria possível.

Hoje nos reunimos aqui para afirmar a grandeza de nossa nação, não por causa da altura de nossos arranha-céus, do poder de nossas Forças Armadas ou do tamanho de nossa economia; nosso orgulho se baseia em uma premissa muito simples, resumida em uma declaração feita há mais de 200 anos: "Consideramos evidentes estas verdades, de que todos os homens são criados iguais e dotados pelo Criador de certos direitos inalienáveis, entre eles a vida, a liberdade e a busca da felicidade."

É este o verdadeiro espírito americano: a fé nos sonhos mais simples, a insistência em pequenos milagres; o fato de que podemos aconchegar nossos filhos à noite sabendo que estão alimentados, vestidos e em segurança; de que podemos dizer o que pensamos, escrever o que pensamos, sem ouvir alguém bater à nossa porta de repente para nos censurar; de que podemos ter uma ideia e começar um negócio sem pagar propina; de que podemos participar do processo político sem medo de retaliações e de que nossos votos serão levados em conta — pelo menos na maioria das vezes.

Neste ano, nesta eleição, somos chamados a reafirmar nossos valores e nossos compromissos, a sustentá-los frente a uma realidade dura e ver como estamos nos saindo em relação ao legado de nossos antepassados e às esperanças das futuras gerações.

E, meus compatriotas — democratas, republicanos, independentes —, eu lhes digo esta noite que ainda temos trabalho pela frente, pelos trabalhadores que encontrei em Galesburg, Illinois, que estão perdendo os empregos sindicalizados na fábrica da Maytag, que vai se transferir para o México, e, agora, têm que competir com os próprios filhos por empregos que pagam sete dólares por hora; temos trabalho pela frente pelo pai que encontrei e que estava perdendo o emprego e tentando engolir as lágrimas, perguntando-se como conseguirá pagar a 4.500 dólares por mês pelos remédios do filho sem a assistência de saúde com que contava; temos trabalho pela frente pela jovem de East St. Louis e por milhares como ela, que têm a formação, a gana e a vontade, mas não têm dinheiro para frequentar a faculdade.

Não me entendam mal: as pessoas que encontro em cidades pequenas e grandes, em lanchonetes e prédios comerciais, não esperam que o governo resolva todos os seus problemas. Elas sabem que precisam trabalhar duro para progredir. E é o que querem fazer.

Quem for aos municípios ao redor de Chicago ouvirá exatamente isto: as pessoas não querem que o dinheiro de seus impostos seja desperdiçado por órgãos de assistência social ou pelo Pentágono.

Quem for a qualquer bairro pobre das grandes cidades ouvirá as pessoas dizerem que, sozinho, o governo não é capaz de ensinar as crianças.

Elas sabem que os pais têm que ensinar, que as crianças não podem progredir se não elevarmos suas expectativas, desligarmos a televisão e acabarmos com essa mentira de que um jovem negro com um livro na mão está querendo bancar o branco. Elas sabem de tudo isso.

As pessoas não esperam que o governo resolva todos os seus problemas. Mas, bem lá no fundo, elas sabem que basta uma pequena mudança nas prioridades para garantirmos que toda criança na América tenha uma chance decente na vida e que as portas da oportunidade permaneçam abertas para todos. Elas sabem que podemos fazer melhor. E querem ter essa escolha.

Nesta eleição, nós oferecemos essa escolha. Nosso partido escolheu para nos liderar um homem que encarna o melhor que este país tem a oferecer. E esse homem é John Kerry.

John Kerry entende os ideais de comunidade, fé e serviço porque foram eles que definiram sua vida. Desde sua campanha heroica no Vietnã até os anos como promotor público e vice-governador, passando por duas décadas no Senado dos Estados Unidos, ele vem dedicando a vida a este país. Repetidas vezes o vimos tomar decisões difíceis quando havia escolhas mais fáceis ao alcance. Seus valores e seu histórico falam do que há de melhor em nós.

John Kerry acredita em um país em que o trabalho árduo seja recompensado. Por isso é que, em vez de oferecer isenções fiscais a empresas que criam empregos fora dos Estados Unidos, ele as oferece a empresas que criam empregos aqui em casa.

John Kerry acredita em um país em que todos os americanos sejam capazes de pagar pela mesma assistência de saúde que é desfrutada por nossos políticos em Washington.

John Kerry acredita em independência energética, para não ficarmos reféns dos lucros das empresas petrolíferas ou da sabotagem de campos de petróleo estrangeiros.

John Kerry acredita nas liberdades constitucionais que tornaram nosso país ser invejado no mundo inteiro, e jamais seria capaz de sacrificar nossas liberdades básicas nem de utilizar a fé como ferramenta para nos dividir.

E John Kerry acredita que, em um mundo perigoso, a guerra precisa ser uma alternativa ocasional, mas de modo algum a primeira opção.

Há algum tempo eu conheci um jovem chamado Seamus em um escritório da VFW* em East Moline, Illinois. Era um sujeito bem-apessoado, em torno de um metro e oitenta, olhos claros, sorriso fácil. Ele me disse que tinha entrado para o Corpo de Fuzileiros Navais e seria mandado para o Iraque na semana seguinte.

E enquanto o ouvia explicar por que tinha se alistado — a absoluta confiança que ele tinha em nosso país e em seus dirigentes, a dedicação dele ao dever e ao serviço —, fiquei pensando: este rapaz representa tudo que qualquer um de nós poderia desejar em um filho. Mas então perguntei a mim mesmo: será que estamos servindo a Seamus tão bem quanto ele nos serve?

Pensei nos novecentos homens e mulheres, filhos e filhas, maridos e esposas, amigos e vizinhos que não voltarão para suas cidades. Pensei nas famílias que tinha encontrado e que estavam lutando para sobreviver sem a renda integral de um ente querido, ou cujos entes queridos tinham voltado sem um membro ou com os nervos em frangalhos, mas sem contar com assistência de saúde de longo prazo por serem reservistas.

Quando levamos nossos rapazes e moças a correr risco de vida em uma guerra, temos a obrigação solene de não manipular os números ou ocultar os verdadeiros motivos para eles serem mandados a outro país, a obriga-

---

* Veterans of Foreign Wars, maior e mais antiga associação para veteranos de guerras dos Estados Unidos. (*N. do T.*)

ção de cuidar de suas famílias enquanto estiverem ausentes, de atender aos soldados quando retornam e de nunca, jamais, entrar em guerra sem tropas suficientes para vencer, garantir a paz e conquistar o respeito do mundo.

Mas permitam-me esclarecer uma coisa. Permitam-me esclarecer. Temos de fato inimigos no mundo. Esses inimigos precisam ser encontrados. Precisam ser perseguidos. E precisam ser derrotados.

John Kerry sabe disso. E, assim como o tenente Kerry não hesitou em pôr em risco a própria vida para proteger os homens que serviam com ele no Vietnã, o presidente Kerry não hesitará um segundo em usar nosso poder militar para garantir a segurança dos Estados Unidos.

John Kerry acredita na América. E sabe que o fato de alguns de nós alcançarem a prosperidade não é o bastante. Porque, ao lado de nosso famoso individualismo, existe outro ingrediente na saga americana: a convicção de que estamos todos conectados como um só povo.

Se existe na zona sul de Chicago uma criança que não sabe ler, isso é algo que me diz respeito, mesmo que não seja meu filho.

Se existe em algum lugar um cidadão idoso que não tem como comprar remédios e precisa optar entre eles e o aluguel, minha vida fica mais pobre, mesmo que não seja meu avô.

Se uma família americana de origem árabe é presa sem o direito à assistência de um advogado ou sem um processo legítimo, minhas liberdades civis são ameaçadas.

É esta crença fundamental — eu sou o guardião do meu irmão, eu sou o guardião da minha irmã — que faz este país funcionar.

É ela que nos permite ir em busca de nossos sonhos individuais enquanto permanecemos uma única família americana: *E pluribus unum* — "De muitos, um".

Mas, neste exato momento, há quem esteja se preparando para nos dividir, os manipuladores e vendedores de pessimismo que adotam a política do vale-tudo.

Bem, quero dizer a eles, hoje, que não há uma América liberal e uma América conservadora; há os Estados Unidos da América.

Não há uma América dos negros, dos brancos, dos latinos e uma América dos asiáticos; há os Estados Unidos da América.

Os donos da verdade gostam de dividir e retalhar nosso país em estados vermelhos e estados azuis: os estados vermelhos dos republicanos, os estados azuis dos democratas. Mas tenho uma notícia para eles também. Nós cultuamos um Deus todo-poderoso nos estados azuis e não gostamos de ver agentes federais bisbilhotando nossas bibliotecas nos estados vermelhos.

Temos uma liga escolar de futebol americano nos estados azuis e, sim, temos alguns amigos gays nos estados vermelhos.

Existem patriotas que se opuseram à guerra no Iraque e existem patriotas que apoiaram a guerra no Iraque.

Somos um só povo, todos prestando lealdade às estrelas e às listras da bandeira, todos defendendo os Estados Unidos da América.

No fim das contas, é em torno disso que gira esta eleição. Vamos participar de uma política do cinismo ou de uma política da esperança?

John Kerry nos convoca para a esperança. John Edwards nos convoca para a esperança. Não estou falando aqui de um otimismo cego, daquela ignorância quase proposital que acha que o desemprego vai acabar se não pensarmos nele, ou que a crise da assistência de saúde se resolverá se simplesmente a ignorarmos.

Não é disso que estou falando. Eu falo de algo mais substancial. Falo da esperança dos escravos entoando canções de liberdade ao redor da fogueira; da esperança de migrantes partindo em direção a terras distantes; da esperança de um jovem tenente da Marinha patrulhando corajosamente o delta do Mekong; da esperança do filho de um operário que ousa enfrentar a adversidade; da esperança de um garoto magrela de nome esquisito que acredita que os Estados Unidos também têm lugar para ele.

Esperança frente à dificuldade, esperança frente à incerteza, a audácia da esperança: no fim das contas, esse é o maior dom de Deus, o fundamento de nossa nação, a crença em algo que não é visto, a crença de que dias melhores virão.

Eu acredito que podemos ajudar nossa classe média e abrir um caminho rumo à oportunidade para as famílias de trabalhadores.

Eu acredito que podemos proporcionar empregos aos desempregados, casas aos sem-teto e resgatar jovens de cidades, em todo o país, da violência e do desespero.

Eu acredito que estamos sendo levados por ventos propícios e que, na encruzilhada da história, somos capazes de fazer as escolhas certas e enfrentar os desafios que se apresentam.

Estados Unidos, se vocês sentirem a mesma energia que eu esta noite, se tiverem o mesmo sentimento de urgência que eu, se sentirem a mesma paixão, se experimentarem a mesma esperança que eu, se fizermos o que precisamos fazer, não tenho dúvida de que em todo o país, da Flórida ao Oregon, de Washington ao Maine, o povo vai se manifestar em novembro e John Kennedy prestará juramento como presidente. E John Edwards prestará juramento como vice-presidente. E nosso país cumprirá seu destino. E dias mais claros surgirão desta longa escuridão política.

"ATÉ ONDE CHEGAMOS"

Pronunciamento na festa do 65º aniversário de John Lewis

ATLANTA, GEÓRGIA, 21 DE FEVEREIRO DE 2005

A admiração de Barack Obama por John Lewis é conhecida, persistindo até mesmo em meio ao rancor que distanciaria Obama de boa parcela do establishment político negro em 2008. As bases dessa relação foram lançadas, em parte, em 2005, quando o então senador Obama viajou a Atlanta para fazer o elogio de Lewis em seu 65º aniversário. Três meses depois, ele declararia em Detroit, em um jantar beneficente da National Association for the Advancement of Colored People (Associação Nacional para o Progresso das Pessoas de Cor), que naquela cerimônia, sentado entre Ethel Kennedy e Coretta Scott King, tinha ouvido de ambas: "Estamos ansiosas para o seu discurso", ao que Obama pensou: Mas que situação intimidadora! Intimidado ou não, Obama deu uma comovente aula sobre Lewis e o heroísmo de seus companheiros na militância pelos direitos civis, seus sacrifícios e suas lutas, ao abrirem caminho para uma cidadania plena e autêntica para os afro-americanos.

É UMA HONRA ESTAR aqui esta noite para festejar um dos americanos mais corajosos e compassivos de nossa época. Feliz aniversário, John.

Quando fui convidado a falar, pensei comigo mesmo que nem em um milhão de anos eu seria capaz de imaginar que um dia serviria no Congresso ao lado de John Lewis.

Mas então pensei que também houve uma época em que John Lewis talvez nunca pudesse imaginar que serviria no Congresso. E houve uma época, não muito antes disso, em que as pessoas talvez nunca pudessem imaginar que um dia os afro-americanos poderiam ir às urnas, marcar uma cédula, fazer sua voz ser ouvida e eleger esse Congresso.

Mas o fato é que podemos, e que eu estou aqui, porque pessoas como John Lewis acreditou. Porque gente como John Lewis não tinha medo de nada e arriscou tudo em nome dessas convicções. Porque essas pessoas estavam dispostas a varar noites em claro em celas de prisão, a aguentar a dor excruciante dos cassetetes castigando seus corpos e enfrentar a morte para que todos nós pudéssemos desfrutar igualmente das alegrias da vida.

Até onde chegamos por causa da sua coragem, John.

Até onde chegamos desde a época em que um filho de meeiros se aninhava perto do rádio enquanto o reverberar dos sonhos do Dr. King enchia seu coração de esperança. Muitas vezes, ele era obrigado a deixar a escola para trabalhar no campo, e a biblioteca pública não era para gente como ele, mas, ainda assim, o jovem John Lewis buscou o conhecimento. Seus pais nunca foram de se queixar ou de tentar gerar problemas, mas tiveram um filho que foi em busca da justiça.

E assim ele se preparou, mesmo quando muitos tentavam impedir seus esforços. E falou verdades, mesmo quando tentavam silenciá-lo. E marchou, mesmo quando tentaram derrubá-lo.

O caminho que John escolheu para si não foi fácil. Mas o caminho da mudança nunca é.

Acho que, para nós, é simples ver como as coisas eram 40 anos atrás e pensar que estava tudo muito nítido. Pensar que, embora possa haver certa ambiguidade moral nas questões que debatemos hoje, os direitos civis eram diferentes. Pensar que as pessoas, em geral, sabiam o que estava certo e o que estava errado, quem eram os mocinhos e os bandidos. Mas as certezas morais que são moeda corrente hoje — que não pode haver igualdade entre coisas mantidas separadas, que as bênçãos da liberdade consagradas na nossa Constituição pertencem a todos nós, que nossos filhos devem poder ir à escola juntos e brincar juntos e crescer juntos — não tinham nada de certeza quando John Lewis era um menino.

Por isso, houve luta e sacrifício, disciplina e uma coragem tremenda. E tudo culminou em uma tarde de domingo em uma ponte no Alabama.

Penso com frequência nas pessoas que estavam na ponte Edmund Pettus naquele dia. Não apenas John e Hosea Williams, na liderança da marcha, mas centenas de americanos comuns que deixaram suas casas e suas igrejas para se unir a eles. Negros e brancos, adolescentes e crianças, professores e banqueiros e comerciários — uma amada comunidade de filhos de Deus prontos para lutar pela liberdade.

E fico me perguntando: onde eles encontravam essa coragem? Quando se está diante de fileiras e mais fileiras de policiais montados a cavalo e armados de cassetetes e gás lacrimogêneo... quando eles se aproximam cuspindo ódio e violência, como é que se pode simplesmente parar, ajoelhar e orar ao Senhor pela salvação? Esta é a verdadeira audácia da esperança.

Mas o mais incrível de tudo é que depois desse dia — depois que John Lewis foi espancado até sua vida ficar por um fio, depois que as pessoas tiveram suas cabeças abertas e seus olhos queimados e viram a inocência de seus filhos literalmente destruída a pauladas... —, depois de tudo isso, elas voltaram a marchar.

Marcharam de novo. Atravessaram a ponte. Despertaram a consciência de uma nação, e menos de cinco meses depois a Lei do Direito de Voto, de 1965, foi promulgada.

E foi assim, em uma história tão antiga quanto nossos primórdios e tão atemporal quanto nossas esperanças, que a mudança se deu: porque a gente boa de uma grande nação o quis.

Obrigado, John, por ter voltado. Obrigado por ter marchado de novo.

Obrigado por nos lembrar que nos Estados Unidos cidadãos comuns podem encontrar em seus corações a coragem de fazer coisas extraordinárias. Por nos lembrar que, diante da resistência mais feroz e da opressão mais cruel, uma voz pode se erguer para dizer: isto está errado e isto está certo, e o motivo é este. E voltar a dizê-lo. E dizê-lo mais alto. E continuar dizendo, até que outras vozes se juntem ao coro para entoar as canções que nos libertam.

Hoje, tenho certeza de que que todos aqui concordarão em que ainda temos canções a cantar e pontes a atravessar. E se podemos aprender alguma coisa com este santo vivo sentado ao meu lado, é que a mudança nunca é fácil, mas é sempre possível. Que ela não vem da violência ou da militância ou do tipo de política que nos opõe uns aos outros ao usar nossos piores medos, mas sim de disciplina e organização ferrenhas, de uma forte mensagem de esperança e da coragem de remar contra a maré até conseguir invertê-la.

Hoje, precisamos dessa coragem. Precisamos da coragem de dizer que está errado que uma em cada cinco crianças nasça na pobreza no país mais rico do mundo. E que está certo fazer o necessário para oferecer a nossos filhos os cuidados e a educação de que precisam para realizar o potencial que receberam de Deus.

Está errado dizer a famílias de trabalhadores que estão ganhando menos e pagando mais impostos que não podemos fazer nada para ajudá-las a comprar a casa própria, a mandar os filhos para a faculdade ou a cuidar deles quando estão doentes. E está certo esperar que, se alguém estiver disposto a trabalhar duro neste país de sonhadores, o céu é o limite para o que pode ser alcançado.

Está errado dizer aos homens e mulheres corajosos dispostos a combater e morrer pelo país que, ao voltarem para casa, talvez não tenhamos espaço para eles nos hospitais de veteranos nem as vantagens que lhes prometemos. E está certo proporcionar sempre o melhor atendimento possível para esses cidadãos que são o que os Estados Unidos têm de melhor.

Meus amigos, não chegamos até aqui como povo e nação por acreditarmos que é melhor cada um se virar por si mesmo. Estamos aqui porque acreditamos que todos os homens nascem iguais e que estamos ligados uns aos outros como um só povo. E precisamos dizê-lo com mais frequência. E voltar a dizê-lo. E continuar dizendo.

E de onde virá nossa coragem para dizer essas verdades? Quando estivermos cada um em nossa ponte Edmund Pettus, que coragem nos sustentará?

Eu acredito que é a coragem de saber que pessoas como John Lewis se posicionaram nessa mesma ponte e foram capazes de atravessá-la.

Para mim, esse tipo de esperança, muitas vezes, vem da lembrança de uma viagem que fiz durante a campanha. Cerca de uma semana depois da primária, Dick Durbin e eu partimos em uma turnê por 19 cidades do sul de Illinois. E uma dessas cidades era um lugar chamado Cairo, que, como muitos de vocês devem saber, ganhou certa notoriedade no fim da década de 1960 e no início da década de 1970, por ter um dos piores climas do país em relação à questão racial. Havia lá um conselho de cidadãos brancos muito ativo, havia cruzes em chamas, havia perseguição a famílias judias, havia escolas segregadas, havia conflitos raciais, tudo o que se possa imaginar — era o que acontecia em Cairo.

Então, estávamos chegando a Cairo e Dick Durbin se virou para mim e disse: "Vou contar sobre a primeira vez que vim a Cairo. Foi há cerca de 30 anos. Eu tinha 23 anos e Paul Simon, que era o vice-governador na época, me enviou para investigar o que podia ser feito para melhorar o clima em relação à questão racial em Cairo."

E Dick me contou como ele fez a viagem todo compenetrado e, ao chegar, foi recebido por um cidadão local que o levou ao hotel. E quando Dick estava saindo do carro, o motorista disse: "Desculpe, mas deixe eu lhe dar um conselho. Não use o telefone no seu quarto do hotel, porque a telefonista faz parte do conselho de cidadãos brancos e vai relatar tudo o que você fizer."

É claro que isso deixou Dick Durbin chateado, mas ele era um jovem corajoso, então entrou no quarto, desfez as malas e, minutos depois, ouviu alguém batendo à porta. Quando ele abriu, lá estava um sujeito que ficou olhando para Dick por um segundo, então perguntou "Que diabos você está fazendo aqui?", e foi embora.

A essa altura Dick começou a se preocupar de fato, e eu também, porque, enquanto ele me contava essa história, nós estávamos chegando a Cairo. Então, fiquei me perguntando que tipo de recepção nós teríamos. Fomos entrando pela cidade, passamos pelo velho tribunal, viramos numa esquina e, de repente, nos vimos em um enorme estacionamento onde havia umas trezentas pessoas de pé. Cerca de um quarto delas era negro e três quartos eram brancos, e todas tinham mais ou menos idade suficiente para ter participado ativamente da luta épica ocorrida trinta anos antes.

Quando nos aproximamos, eu vi algo. Todas aquelas pessoas estavam usando pequenos broches com os dizeres "Obama para o Senado federal". E elas começaram a sorrir. E começaram a acenar. Dick e eu nos entreolhamos e nem precisamos dizer nada. Porque, se trinta anos antes alguém dissesse a Dick — um filho de imigrantes lituanos nascido em condições muito modestas no leste de St. Louis — que ele retornaria a Cairo como senador federal, e que estaria acompanhado de um sujeito negro nascido no Havaí, filho de um queniano e de uma mulher do Kansas, chamado Barack Obama, ninguém teria acreditado.

Mas foi o que aconteceu. E aconteceu porque John Lewis e muitos outros americanos corajosos se postaram naquela ponte e chegaram ao outro lado vivos.

Sabemos que duas semanas depois do Domingo Sangrento, quando a marcha finalmente chegou a Montgomery, Martin Luther King Jr. falou a uma multidão de milhares de pessoas, dizendo: "A curva do universo moral é longa, mas se inclina na direção da justiça." Ele estava certo, mas sabem o que mais? Ela não se inclina sozinha. Ela se inclina porque a ajudamos nessa direção. Porque pessoas como John Lewis e Hosea Williams e Martin Luther King e Coretta Scott King e Rosa Parks e milhares de americanos comuns com uma coragem extraordinária a ajudaram a se inclinar nessa direção. E conduzidos através das gerações pelo exemplo deles, nós continuamos a progredir como povo, porque eles nos inspiram a usar nossas próprias mãos para curvar esse arco. Obrigado, John. Deus o abençoe, e Deus abençoe estes Estados Unidos da América.

"NÃO PODEMOS ABANDONAR O CAMPO DO DISCURSO RELIGIOSO"

Discurso de abertura da Conferência da Call to Renewal

WASHINGTON DC, 28 DE JUNHO DE 2006

Ao longo de sua carreira política, Obama evidenciou, constantemente, aguda compreensão do papel que a religião desempenha na vida pública americana. Talvez nenhum discurso o demonstre com tanta clareza quanto seu pronunciamento em 2006 na conferência Fundação de um Pacto para uma Nova América, da organização cívico-religiosa Call to Renewal. Falando a um auditório de líderes religiosos progressistas, Obama tratou, segundo suas próprias palavras, da "desconfiança mútua que às vezes existe entre a América religiosa e a América secular". Condenou tanto o "mal-estar" que os progressistas muitas vezes sentem em relação à expressão religiosa quanto a tendência da direita religiosa a erodir a separação entre Igreja e Estado. Obama enraizou essa mensagem na história de seu próprio despertar religioso. O discurso gerou uma polêmica considerável em todo o espectro político: certos progressistas seculares o acusaram de tentar subverter a ordem interna do Partido Democrata ou de se apresentar aos moderados religiosos como possível candidato presidencial, ao passo que membros da direita religiosa alegaram que ele havia "distorcido" os ensinamentos religiosos para justificar seus próprios fins. Ao mesmo tempo, a fala se destaca como um dos pronunciamentos mais penetrantes e abrangentes sobre o papel da religião na vida pública feitos por um político progressista.

AGRADEÇO PELA OPORTUNIDADE de falar aqui na conferência Fundação de um Pacto para uma Nova América, da Call to Renewal. Tive a oportunidade de examinar o seu Pacto para uma Nova América. Ele está cheio de diretrizes e recomendações excepcionais a respeito de boa parte do que aflige nosso país. Por isso, eu gostaria de parabenizar todos vocês pelas ótimas apresentações que fizeram até agora sobre a pobreza e a justiça nos Estados Unidos e por colocarem a liderança política aqui em Washington contra a parede.

Mas hoje eu gostaria de falar da ligação entre religião e política e, quem sabe, oferecer ideias para resolver algumas das disputas não raro amargas a que temos assistido nos últimos anos.

E o faço porque, como todos vocês sabem, podemos afirmar a importância da pobreza na Bíblia e podemos firmar e disseminar esse Pacto para uma Nova América. Podemos falar à imprensa e podemos discutir o quanto quisermos o chamamento religioso para cuidar da questão da pobreza e da gestão ambiental, mas só teremos impacto se enfrentarmos de frente a desconfiança mútua que às vezes existe entre a América religiosa e a América secular.

Quero lhes dar um exemplo que acredito que ilustre esse fato. Como alguns de vocês sabem, na eleição de 2004 para o Senado federal americano, eu concorri contra um cavalheiro chamado Alan Keyes. O Sr. Keyes é adepto do estilo de retórica de Jerry Falwell e Pat Robertson,* que muitas vezes apresenta os progressistas como imorais e hereges.

O Sr. Keyes chegou, inclusive, a declarar no fim da campanha que "Jesus Cristo não votaria em Barack Obama. Cristo não votaria em Barack Obama porque Barack Obama tem se comportado de um modo que não poderíamos imaginar Cristo se comportando".

---

* Pastores religiosos fundamentalistas conhecidos por suas posições radicais de direita, não raro racistas. (*N. do T.*)

Jesus Cristo não votaria em Barack Obama.

Fui exortado por algumas pessoas liberais que me apoiam a não levar a sério essa declaração, basicamente ignorando-a. Para elas, o Sr. Keyes era um extremista, e não valeria a pena dar atenção aos argumentos dele. E, como na época eu estava com mais de 40 pontos nas pesquisas de opinião, provavelmente não era má recomendação, do ponto de vista estratégico.

Mas o que essas pessoas não entendiam era que eu tinha de levar o Sr. Keyes a sério, pois ele dizia falar em nome da minha religião e do meu Deus. Ele se dizia conhecedor de certas verdades.

O Sr. Obama, dizia ele, afirma ser cristão, mas aprova um estilo de vida considerado uma abominação pela Bíblia.

O Sr. Obama afirma ser cristão, mas concorda com a eliminação de formas de vida inocentes e sagradas.

Então, o que meus partidários queriam que eu dissesse? Como eu deveria responder? Deveria dizer que uma leitura literal da Bíblia é uma estupidez? Dizer que o Sr. Keyes, um católico romano, deveria ignorar os ensinamentos do papa?

Não querendo entrar nessa polêmica, eu respondi com uma reação que já se tornou típica dos liberais nesses debates — disse que vivemos em uma sociedade pluralista, que não posso impor meus pontos de vista religiosos a outras pessoas, que estava me candidatando a senador federal por Illinois, e não a ministro religioso de Illinois.

Mas a acusação implícita do Sr. Keyes de que eu não era um verdadeiro cristão me incomodou, e eu também tinha consciência de que minha resposta não havia tratado de forma adequada como minha fé guia meus valores e minhas crenças.

Claro que meu dilema nada tinha de exclusivo. De certa maneira, ele refletia o debate mais amplo que temos visto em nosso país nos últimos 30 anos em torno do papel da religião na política.

Já faz algum tempo que comentaristas e pesquisadores de opinião afirmam que a divisão política em nosso país está profundamente marcada por uma linha religiosa. Na verdade, a principal "defasagem" na filiação partidária dos americanos brancos hoje em dia não se dá entre homens e mulheres, ou entre os que residem nos estados tradicionalmente democratas ou republicanos, mas entre aqueles que frequentam regularmente a igreja e aqueles que não o fazem.

Os líderes conservadores não perdem a oportunidade de explorar essa defasagem, lembrando constantemente aos cristãos evangélicos que os democratas desrespeitam seus valores e antipatizam com sua Igreja e, ao mesmo tempo, dando a entender ao restante do país que os americanos religiosos só se preocupam com questões como aborto e casamento gay, orações na escola e design inteligente.*

A maioria dos democratas mordeu a isca. Na melhor das hipóteses, podemos tentar evitar por completo a conversa em torno de valores religiosos, temendo ofender alguém e sustentando que — independentemente de nossas opiniões pessoais — temos as mãos atadas pelos princípios constitucionais. Na pior, certos liberais descartam a religião em praça pública como algo intrinsecamente irracional e intolerante, insistindo em uma caricatura dos americanos religiosos como fanáticos ou pensando que a própria palavra "cristão" se refere a adversários políticos, e não a pessoas de fé.

Essa estratégia de evitação pode funcionar para os progressistas quando nosso adversário é Alan Keyes. Mas, a longo prazo, acredito que seja um erro deixar de reconhecer a força da fé na vida das pessoas — na vida do povo americano —, e acho que está na hora de entrarmos em um debate sério sobre como reconciliar a fé com nossa democracia moderna e pluralista.

E se quisermos fazer isso, será preciso, antes de mais nada, entender que os americanos são um povo religioso. Nós que acreditamos em Deus representamos 90% da população, 70% são filiados a organizações religiosas, 38% se consideram cristãos praticantes, e o número de americanos que acreditam em anjos é consideravelmente maior do que o dos que creem na evolução.

Essa tendência religiosa não é simplesmente o resultado do marketing bem-sucedido de pregadores habilidosos ou da atração exercida por gigantescas igrejas populares. Na verdade, ela fala de uma fome mais profunda — uma fome que vai além de qualquer questão ou causa específica.

---

* A chamada teoria criacionista, indo de encontro à teoria darwinista da seleção natural, sustenta a existência de uma causa inteligente dos seres vivos e de certas características do universo. (*N. do T.*)

Ao que parece, todos os dias milhares de americanos cuidam de suas tarefas cotidianas — deixar os filhos na escola, ir para o escritório, pegar um avião para uma reunião de negócios, fazer compras no shopping, tentar manter a dieta — e começam a se dar conta de que falta alguma coisa. Estão chegando à conclusão de que o trabalho, os bens, as diversões e a ocupação permanente não bastam.

Querem um senso de propósito, um arco narrativo para suas vidas. Procuram aliviar uma solidão crônica, sentimento corroborado por um estudo recente que demonstra que os americanos de hoje têm menos amigos próximos e confidentes que nunca. Assim, precisam saber que alguém se preocupa com eles, que alguém os ouve — que o destino desta longa estrada não é o vazio.

E eu falo com alguma experiência nessa questão. Não fui criado em um lar particularmente religioso, como, sem dúvida, é o caso de muitos aqui. Meu pai, que voltou para o Quênia quando eu tinha apenas 2 anos, nasceu muçulmano, mas se tornou ateu depois de adulto. Minha mãe, cujos pais eram batistas e metodistas não praticantes, foi, provavelmente, uma das pessoas mais espiritualizadas e bondosas que conheci, mas também cresceu com um saudável ceticismo em relação à religião organizada. Em consequência, o mesmo aconteceu comigo.

Só depois da faculdade, quando fui trabalhar como organizador comunitário de um grupo de igrejas cristãs em Chicago, foi que enfrentei meu próprio dilema espiritual.

Eu estava trabalhando com igrejas, e os cristãos com os quais eu trabalhava se reconheciam em mim. Viam que eu conhecia seu Livro, compartilhava seus valores e entoava seus cânticos. Mas percebiam que uma parte de mim se mantinha distante e desligada, que eu era um observador entre eles.

Com o tempo, eu me dei conta de que também faltava algo — de que, sem um receptáculo para minhas crenças, sem me comprometer com determinada comunidade de fé, em algum nível eu sempre permaneceria à parte e sozinho.

E se não fosse pelos atributos específicos da igreja historicamente negra, talvez eu tivesse aceitado esse destino. Mas, com o passar dos meses, em Chicago, eu me senti atraído não apenas a trabalhar com a igreja, mas a estar na igreja.

Para começar, eu acreditava, e ainda acredito, no poder da tradição religiosa afro-americana de estimular a mudança social, um poder que se transformou em algo muito real e concreto através do trabalho de alguns dos líderes aqui presentes hoje. Em virtude de seu passado, a igreja negra entende intimamente o chamamento bíblico de se alimentar os famintos e vestir os nus, e desafiar poderes e principados. E em suas lutas históricas pela liberdade e pelos direitos do homem, eu pude ver a fé como algo além de um simples conforto para os cansados ou uma salvaguarda frente à morte, mas como um agente ativo e palpável no mundo. Como uma fonte de esperança.

E talvez tenha sido por meio desse conhecimento íntimo da adversidade — o enraizamento da fé na luta — que a igreja me ofereceu uma segunda percepção, que considero importante enfatizar hoje.

A fé não significa que não tenhamos dúvidas.

É necessário ir à igreja, antes de tudo, justamente porque somos parte deste mundo, e não separados dele. Precisamos acolher Cristo justamente porque temos pecados dos quais precisamos nos libertar — porque somos humanos e precisamos de um aliado nesta difícil jornada.

Foi por causa desse novo entendimento que eu fui, enfim, capaz de um dia percorrer o corredor da Trinity United Church of Christ, na 95th Street do Southside de Chicago, e afirmar minha fé cristã. Foi uma escolha, não uma epifania. Eu não desmaiei na igreja. As dúvidas que eu tinha, não desapareceram magicamente. Mas ao me ajoelhar diante daquela cruz no Southside eu senti que ouvia o espírito de Deus me chamando. Submeti-me à Sua vontade e me dediquei a descobrir Sua verdade.

Esse mesmo caminho tem sido percorrido por milhões e milhões de americanos — evangélicos, católicos, protestantes, judeus e muçulmanos; alguns, desde o nascimento; outros, em determinados momentos de virada na vida. Não se trata de algo que mantenham à parte do restante de suas crenças e valores. Na verdade, é, muitas vezes, o que move suas crenças e seus valores.

E é por isso que, como progressistas, se de fato quisermos falar às pessoas no lugar em que se encontram — comunicar nossas esperanças e nossos valores de uma forma relevante para elas —, não podemos abandonar o campo do discurso religioso.

Porque, quando ignoramos o debate sobre o que significa ser um bom cristão, muçulmano ou judeu, quando só tratamos da religião no sentido negativo de saber onde e como não deve ser praticada e não no sentido positivo de saber o que ela nos diz sobre nossas obrigações em relação uns aos outros, quando nos distanciamos de locais de reuniões religiosas e de transmissões religiosas por partir do princípio de que não seremos bem-recebidos, outros preencherão o vazio, exatamente aqueles que têm os pontos de vista mais insulares sobre a fé ou os que usam a religião de forma cínica para justificar fins partidários.

Em outras palavras, se não estendermos a mão aos cristãos evangélicos e a outros americanos religiosos para lhes dizer o que pensamos, os Jerry Falwell, os Pat Robertson e os Alan Keyes continuarão dominando.

Mais importante ainda é o fato de o desconforto de certos progressistas com qualquer sugestão de religiosidade ter nos impedido com frequência de tratar as questões em termos morais. Parte desse problema é de natureza retórica: se livrarmos a linguagem de todo conteúdo religioso, abriremos mão das imagens e da terminologia pelas quais milhões de americanos entendem tanto sua moralidade pessoal quanto a justiça social. Imaginem o Segundo Discurso de Posse de Lincoln sem as referências ao "julgamento do Senhor". Ou o discurso, "Eu Tive um Sonho" de Martin Luther King Jr., sem as referências a "todos os filhos de Deus". O fato de eles se voltarem para uma verdade mais elevada contribuiu para inspirar o que parecia impossível, levando a nação a abraçar um destino comum.

No entanto, nossa incapacidade, como progressistas, de buscar inspiração nos fundamentos morais da nação não é apenas retórica. Nosso medo de parecermos "moralistas" também pode nos levar a ignorar o papel que os valores e a cultura desempenham em alguns dos nossos problemas sociais mais urgentes.

Afinal, os problemas da pobreza e do racismo, dos desempregados e dos carentes de um sistema de saúde não são apenas problemas técnicos à espera de que um perfeito plano em dez pontos seja traçado. Estão enraizados tanto na indiferença da sociedade quanto na frieza individual — nas imperfeições do homem.

Para resolver esses problemas serão necessárias mudanças nas políticas de governo, mas também mudanças nos corações e nas mentes. Eu acredito que precisamos manter as armas de fogo longe dos nossos bairros pobres e que os nossos líderes precisam afirmá-lo diante do *lobby* dos fabricantes de armas, mas também acredito que, quando um membro de uma gangue sai atirando indiscriminadamente em uma multidão por achar que alguém o desrespeitou, temos um problema moral. Há um vazio no coração desse jovem — um vazio que o governo não pode consertar sozinho.

Acredito na aplicação firme de nossas leis contra a discriminação. Mas também acredito que uma transformação na consciência e um compromisso autêntico com a diversidade, por parte dos dirigentes empresariais do país, seriam capazes de gerar resultados mais rapidamente que um batalhão de advogados. E, de qualquer maneira, eles têm mais advogados que nós.

Considero que deveríamos aplicar mais dólares de nossos impostos na educação de meninos e meninas pobres. Considero que o trabalho realizado ao longo de uma vida inteira por Marian Wright Edelman* é, sem sombra de dúvida, a forma como deveríamos priorizar nossos recursos neste que é o país mais rico do mundo. Acredito, também, que devemos dar a nossos filhos as necessárias informações sobre contracepção para evitar gravidez indesejada, diminuir os índices de aborto e contribuir para que toda criança seja amada e protegida.

Mas minha Bíblia me diz que, se ensinarmos a uma criança o caminho correto, ela se manterá nele quando crescer. Considero, portanto, que a fé e a orientação ajudam a fortalecer o senso de identidade de uma jovem, o senso de responsabilidade de um jovem e o senso de reverência que todos os jovens devem ter em relação ao ato de intimidade sexual.

Não estou propondo que todo progressista passe a recorrer à terminologia religiosa de uma hora para outra — o que pode ser perigoso. Nada é mais evidente que as manifestações de fé sem autenticidade. Como Jim já disse, certos políticos só aparecem para bater palmas — fora do ritmo —, com o coro. Não precisamos disso.

Na verdade, porque não acredito que as pessoas religiosas tenham o monopólio da moral, prefiro que alguém realmente assentado na moral e na ética, mas que também seja secular, afirme sua moral, sua ética e seus

---

* Nascida em 1939, militante negra em defesa dos direitos das crianças pobres. (*N. do T.*)

valores, sem fingir ser o que não é. Não é preciso que o faça. Nenhum de nós precisa fazê-lo.

O que estou dizendo é o seguinte: os secularistas se equivocam ao exigir que os crentes deixem sua religião do lado de fora ao entrar na arena pública. Frederick Douglass, Abraham Lincoln, Wiliams Jennings Bryan, Dorothy Day, Martin Luther King — na verdade, a maioria dos grandes reformadores da história americana — não só eram motivados pela fé como reiteradas vezes se valeram da linguagem religiosa para argumentar em favor de sua causa. Por isso, dizer que homens e mulheres não deveriam imiscuir sua "moral pessoal" nos debates de políticas públicas é, na prática, um absurdo. Nossa lei é, por definição, uma codificação da moral, em boa parte assentada na tradição judaico-cristã.

Além disso, se nós, progressistas, deixássemos de lado alguns desses preconceitos, poderíamos reconhecer certa convergência de valores entre pessoas religiosas e seculares quando se trata do direcionamento moral e material de nosso país. Poderíamos reconhecer que o apelo ao sacrifício em nome da geração seguinte e a necessidade de pensar em termos de "vocês", e não apenas "eu", ressoa nas congregações religiosas de todo o país. E talvez nos déssemos conta de que podemos estender a mão à comunidade evangélica e engajar milhões de americanos religiosos no projeto mais amplo de uma renovação americana.

Parte disso já está começando a acontecer. Pastores, amigos meus, como Rick Warren e T. D. Jakes, estão exercendo sua enorme influência para enfrentar questões como a Aids, o alívio da dívida do Terceiro Mundo e o genocídio em Darfur. Pensadores e ativistas religiosos como nosso bom amigo Jim Wallis e Tony Campolo estão se valendo da exortação bíblica para ajudar os pobres como forma de mobilizar cristãos contra os cortes orçamentários em programas sociais e a crescente desigualdade.

E, por sinal, precisamos de cristãos no Congresso, precisamos de judeus no Congresso, precisamos de muçulmanos no Congresso, para discutir o imposto de sucessão. Quando temos um debate em torno do imposto de sucessão que propõe que 1 trilhão de dólares sejam tirados de programas sociais e transferidos a um punhado de sujeitos que não precisam deles, nem estavam pedindo, sabemos que precisamos de uma injeção de moralidade em nosso debate político.

Em todo o país, igrejas como a minha e a de vocês patrocinam programas de creches, constroem abrigos para idosos, ajudam ex-condenados a reconstruir a vida e contribuem para a recuperação do nosso litoral no golfo após o furacão Katrina.

Portanto, a questão é: como desenvolver essas parcerias ainda hesitantes entre pessoas de boa vontade, religiosas e seculares? Será necessário mais trabalho, muito mais trabalho do que fizemos até agora. As tensões e desconfianças de cada lado da divisão religiosa terão que ser encaradas de frente. E cada lado terá que aceitar certas regras básicas de colaboração.

Embora eu já tenha exposto parte do trabalho que deve ser realizado pelos líderes progressistas, quero falar um pouco sobre o que os líderes conservadores precisam fazer — certas verdades que eles precisam admitir.

Em primeiro lugar, eles precisam entender o papel fundamental que a separação entre Igreja e Estado tem desempenhado não só na preservação de nossa democracia, mas também na robustez de nossa prática religiosa. As pessoas tendem a esquecer que, na fundação de nossa nação, não foram os ateus nem os libertários civis que foram mais eficazes na defesa da Primeira Emenda. Foram as minorias perseguidas, foram batistas como John Leland, que não queriam que as igrejas estabelecidas impusessem sua visão a homens e mulheres que estavam felizes no campo e ensinando as escrituras aos escravos. Foram os precursores dos evangélicos que se mostraram mais intransigentes na recusa de misturar governo com religião, pois não queriam que a religião patrocinada pelo Estado comprometesse sua capacidade de praticar sua fé como bem entendessem.

Além disso, considerando-se a crescente diversidade da população americana, os riscos do sectarismo nunca foram maiores. O que quer que tenhamos sido um dia, não somos mais apenas uma nação cristã; somos também uma nação judia, uma nação muçulmana, uma nação budista, uma nação hindu, uma nação de ateus.

E mesmo que tivéssemos apenas cristãos entre nós, se expulsássemos dos Estados Unidos da América todos os não cristãos, qual cristianismo ensinaríamos nas escolas? Seguiríamos James Dobson ou Al Sharpton?*

---

* Dobson é um líder branco do conservadorismo religioso; Sharpton, um pastor batista negro, militante dos direitos civis. (*N. do T.*)

Que trechos das Escrituras deveriam orientar nossas políticas públicas? Deveríamos seguir o Levítico, segundo o qual a escravidão não tem nada de errado e comer mariscos é uma abominação? Ou o Deuteronômio, que propõe apedrejar seu filho se ele se desencaminhar da fé? Ou deveríamos ficar apenas com o Sermão da Montanha — uma passagem tão radical que cabe duvidar que até o nosso Departamento da Defesa sobrevivesse à sua aplicação? Por isso, antes de nos deixarmos levar pelo entusiasmo, é bom lermos nossas Bíblias. As pessoas não têm lido suas Bíblias.

O que me leva ao segundo ponto que quero enfatizar. A democracia requer que aqueles que são motivados pela religião traduzam suas preocupações em valores universais, e não especificamente religiosos. Ela requer que suas propostas sejam suscetíveis de discussão e estejam de acordo com a razão. Eu posso ser contrário ao aborto por motivos religiosos, mas se pretender promulgar uma lei proibindo a prática, não posso simplesmente invocar os ensinamentos da minha Igreja ou a vontade de Deus. Preciso explicar por que o aborto viola algum princípio acessível a pessoas de todas as fés, inclusive àquelas que não têm fé alguma.

Isso não será fácil para aqueles que acreditam na infalibilidade da Bíblia, como é o caso de muitos evangélicos. Mas, em uma democracia pluralista, não temos escolha. A política depende de nossa capacidade de convencer uns aos outros de objetivos comuns baseados em uma realidade comum. Envolve a concessão, a arte do que é possível. Em um nível fundamental, a religião não tem espaço para a concessão. Ela é a arte do impossível. Se Deus falou, os seguidores devem seguir suas ordens, sejam quais forem as consequências. Basear a própria vida em compromissos desse nível de intransigência pode ser sublime, mas basear nossas políticas em tais compromissos seria perigoso. E se não estiverem convencidos, permitam-me dar um exemplo.

Todos conhecemos a história de Abraão e Isaac. Abraão recebe ordem de Deus para ofertar seu único filho e, sem discutir, leva Isaac ao alto da montanha, prende-o a um altar e ergue seu facão, disposto a agir conforme o mandamento de Deus.

Deus, naturalmente, envia um anjo para interceder no último momento, e Abraão passa no teste de devoção a Deus.

Mas cabe supor que se, ao deixar esta igreja, qualquer um de nós visse Abraão erguendo seu facão no telhado de um prédio, no mínimo chamaria a polícia e esperaria que o Serviço de Proteção às Crianças e às Famílias tomasse Isaac de Abraão. E o faríamos porque não ouvimos o que Abraão ouve, não vemos o que Abraão vê, por mais verdadeiras que as experiências dele sejam. O melhor que podemos fazer, portanto, é agir de acordo com as coisas que todos nós vemos, que todos nós ouvimos, sejam as leis gerais ou a razão mais elementar.

No fim das contas, qualquer conciliação entre a fé e o pluralismo democrático requer certo senso de proporção.

O que vale para ambos os lados.

Até mesmo aqueles que sustentam a infalibilidade da Bíblia estabelecem uma distinção entre as normas das Escrituras, percebendo que certas passagens — por exemplo, os Dez Mandamentos, ou a crença na divindade de Cristo — são fundamentais na fé cristã, ao passo que outras têm um caráter mais culturalmente específico e podem ser modificadas para se adequar à vida moderna.

O povo americano entende isto de forma intuitiva, e é por isso que a maioria dos católicos pratica o controle de natalidade e alguns dos que se opõem ao casamento gay se opõem também a uma emenda constitucional para proibi-lo. As lideranças religiosas não precisam aceitar esse tipo de sabedoria ao aconselhar o rebanho, mas deveriam reconhecê-la na prática política.

Mas o senso de proporção também deve pautar os que policiam os limites entre a Igreja e o Estado. Nem toda menção de Deus em público representa um desrespeito ao muro de separação — o contexto importa. Cabe duvidar que crianças recitando o Juramento de Lealdade à bandeira se sintam oprimidas ou sofrendo lavagem cerebral por terem que incluir a expressão "sob Deus". Não acontecia comigo. O fato de grupos voluntários de oração usarem instalações de um colégio para reuniões dos alunos integrantes não deve constituir uma ameaça, como tampouco seu uso por colegiais republicanos deveria representar uma ameaça para os democratas. E podemos imaginar que certos programas baseados na fé — voltados, por exemplo, para ex-condenados ou pessoas que abusam de drogas — representam uma maneira extraordinariamente poderosa de resolver problemas.

Por isso, todos temos algum trabalho a fazer nessa área. Mas tenho esperança em nossa capacidade de superar as separações existentes e os preconceitos que cada um de nós traz a esse debate. E tenho fé em que milhões de americanos crentes querem que isso aconteça. Não importa quão religiosas sejam ou deixem de ser, o fato é que as pessoas estão cansadas de ver a fé sendo usada como ferramenta de ataque. Não querem que a fé seja usada para menosprezar ou dividir. Estão cansadas de ouvir mais arengas que sermões. Porque, no fim das contas, não é assim que encaram a fé em suas próprias vidas.

Quero então concluir recordando apenas mais uma interação que tive durante minha campanha. Dias depois de conquistar a nomeação democrata na disputa para o Senado federal, recebi um e-mail de um médico da Faculdade de Medicina da Universidade de Chicago dizendo o seguinte:

"Parabéns por sua vitória esmagadora e inspiradora nas primárias. Votei no senhor com prazer e devo dizer que estou pensando seriamente em votar mais uma vez no senhor, nas eleições gerais. Escrevo para expressar as preocupações que podem, no fim das contas, impedir-me de apoiá-lo." O médico se apresentava como um cristão que considerava seus comprometimentos "totalizantes". Sua fé o levara a uma forte oposição ao aborto e ao casamento gay, embora ele dissesse que também o levara a questionar a idolatria ao livre mercado e o pronto recurso ao militarismo, que pareciam caracterizar em grande parte o programa republicano.

Mas o motivo pelo qual esse médico contemplava a hipótese de não votar em mim não era simplesmente minha posição a respeito do aborto. Na verdade, ele tinha lido um material postado no meu site pela minha campanha indicando que eu combateria "ideólogos de direita que querem privar a mulher do direito de escolha". O médico prosseguia:

"Sinto que o senhor tem forte senso de justiça (...) e também que é uma pessoa justa que tem a razão em alta conta (...) Quaisquer que sejam suas convicções, se o senhor acredita de fato que aqueles que se opõem ao aborto são invariavelmente ideólogos movidos pelo desejo perverso de infligir sofrimento às mulheres, então, na minha opinião, o senhor não é uma pessoa justa (...) Como sabe, estamos entrando em uma época cheia de possibilidades para o bem e para o mal, uma época em que lutamos para entender a organização política no contexto da pluralidade, na qual não temos segurança quanto à fundamentação para reivindicar algo que envolva outras pessoas (...) Não estou pedindo que se oponha ao aborto, apenas que fale dessa questão com palavras justas."

Palavras justas.

Fui então olhar meu site e encontrei as palavras ofensivas. Para ser justo com minha equipe, devo dizer que ela as redigiu usando a linguagem democrata padrão para sintetizar minha posição em favor do direito de escolha durante as primárias democratas, em uma época em que certos adversários questionavam meu compromisso a fazer valer *Roe versus Wade*.*

Ao reler a carta do médico, contudo, eu me senti envergonhado. São pessoas como ele que estão buscando um entendimento mais profundo e pleno a respeito da religião em nosso país. Elas podem não mudar suas posições, mas estão dispostas a ouvir e aprender com aqueles que se dispõem a falar com palavras justas. Aqueles que têm conhecimento do papel central e impressionante que Deus ocupa na vida de muitos e que se recusam a tratar a fé simplesmente como mais uma questão política com a qual marcar pontos.

Então, respondi a esse médico agradecendo pelo conselho. No dia seguinte, distribuí o e-mail a minha equipe e mudei a linguagem no meu site para afirmar de maneira clara, mas simples, minha posição a favor do direito de escolha. Naquela noite, antes de me deitar, fiz uma oração — uma oração para que eu pudesse aplicar aos outros a mesma presunção de boa-fé que o médico tinha aplicado a mim.

E nessa noite, antes de me deitar, eu fiz uma oração. Uma oração que creio compartilhar com muitos americanos. A esperança de que possamos conviver de um modo que concilie as crenças de cada um com o bem de todos. É uma oração que merece ser feita e uma conversa que merece ser mantida em nosso país nos meses e anos à nossa frente.

---

* Decisão da Suprema Corte americana em 1973 autorizando a interrupção voluntária da gravidez, com base no "direito à privacidade", e que representou o primeiro movimento de descriminalização do aborto em todo o território americano. A decisão foi ocasionada por processo movido no Texas, em 1970, por uma mulher estuprada. (*N. do T.*)

"O QUE ESPERA OS ESTADOS UNIDOS?"

Discurso no Banquete Jefferson-Jackson
DES MOINES, IOWA, 10 DE NOVEMBRO DE 2007

Quase recém-chegado ao cenário político nacional, Obama enfrentou dois adversários de peso nas primárias em 2008: Hillary Clinton, a grande favorita, e John Edwards, que capturava o imaginário populista com seu discurso sobre as "duas Américas". O desempenho de Obama em Iowa, a primeira competição na temporada das primárias, indicaria a viabilidade de suas pretensões à indicação do partido e à presidência. A equipe de Obama percebeu que ele precisava usar o Banquete Jefferson-Jackson, evento de arrecadação de fundos habitualmente realizado em Des Moines no momento que antecede as primárias democratas, como ferramenta essencial de articulação em sua campanha. Enquanto Obama memorizava seu pronunciamento, em conformidade com as regras do evento, sua equipe de organização se empenhava em garantir que seus partidários dominassem o público. No fim das contas, das cerca de 9 mil pessoas presentes, a campanha de Obama que 3 mil eram apoiadoras do candidato. A combinação do empolgante discurso com a multidão ruidosa foi eletrizante; como escreveram Mark Halperin e John Heilemann em seu relato da eleição de 2008: "a espetacular vitória de Obama naquela noite ficou evidente até para os mais convictos aliados de Clinton." Esse lado novo e mais ardoroso de Obama rendeu frutos em janeiro, quando ele venceu com facilidade na convenção partidária, com 37,6% dos delegados eleitos e um índice incrivelmente alto de comparecimento.

MUITO OBRIGADO. Ao grande governador de Iowa e ao vice-governador de Iowa. Ao meu querido amigo Tom Harkin, pelo extraordinário trabalho que realiza. À delegação de congressistas de Iowa, que vem fazendo um trabalho magnífico, e a Nancy Pelosi, presidente da Câmara, obrigado pelas maravilhosas boas-vindas e pela magnífica hospitalidade.

[*Reagindo ao público.*] Também amo vocês.

Daqui a pouco menos de um ano vocês entrarão nas cabines eleitorais para escolher o presidente dos Estados Unidos da América. Pois aqui vai a boa notícia: o nome George W. Bush não estará na cédula. O nome do meu primo Dick Cheney não estará na cédula. A gente vem tentando esconder esse fato há muito tempo. Todo mundo tem uma ovelha negra na família. Finalmente chegará ao fim a era da justiça de Scooter Libby,* da incompetência de Brownie** e da política de Karl Rove.***

---

* Lewis "Scooter" Libby: chefe de gabinete do vice-presidente Dick Cheney e seu assessor de Segurança Nacional no mandato de 2001-2005, renunciou sob acusações de perjúrio, declarações falsas ao FBI e obstrução da justiça na investigação do caso sobre a revelação da identidade secreta de uma agente da CIA. Condenado em março de 2007 a penas de prisão, multa e serviços comunitários, teve a primeira delas comutada pelo presidente George W. Bush. (*N. do T.*)

** Michael DeWayne Brown foi nomeado responsável pela gestão federal de situações de emergência em 2003, por George W. Bush, mas renunciou em setembro de 2005 ao ser acusado de incompetência durante as operações de socorro às vítimas do furacão Katrina, no Sul dos Estados Unidos, especialmente em torno da região metropolitana de Nova Orleans. (*N. do T.*)

*** Karl Rove: consultor político texano considerado o principal artífice das sucessivas vitórias eleitorais de George W. Bush como governador e presidente, continuou exercendo junto a ele importantes cargos na presidência a partir de 2000, mas renunciou em 2007, por se recusar a atender a intimações judiciais envolvendo seus métodos de ação política.(*N. do T.*)

Mas a pergunta que vocês terão que fazer a si mesmos quando entrarem em convenção partidária em janeiro e votarem em novembro é: "O que espera os Estados Unidos?" Estamos em um momento decisivo de nossa história. Nosso país está em guerra. O planeta corre perigo. O sonho pelo qual tantas gerações lutaram parece estar escorrendo por entre os dedos. Trabalhamos mais para ganhar menos. Nunca pagamos tanto pela assistência de saúde ou pela faculdade. É mais difícil economizar e se aposentar. E, acima de tudo, perdemos a fé de que nossos líderes podem ou vão fazer algo a respeito.

Prometeram-nos um conservadorismo com compaixão, mas tudo o que recebemos foi o Katrina e grampos telefônicos. Prometeram-nos um unificador, e o que tivemos foi um presidente incapaz de liderar até mesmo a metade do país que votou nele. Prometeram-nos um governo mais ético e eficiente e, apesar disso, temos uma cidade chamada Washington que está ainda mais corrupta e esbanjadora que antes. E a única missão que chegou a ser cumprida foi usar o medo e a falsidade para levar o país a uma guerra que jamais deveria ter sido autorizada nem travada.

É em virtude desses fracassos que o país está ouvindo atentamente o que dizemos aqui hoje — não apenas democratas, mas republicanos e independentes, que perderam a confiança em seu governo, mas querem voltar a acreditar.

E é por causa desses fracassos que vivemos não só um momento de grande desafio, mas também um momento de grande oportunidade. Temos a chance de unir o país em uma nova maioria — de, enfim, enfrentar problemas consideravelmente agravados por George Bush, mas que já existiam muito antes de George Bush assumir o cargo; problemas sobre os quais falamos ano após ano, após ano, após ano.

E é por isso que aquelas mesmas velhas campanhas, baseadas no manual de Washington, simplesmente não vão funcionar nesta eleição. É por isso que deixar de responder a perguntas por medo de que nossas respostas não sejam populares não vai funcionar. É por isso que dizer ao povo americano o que achamos que ele quer ouvir em vez de dizer ao povo americano o que ele precisa ouvir não vai funcionar. Os cálculos e posicionamentos em função de pesquisas de opinião por estarmos preocupados com o que Mitt ou Rudy podem dizer a nosso respeito não vão funcionar. Se quisermos realmente vencer esta eleição, democratas, não podemos ter medo de perdê-la.

Nosso partido — o partido de Jefferson e Jackson; de Roosevelt e Kennedy — sempre fez mais diferença na vida do povo americano quando não liderou em função de pesquisas, mas de princípios; não pelo cálculo, mas por convicção; quando convocou o país inteiro a se unir em torno de um objetivo comum — um objetivo mais elevado. E eu me candidato à presidência dos Estados Unidos da América porque este é o partido que a nação precisa que encarnemos neste exato momento.

Um partido que não ofereça apenas uma diferença nas políticas a serem adotadas, mas uma diferença na liderança.

Um partido que não esteja focado apenas nos meios de vencer, mas nos motivos pelos quais devemos vencer. Um partido que não apresente a mudança apenas como um slogan, mas como algo de significado real e significativo — uma mudança na qual a nação possa acreditar. Por isso, eu estou nesta disputa. Por isso, estou concorrendo à presidência dos Estados Unidos da América — para propor uma mudança na qual possamos acreditar.

Estou nesta disputa para dizer aos lobistas corporativos que acabou o tempo em que eles estabeleciam a agenda em Washington. Eu tenho feito mais que qualquer outro candidato nesta disputa para enfrentar os lobistas — e tenho vencido. Eles não financiaram minha campanha, não conseguirão emprego na minha Casa Branca e não vão abafar as vozes do povo americano quando eu for presidente. Estou nesta disputa para tirar as isenções fiscais de empresas que transferem empregos para o exterior e transferi-las para o bolso de americanos que trabalham duro e as merecem. E não vou aumentar o salário mínimo de dez em dez anos — vou aumentá-lo quando necessário, para que os trabalhadores não fiquem para trás.

É por isso que estou na disputa. Para proteger o trabalhador americano. Para lutar pelo trabalhador americano.

Estou nesta disputa porque quero parar de falar do escândalo dos 47 e sete milhões de americanos sem assistência de saúde e começar de fato a fazer algo a respeito. Eu ampliei a assistência de saúde em Illinois unindo democratas e republicanos. Enfrentando a indústria dos seguros. E é assim que farei com que cada americano tenha uma assistência de saúde com a qual possa contar, e não vou fazê-lo daqui a 20 anos, não vou fazê-lo daqui a dez anos, e sim até o fim do meu primeiro mandato como presidente dos Estados Unidos da América.

Eu concorro à presidência para fazer com que toda criança americana disponha da melhor educação que podemos oferecer — do dia em que nasce ao dia em que se forma na universidade. E não vou apenas ficar dizendo como os professores são maravilhosos — como presidente, vou recompensá-los por serem maravilhosos, aumentando salários e dando-lhes mais apoio. É por isso que estou nesta disputa.

Eu me candidato a presidente porque estou farto de ver democratas achando que a única maneira de parecer durão em matéria de segurança nacional é falar, agir e votar como os republicanos de George Bush.

Quando eu for designado candidato por nosso partido, meu adversário não poderá dizer que eu votei a favor da Guerra no Iraque, ou que dei a George Bush o benefício da dúvida no Irã, ou que apoiei a política de Bush-Cheney de não conversar com os líderes de que não gostamos. E tampouco poderá dizer que eu hesitei em algo fundamental como saber se é certo ou não nosso país torturar — pois nunca será certo. Por isso, estou na disputa.

Como presidente, vou acabar com a Guerra no Iraque. Teremos nossas tropas de volta em 16 meses. Fecharei Guantánamo. Restabelecerei o *habeas corpus*. Encerrarei a luta contra a Al Qaeda. E liderarei o mundo no combate às ameaças comuns do século XXI — armas nucleares e terrorismo, mudanças climáticas e pobreza, genocídio e doenças. E, mais uma vez, enviarei uma mensagem àqueles rostos ansiosos além das nossas fronteiras, dizendo: "Vocês são importantes para nós. O futuro de vocês é o nosso futuro. E o nosso momento é agora."

América, o nosso momento é agora.

O nosso momento é agora.

Não quero passar o próximo ano ou os próximos quatro anos travando as mesmas batalhas que tivemos na década de 1990.

Não quero jogar os Estados Unidos dos republicanos contra os Estados Unidos dos democratas, quero ser presidente dos Estados Unidos da América.

E se esses republicanos vierem de novo até mim com as mesmas táticas de insuflar medo e atacar injustamente, como costumam fazer, vou enfrentá-los de frente. Porque acredito que o povo americano está cansando do medo, de dispersão e de tergiversações. Podemos fazer com que esta eleição não tenha a ver com medo, mas com o futuro. E isso não será apenas uma vitória democrata; será uma vitória americana.

E esta é uma vitória de que nosso país precisa, neste exato momento.

Não estou nesta disputa para realizar antigas ambições ou porque acredito que se trata de algo que me é devido. Jamais esperei estar aqui, sempre soube que esta jornada era improvável. Nunca estive em uma jornada que não fosse improvável.

Estou nesta disputa por causa do que Martin Luther King chamava de "brutal urgência do agora". Porque acredito que existe a possibilidade do tarde demais. E essa hora está quase chegando para nós.

Não quero acordar daqui a quatro anos e constatar que milhões de americanos ainda estão sem assistência de saúde porque não fomos capazes de enfrentar a indústria dos seguros.

Não quero constatar que os oceanos subiram mais algumas polegadas. O planeta chegou a um ponto sem volta porque não fomos capazes de encontrar uma maneira de parar de comprar petróleo de ditadores.

Não quero ver mais vidas americanas correndo risco porque ninguém teve o discernimento ou a coragem de se posicionar contra uma guerra equivocada antes de mandarmos tropas para o combate.

Não quero ver veteranos sem-teto nas ruas. Não quero mandar mais uma geração de crianças americanas para escolas falhas. Não quero esse futuro para minhas filhas. Não quero esse futuro para os filhos de vocês. Não quero esse futuro para os Estados Unidos.

Estou nesta disputa pelo mesmo motivo pelo qual lutei por empregos para os desempregados e esperança para os sem esperança nas ruas de Chicago; pelo mesmo motivo pelo qual lutei por justiça e igualdade como advogado dos direitos civis; pelo mesmo motivo pelo qual lutei pelas famílias de Illinois por mais de uma década.

Pois nunca esquecerei que a única razão para eu estar aqui hoje é o fato de alguém, em algum lugar, ter se posicionado a meu favor quando era arriscado. Ter se posicionado quando era difícil. Ter se posicionado quando não era popular. E como essa pessoa se posicionou, algumas outras também se posicionaram. E, em seguida, alguns milhares se posicionaram. Até que alguns milhões se posicionaram. E ao se posicionarem com coragem e um propósito claro, eles, de alguma forma, conseguiram mudar o mundo.

É por isto que estou concorrendo, Iowa — para dar a nossos filhos e netos as mesmas oportunidades que alguém me deu.

É por isto que estou concorrendo, democratas — para manter o Sonho Americano vivo para aqueles que ainda têm fome de oportunidade, que ainda têm sede de igualdade.

Por isso, eu lhes peço que se posicionem a meu lado, por isso, eu peço que votem em mim na convenção partidária, por isso, eu peço que deixem de se acomodar com o que os cínicos dizem que precisamos aceitar. Nesta eleição — neste momento —, vamos sair em busca do que sabemos ser possível. Uma nação curada. Um mundo consertado. Uma América que volte a acreditar.

"SIM, NÓS PODEMOS"

Discurso de reconhecimento da derrota nas primárias de New Hampshire

NASHUA, NEW HAMPSHIRE, 8 DE JANEIRO DE 2008

De todos os discursos de Barack Obama, talvez nenhum tenha gerado uma expressão mais icônica que o pronunciamento feito em Nashua, New Hampshire, na noite de 8 de janeiro de 2008 — não em uma vitória, mas em uma derrota. O trecho final do discurso, no qual ele fala das infindáveis ondas de sonhadores dos Estados Unidos, desde a imperfeita fundação da nação até o presente, injetou um sopro de esperança em sua campanha. E a frase que serviu como assinatura desse discurso — "Sim, nós podemos", usada pela primeira vez na bem-sucedida campanha do governador Deval Patrick em Massachusetts, em 2006 —, tornou-se um fenômeno cultural, suplantando o slogan oficial da campanha: "Uma mudança na qual possamos acreditar." Mais tarde seria transformada em uma canção pelo ícone da música pop Will.I.Am.

OBRIGADO, NEW HAMPSHIRE. Eu também amo vocês. Obrigado. Obrigado.
Muito obrigado a todos. Ainda estou emocionado e entusiasmado. Obrigado. Obrigado.

Bem, em primeiro lugar, quero cumprimentar a senadora Clinton pela vitória duramente conquistada aqui em New Hampshire. Ela fez um trabalho magnífico. Vamos lhe dar uma grande salva de palmas.

Há algumas semanas, como sabem, ninguém imaginava que conseguiríamos o que conseguimos esta noite aqui em New Hampshire. Ninguém poderia imaginar.

Na maior parte desta campanha, estávamos muito atrás. Sabíamos o tempo todo que a subida seria íngreme. Mas vocês vieram em número recorde e se manifestaram pela mudança.

E com suas vozes e seus votos, deixaram claro que neste momento, nesta eleição, algo está acontecendo nos Estados Unidos.

Algo está acontecendo quando homens e mulheres em Des Moines e Davenport, em Lebanon e Concord saem de casa em meio à neve de janeiro para formar filas que se estendem por quarteirões porque acreditam naquilo que este país pode ser.

Algo está acontecendo. Algo está acontecendo quando americanos jovens na idade e no espírito, que nunca antes participaram da política, se mobilizam em uma quantidade jamais vista por saberem, no fundo do coração, que, desta vez, precisa ser diferente.

Algo está acontecendo quando as pessoas votam não apenas no partido a que pertencem, mas nas esperanças que têm em comum.

E sejamos ricos ou pobres, negros ou brancos, latinos ou asiáticos, venhamos de Iowa ou de New Hampshire, de Nevada ou da Carolina do Sul, estamos prontos para conduzir nosso país em uma direção fundamentalmente nova.

É isso que está acontecendo na América neste exato momento; é mudança o que está acontecendo nos Estados Unidos.

Vocês, todos vocês que aqui estão esta noite, todos que empenham tanto do coração, da alma e do trabalho nesta campanha, vocês podem ser a nova maioria capaz de tirar nosso país de uma longa escuridão política.

Democratas, independentes e republicanos que estão cansados da divisão e do alheamento que encobrem Washington, que sabem que podemos discordar sem ser desagradáveis, que entendem que, se mobilizarmos nossas vozes para enfrentar o dinheiro e a influência que se interpuseram em nosso caminho e nos desafiarmos a sair em busca de algo melhor, não há problema que não possamos resolver, não há destino que não possamos realizar. Nossa nova maioria americana pode acabar com o escândalo da assistência de saúde fora de alcance e indisponível em nossa época. Podemos unir médicos e pacientes, trabalhadores e empresários, democratas e republicanos, e podemos dizer à indústria farmacêutica e de seguros que, embora possa se sentar à mesa, ela não vai poder comprar todas as cadeiras, não desta vez, agora não.

A nossa nova maioria pode acabar com as isenções fiscais para corporações que mandam nossos empregos para o exterior e promover uma redução dos impostos sobre a classe média, colocando dinheiro nos bolsos dos americanos trabalhadores, que o merecem.

Podemos parar de mandar nossos filhos para corredores da vergonha* e começar a colocá-los no caminho do sucesso.

Podemos parar de dizer que os professores são maravilhosos e começar a recompensá-los por serem maravilhosos, melhorando sua remuneração e dando mais apoio a eles. Podemos fazer isso com nossa nova maioria.

Podemos canalizar a criatividade de fazendeiros e cientistas, cidadãos e empreendedores, para libertar nosso país da tirania do petróleo e salvar nosso planeta de uma situação irreversível.

E quando eu for presidente dos Estados Unidos, acabaremos essa Guerra no Iraque e traremos nossas tropas de volta.

Acabaremos com essa Guerra no Iraque. Traremos nossas tropas de volta. Concluiremos o trabalho — vamos concluir o trabalho contra a Al Qaeda no Afeganistão. Cuidaremos de nossos veteranos. Recuperaremos nossa posição moral no mundo.

E jamais utilizaremos o 11 de Setembro para conquistar votos vindos do medo, pois essa não é uma tática para vencer eleições. É um desafio que deve unir os Estados Unidos e o mundo contra as ameaças que temos em comum no século XXI: terrorismo e armas nucleares, mudanças climáticas e pobreza, genocídio e doenças.

---

* Expressão consagrada na época para designar as más condições das escolas rurais na Carolina do Sul, fosse nas instalações ou na qualidade do ensino. (*N. do T.*)

Todos os candidatos nesta disputa têm essas mesmas metas. Todos os candidatos nesta disputa têm ideias boas e são patriotas empenhados em servir honradamente o país.

Mas o motivo pelo qual nossa campanha sempre foi diferente, o motivo pelo qual começamos esta improvável jornada há quase um ano, é porque ela não se limita ao que farei como presidente. Ela tem a ver também com o que vocês, o povo que ama este país, os cidadãos dos Estados Unidos da América, podem fazer para mudá-lo.

É isso que está em questão nesta eleição.

É por isso que esta noite pertence a vocês. Ela pertence aos organizadores, aos voluntários e à equipe que acreditou nesta jornada e conseguiu a adesão de tantos outros à causa.

Sabemos que a batalha pela frente será longa. Mas lembrem-se de que, quaisquer que sejam os obstáculos em nossa jornada, nada pode bloquear o caminho da força de milhões de vozes pedindo mudança.

Já ouvimos todo um coro de cínicos dizendo que não podemos fazer isto. E esse coro vai se tornar cada vez mais ruidoso e dissonante nas semanas e nos meses que virão.

Fomos convidados a fazer uma pausa para encarar a situação de forma realista. Fomos advertidos a não oferecer falsas esperanças ao povo americano. Mas, nessa história improvável que é nosso país, nunca houve nada de falso em matéria de esperança.

Pois quando nos defrontamos com situações impossíveis, quando nos disseram que não estávamos preparados ou que não devíamos tentar ou que não podíamos, gerações de americanos responderam com uma crença simples que resume o espírito de um povo: Sim, nós podemos. Sim, nós podemos. Sim, nós podemos.

Era uma crença inscrita nos documentos fundadores que declaravam o destino de uma nação: Sim, nós podemos.

Ela foi sussurrada por escravos e abolicionistas enquanto abriam caminho em direção à liberdade em meio à mais escura das noites: Sim, nós podemos.

Foi cantada por imigrantes que saíram de terras distantes e pioneiros que avançaram em direção ao Oeste por imensidões implacáveis: Sim, nós podemos.

Foi a palavra de ordem de trabalhadores que se organizaram, de mulheres que lutaram pelo direito de voto, de um presidente que escolheu a Lua como nossa nova fronteira e de um rei que nos levou ao topo da montanha e apontou o caminho para a terra prometida: Sim, nós podemos, rumo à justiça e à igualdade.*

Sim, nós podemos, rumo à oportunidade e à prosperidade. Sim, nós podemos curar esta nação. Sim, nós podemos consertar este mundo. Sim, nós podemos.

E assim, amanhã, ao levarmos a campanha ao Sul e ao Oeste, ao constatarmos que as lutas dos operários da indústria têxtil de Spartanburg não são tão diferentes das dificuldades do lavador de pratos em Las Vegas, que as esperanças da menininha que frequenta a escola à beira do colapso em Dillon são iguais ao sonho do menino que aprende nas ruas de Los Angeles, lembremos que algo está acontecendo nos Estados Unidos, que não estamos tão divididos quanto nossos políticos dão a entender, que somos um só povo, uma só nação.

E juntos começaremos o próximo grande capítulo da história americana, com três palavras que ecoarão de costa a costa, de um oceano a outro: Sim, nós podemos.

---

* Referência ao discurso "I've been to the Mountaintop" [Eu estive no topo da montanha], de Martin Luther King Jr., fazendo um trocadilho com o sobrenome do grande ativista dos direitos civis e a palavra king [rei] do inglês. [N. do E.]

"UMA UNIÃO MAIS PERFEITA"

Discurso no National Constitution Center
FILADÉLFIA, PENSILVÂNIA, 18 DE MARÇO DE 2008

Obama, o historiador, transparece em muitos de seus discursos, conduzindo o ouvinte pelas colinas e pelos vales da história americana. Mas foi Obama o sociólogo — o homem de dois mundos — que avançou em março de 2008 em defesa de seus laços com aquele que foi o seu pastor e o de Michelle durante muito tempo em Chicago, Jeremiah Wright. A tempestade levantada pelos meios de comunicação em torno de uma coletânea de sermões de Wright ameaçou descarrilar a campanha dissidente de Obama. Em resposta, ele fez uma dissertação sobre raça que tocou não só na dor negra, mas também no medo branco da destituição econômica e cultural. E o fez com uma compaixão e uma compreensão cheia de nuances que poucos americanos — negros ou brancos — chegaram a transmitir publicamente em palavras, antes disso ou desde então. O discurso foi o primeiro exemplo de algo que se tornaria um hábito de Obama: valer-se de um pronunciamento longo e detalhado para resolver um problema político e superar uma crise.

QUERO COMEÇAR AGRADECENDO a Harris Wofford por suas contribuições ao nosso país de tantas maneiras. Ele exemplifica o que queremos dizer com a palavra "cidadão". Por isso, lhe somos muito gratos pelo trabalho que realizou, e eu agradeço pela introdução ponderada e generosa.

"Nós, o povo, com o objetivo de formar uma união mais perfeita."

Duzentos e vinte e um anos atrás, em um salão que ainda está de pé do outro lado da rua, um grupo de homens se reuniu e, com essas simples palavras, lançou a improvável experiência dos Estados Unidos na democracia.

Fazendeiros e intelectuais; estadistas e patriotas que tinham atravessado o oceano para escapar da tirania e da perseguição, enfim concretizaram sua declaração de independência em uma convenção na Filadélfia que durou até a primavera de 1787.

O documento que redigiram foi assinado, mas ficou inacabado. Vinha manchado pelo pecado original deste país, a escravidão, uma questão que dividiu as colônias e levou a convenção a um impasse, até que os fundadores decidiram permitir que o comércio de escravos tivesse prosseguimento por pelo menos mais 20 anos, deixando qualquer decisão final para gerações futuras.

Naturalmente, a resposta à questão da escravidão já estava contida na nossa Constituição — uma Constituição que tinha em seu cerne o ideal da cidadania igualitária sob o império da lei; uma Constituição que prometia a seu povo liberdade, justiça e uma união que poderia e deveria ser aperfeiçoada ao longo do tempo.

Mas as palavras inscritas em um pergaminho não bastariam para livrar os escravos do cativeiro nem para proporcionar a homens e mulheres de todas as cores e crenças a integralidade de seus direitos e deveres como cidadãos dos Estados Unidos.

Seriam necessários americanos de sucessivas gerações dispostos a fazer sua parte — por meio de protestos e combates, nas ruas e nos tribunais, em uma guerra civil e na desobediência civil, e sempre correndo grande risco — para diminuir a defasagem entre a promessa de nossos ideais e a realidade de sua época.

Esta foi uma das tarefas que estabelecemos no início desta campanha presidencial: dar prosseguimento à longa marcha daqueles que vieram antes de nós, uma marcha por uma nação mais justa, mais igualitária, mais livre, mais compassiva e mais próspera.

Eu decidi me candidatar a presidente neste momento da história porque acredito profundamente que não poderemos solucionar os desafios da nossa época se não os resolvermos juntos, se não aperfeiçoarmos nossa união, entendendo que podemos ter histórias diferentes, mas alimentamos esperanças compartilhadas; que podemos não ter a mesma aparência e talvez não venhamos do mesmo lugar, mas todos queremos caminhar na mesma direção: rumo a um futuro melhor para nossos filhos e netos.

E essa convicção decorre da minha fé inabalável na honestidade e na generosidade do povo americano. Mas vem, também, da minha própria história. Sou filho de um negro do Quênia e de uma branca do Kansas. Fui criado com a ajuda de um avô branco que sobreviveu à Depressão e serviu no exército de Patton durante a Segunda Guerra Mundial e de uma avó branca que trabalhou em uma linha de montagem de bombardeiros em Fort Leavenworth enquanto o marido estava no exterior.

Frequentei algumas das melhores escolas do país e vivi em uma das nações mais pobres do mundo. Sou casado com uma americana negra que traz nas veias o sangue de escravos e donos de escravos, herança que passamos para nossas duas queridas filhas.

Tenho irmãos, irmãs, sobrinhas, sobrinhos, tios e primos de todas as raças e todas as cores espalhados em três continentes. E enquanto viver, jamais esquecerei que em nenhum outro país do planeta minha história sequer seria possível.

É uma história que não me tornou o mais convencional dos candidatos. Mas é uma história que inscreveu em minha constituição genética a ideia de que esta nação é mais que a soma de suas partes — de que, formados por muitos, somos verdadeiramente um só.

Ao longo do primeiro ano desta campanha, contrariando todas as previsões, vimos como o povo americano está faminto dessa mensagem de união. Apesar da tentação de enxergar minha candidatura através de uma lente estritamente racial, conquistamos vitórias impressionantes em estados com algumas das populações mais brancas do país. Na Carolina do Sul, onde a bandeira dos confederados ainda tremula, construímos uma poderosa coalizão de afro-americanos e americanos brancos.

Isso não quer dizer que a raça não tem sido uma questão nesta campanha. Em várias etapas, certos comentaristas me consideraram "negro demais" ou "insuficientemente negro". Vimos as tensões raciais aflorarem na semana anterior às primárias da Carolina do Sul. A imprensa esquadrinhou cada uma das pesquisas de boca de urna em busca da prova mais recente de polarização racial, não apenas em termos de brancos e negros, mas também de negros e mulatos.

E, no entanto, foi só nas últimas duas semanas que o debate sobre raça nesta campanha tomou um rumo particularmente segregado.

Em um dos extremos, ouvimos a dedução de que, sob certos aspectos, minha candidatura é uma forma de ação afirmativa, de que se baseia exclusivamente no desejo de liberais irrealistas e ingênuos de comprar barato a reconciliação racial.

No outro extremo, ouvimos meu antigo pastor, Jeremiah Wright, usar uma linguagem incendiária para manifestar pontos de vista capazes não só de aprofundar a divisão racial, mas que também desacreditam a grandeza e a bondade de nossa nação e, inegavelmente, ofendem tanto brancos quanto negros.

Já condenei, em termos inequívocos, as afirmações do reverendo Wright que suscitaram essa polêmica e que, em certos casos, também causaram dor.

Para alguns, permanecem algumas questões incômodas: eu tinha conhecimento de que, por vezes, ele podia ser um crítico feroz da política interna e internacional dos Estados Unidos? Claro. Eu já o ouvi fazer, na igreja, comentários que pudessem ser considerados polêmicos? Sim. E acaso discordaria enfaticamente de muitas de suas posições políticas? Com certeza, assim como estou convencido de que muitos de vocês já ouviram de seus pastores, padres ou rabinos comentários dos quais discordam profundamente.

Mas os comentários que provocaram a recente tempestade não foram apenas polêmicos. Não eram simplesmente a tentativa de um líder religioso de se pronunciar contra uma injustiça. Pelo contrário, expressavam uma visão profundamente distorcida de nosso país, uma visão que considera o racismo branco algo endêmico e coloca o que está errado nos Estados Unidos acima de tudo aquilo que sabemos estar certo no país; uma visão segundo a qual os conflitos no Oriente Médio decorrem, basicamente, das ações de aliados como Israel, e não da ideologia perversa e abominável do Islã radical.

Nesse sentido, os comentários do reverendo Wright foram não só equivocados, mas também desagregadores, em um momento em que precisamos de unidade; comentários radicais de fundo racial em um momento em que precisamos nos unir para resolver uma série de problemas monumentais — duas guerras, uma ameaça terrorista, uma economia em declínio, uma crise crônica da assistência de saúde e mudanças climáticas potencialmente devastadoras, problemas que não são negros, nem brancos, nem latinos, nem asiáticos, mas problemas que afetam a todos nós.

Considerando-se meu histórico, minha ação política e os valores e ideais que professo, sem dúvida haverá pessoas para quem minhas declarações de condenação não serão suficientes.

Talvez perguntem: por que me vincular ao reverendo Wright, para começo de conversa? Por que não frequentar outra igreja? E eu confesso que, se só conhecesse do reverendo Wright os retalhos de sermões que vêm sendo repetidos infinitamente na televisão e no YouTube, se a Trinity United Church of Christ tivesse alguma coisa a ver com a caricatura que vem sendo apregoada por certos comentaristas, não resta dúvida de que reagiria da mesma forma.

Mas a verdade é que isso não é tudo o que sei desse homem. O homem que conheci há mais de 20 anos é alguém que contribuiu para me introduzir na fé cristã; um homem que me falava do nosso dever de amar uns aos outros, de cuidar dos doentes e de ajudar os pobres.

Trata-se de um homem que serviu ao nosso país como fuzileiro naval, que estudou e pronunciou conferências em alguns dos melhores seminários e universidades do país e que, ao longo de 30 anos, vem liderando uma igreja que atende à comunidade fazendo aqui na Terra o trabalho de Deus — dando abrigo aos sem-teto, assistindo os necessitados, proporcionando creches e bolsas de estudo, oferecendo pregação nas cadeias e estendendo a mão aos que sofrem de HIV/Aids.

Em meu primeiro livro, *Sonhos do meu pai*, eu relatei a experiência de meu primeiro culto em Trinity, nos seguintes termos: "As pessoas começaram a gritar, a se levantar e bater palmas e soltar a voz, um vento poderoso levando para o alto a voz do reverendo.

"E, naquela única nota — a esperança —, eu ouvi algo mais; ao pé da cruz, dentro de milhares de igrejas por toda a cidade, imaginei a história de negros comuns se mesclando às histórias de Davi e Golias, de Moisés e o faraó, dos cristãos na cova dos leões, do vale de ossos secos de Ezequiel.

"Aquelas histórias de sobrevivência, liberdade e esperança se tornaram a nossa história, a minha história. O sangue derramado era o nosso sangue; as lágrimas, as nossas lágrimas; até que essa igreja negra, nesse dia luminoso, mais uma vez pareceu um navio carregando a história de um povo para as futuras gerações e um mundo maior.

"Nossas provações e vitórias se tornaram, ao mesmo tempo, únicas e universais, negras e mais que negras. Ao contarmos nossa jornada, as histórias e canções nos forneciam um significado para resgatar lembranças pelas quais não precisávamos nos envergonhar — lembranças que todos poderiam estudar e cultivar e com as quais poderíamos começar a reconstruir."

Esta tem sido minha experiência em Trinity. Como outras igrejas predominantemente negras do país, Trinity representa a comunidade negra em sua totalidade — o médico e a mãe que depende da previdência, o aluno modelo e o antigo membro de gangue.

Como em outras igrejas negras, os serviços religiosos em Trinity são cheios de risadas estridentes e de um humor às vezes desbocado. Cheios de dança, palmas e gritos, que podem parecer chocantes para ouvidos desacostumados.

A igreja abriga integralmente a bondade e a crueldade, a inteligência aguda e a ignorância chocante, as lutas e os êxitos, o amor e, sim, a amargura e os preconceitos, que constituem a experiência negra na América.

E isso talvez ajude a entender minha relação com o reverendo Wright. Por mais imperfeito que possa ser, ele tem sido, para mim, parte da minha família. Fortaleceu minha fé, celebrou meu casamento e batizou minhas filhas.

Nem uma única vez em minhas conversas com ele ouvi o reverendo se referir a qualquer grupo étnico em termos depreciativos ou tratar os brancos com os quais interagia de forma que não fosse cortês e respeitosa.

Ele traz em si as contradições — o bom e o ruim — da comunidade que vem servindo com zelo há tantos anos.

Não posso renegá-lo, exatamente como não posso renegar a comunidade negra. Não posso renegá-lo, exatamente como não posso renegar minha avó branca, uma mulher que ajudou a me criar, uma mulher que se sacrificou por mim repetidas vezes, uma mulher que me ama acima de qualquer coisa neste mundo, mas uma mulher que certa vez confessou ter medo dos homens negros que cruzavam com ela na rua e que, em mais de uma ocasião, externou estereótipos raciais ou étnicos que me fizeram tremer.

Essas pessoas fazem parte de mim. E fazem parte dos Estados Unidos, este país que eu amo.

Haverá quem veja nisto uma tentativa de justificar ou desculpar comentários que são injustificáveis. Posso lhes assegurar que não é o caso.

E suponho que a medida politicamente segura a tomar seria deixar esse episódio para trás e torcer para que caísse no esquecimento. Podemos repudiar o reverendo Wright como um excêntrico ou um demagogo, assim como alguns repudiaram Geraldine Ferraro* após suas recentes declarações, por evidenciarem profundos preconceitos.

Mas a raça é uma questão que acredito que nosso país não pode se dar o luxo de ignorar neste momento. Estaríamos cometendo o mesmo erro que o reverendo Wright em seus sermões ofensivos a respeito dos Estados Unidos: simplificar, estereotipar e ampliar o negativo até distorcer a realidade.

O fato é que os comentários que têm sido feitos e as questões que vieram à tona nas últimas semanas refletem as complexidades da questão racial que nunca enfrentamos de fato em nosso país, uma parte da nossa união que ainda não tornamos perfeita.

E se mudarmos de assunto, se nos limitarmos a nos retirar cada um para seu canto, jamais seremos capazes de nos unir e resolver desafios como a assistência de saúde, a educação ou a necessidade de encontrar bons empregos para cada americano.

O entendimento desta realidade requer um lembrete sobre como foi que chegamos a este ponto. Como William Faulkner escreveu certa vez: "O passado não está morto e enterrado. Na verdade, nem sequer é passado."

Não precisamos recitar aqui a história da injustiça racial em nosso país.

---

* Geraldine Ferraro (1935-2011) foi uma deputada democrata por Nova York, e em 1984 foi a primeira mulher a se candidatar à vice-presidência dos Estados Unidos, na chapa de Walter Mondale. Em março de 2008, ela comentou, em uma entrevista, que Obama não teria tanto sucesso em sua campanha para a presidência se fosse branco. (*N. do T.*)

Mas precisamos nos lembrar de que muitas das disparidades que existem hoje entre a comunidade afro-americana e a comunidade americana, em geral remontam diretamente a desigualdades transmitidas por uma geração anterior, que sofreu com o legado brutal da escravidão e de Jim Crow.*

As escolas segregadas eram e são escolas inferiores. Até hoje não as reformamos, 50 anos depois de *Brown versus Board of Education*.**

E a educação inferior que forneciam no passado e que continuam a fornecer agora ajuda a entender o abismo entre o progresso de estudantes negros e brancos de hoje.

A discriminação legalizada, pela qual os negros eram impedidos — não raro mediante violência — de possuir uma propriedade, pela qual empréstimos eram negados a empresários afro-americanos, pela qual proprietários negros de imóveis não tinham acesso a hipotecas e pela qual negros eram excluídos dos sindicatos, das forças policiais ou dos corpos de bombeiros, significava que as famílias negras não podiam acumular quaisquer bens significativos para gerações futuras.

Essa história ajuda a entender a diferença de riqueza e renda entre negros e brancos e os bolsões de pobreza que persistem ainda hoje em tantas comunidades urbanas e rurais.

A falta de oportunidades econômicas entre os homens negros e a vergonha e a frustração decorrentes do fato de não serem capazes de sustentar seus familiares contribuíram para a erosão das famílias negras, problema que pode ter sido agravado durante muitos anos pelas políticas previdenciárias.

E a carência de serviços básicos em tantos bairros negros — parques para as crianças brincarem, rondas policiais, coleta regular de lixo, aplicação das normas de construção — contribui para a criação de um círculo vicioso de violência, deterioração e negligência que continua a nos assombrar.

---

* As chamadas "leis de Jim Crow" (nome pejorativo dado aos negros no fim do século XIX, em referência a um personagem de uma canção popular da primeira metade do século) foram promulgadas na década de 1870 nos estados do Sul dos Estados Unidos para institucionalizar a segregação racial. Vigoraram até 1965. (*N. do T.*)

** Referência ao processo que originou a declaração da inconstitucionalidade da segregação racial nas escolas por parte da Suprema Corte americana, em 1954. O processo foi movido por 13 pais de alunos da cidade de Topeka, no Kansas, entre eles o soldado Oliver L. Brown, contra o Conselho de Educação da cidade. (*N. do T.*)

É essa a realidade em que o reverendo Wright e outros afro-americanos de sua geração cresceram. Eles chegaram à maioridade no fim da década de 1950 e no início da década de 1960, uma época em que a segregação ainda era lei e as oportunidades, sistematicamente limitadas.

O impressionante não é que tantos tenham fracassado em virtude da discriminação, mas que tantos homens e mulheres tenham superado as adversidades; que tantos tenham sido capazes de, em um beco sem saída, abrir um caminho para aqueles que viriam depois, como eu.

Mas, ao lado de todos aqueles que conquistaram com muita dificuldade um pedaço do Sonho Americano, houve muitos que não conseguiram — aqueles que, em última análise, foram derrotados, de uma maneira ou de outra, pela discriminação. Esse legado de derrota foi transmitido a gerações futuras — os rapazes e cada vez mais também as moças que vemos pelas esquinas ou definhando em nossas prisões, sem esperança nem perspectivas de futuro.

Mesmo no caso dos negros que conseguiram chegar lá, as questões de raça e racismo continuam a definir fundamentalmente sua visão de mundo. Para os homens e as mulheres da geração do reverendo Wright, as lembranças de humilhação, dúvida e medo não se foram, assim como a raiva e a amargura daqueles anos.

Essa raiva talvez não seja expressa em público, na presença de colegas ou amigos brancos. Mas ela encontra voz no barbeiro, no salão de beleza ou ao redor da mesa na cozinha. Às vezes, essa raiva é explorada por políticos, para angariar votos em torno de temas raciais ou para compensar suas próprias falhas.

E, por vezes, ela encontra voz na igreja na manhã de domingo, no púlpito e nos bancos.

Essa raiva nem sempre é produtiva. Na verdade, com muita frequência, desvia a atenção da solução dos verdadeiros problemas. Ela nos impede de encarar nossa própria cumplicidade, dentro da comunidade afro-americana, com nossa condição; impede a comunidade afro-americana de forjar as alianças necessárias para promover mudanças efetivas.

Mas a raiva é verdadeira, é forte, e simplesmente descartá-la, condená-la sem entender suas raízes, serve apenas para aumentar o abismo de incompreensão entre as raças.

Na verdade, existe uma raiva semelhante em segmentos da comunidade branca. A maioria dos americanos brancos da classe trabalhadora e da classe média não sente que foi particularmente privilegiada por sua raça.

Sua experiência é a experiência dos imigrantes. Ninguém lhes deu nada, eles construíram tudo do zero. Trabalharam duro a vida inteira, muitas vezes para acabar vendo seus empregos transferidos para o exterior ou suas pensões achatadas depois de uma vida inteira de labuta. Sentem-se ansiosos quanto ao futuro e que seus sonhos estão se esvaindo. E em uma época de salários estagnados e competição global, a oportunidade passa a ser encarada como um jogo no qual um não pode ganhar sem que outro perca, no qual os sonhos do outro são pagos por mim.

Assim, quando lhes dizem que mandem os filhos de ônibus para a escola, do outro lado da cidade, quando ficam sabendo que um afro-americano está obtendo alguma vantagem para conseguir um bom emprego ou uma vaga em uma boa faculdade, por causa de uma injustiça que eles próprios não cometeram, quando ficam sabendo que seus medos em relação à criminalidade nos bairros urbanos representam uma forma de preconceito, o ressentimento vai aumentando.

Tal como a raiva na comunidade negra, esses ressentimentos nem sempre são expressos em ocasiões sociais. Mas contribuíram para moldar a paisagem política por pelo menos uma geração.

A raiva em relação às políticas de distribuição de renda e às ações afirmativas contribuiu para forjar a Coalizão Reagan. Os políticos invariavelmente exploravam o medo em relação à criminalidade para conquistar seus objetivos eleitorais.

Apresentadores de televisão e comentaristas conservadores construíram carreiras desmascarando acusações sem fundamento de racismo e, ao mesmo tempo, descartando debates legítimos sobre injustiça racial e desigualdade como meras manifestações de correção política ou racismo invertido.

E assim como a raiva dos negros, muitas vezes, se revelou contraproducente, esses ressentimentos dos brancos desviaram a atenção dos verdadeiros responsáveis pela compressão da classe média: uma cultura corporativa dependente dos conchavos, da informação privilegiada, das práticas de contabilidade questionáveis e da ganância a curto prazo; uma Washington dominada por lobistas e interesses especiais; políticas econômicas que favorecem a minoria em detrimento da maioria.

No entanto, descartar os ressentimentos dos americanos brancos, rotulá-los como equivocados ou até mesmo racistas, sem reconhecer que se assentam em preocupações legítimas, também aprofunda a divisão racial e bloqueia o caminho para o entendimento.

É onde estamos neste momento. Trata-se de um impasse racial no qual estamos presos há anos. E, ao contrário do que certos críticos meus, tanto negros quanto brancos, alegam, eu nunca fui ingênuo a ponto de acreditar que podemos superar nossas divisões raciais em um único ciclo eleitoral ou com uma única candidatura, especialmente uma candidatura imperfeita como a minha.

Mas tenho afirmado a firme convicção, uma convicção enraizada na minha fé em Deus e na minha fé no povo americano, de que, trabalhando juntos, podemos superar algumas de nossas feridas raciais, e de que, na verdade, não temos escolha — não temos escolha se quisermos prosseguir no caminho de uma união mais perfeita.

Para a comunidade afro-americana, esse caminho significa aceitar os fardos de nosso passado sem que nos tornemos vítimas dele. Significa insistir na exigência de uma justiça plena em cada aspecto da vida americana.

Mas também significa vincular nossas queixas específicas, por melhor assistência de saúde, melhores escolas e melhores empregos, às aspirações maiores de todos os americanos — a mulher branca que luta para superar as barreiras profissionais que lhe são impostas, o homem branco que foi demitido, o imigrante que tenta alimentar a família.

E também significa assumir plena responsabilidade por nossa vida — exigindo mais de nossos pais, passando mais tempo com nossos filhos e lendo para eles, ensinando-lhes que, embora possam enfrentar desafios e discriminação, jamais devem sucumbir ao desespero ou à descrença; devem sempre acreditar que são capazes de escrever seu próprio destino.

É irônico que esse conceito essencialmente americano — e, sim, conservador — de autoajuda tenha com frequência sido expressado nos sermões do reverendo Wright. Mas o que o meu ex-pastor muitas vezes foi incapaz de entender é que abraçar um projeto de autoajuda também requer a crença de que a sociedade pode mudar.

O equívoco profundo dos sermões do reverendo Wright não estava no fato de ele falar do racismo em nossa sociedade, mas de falar como se nossa sociedade fosse estática; como se não tivéssemos feito qualquer progresso; como se nosso país — um país que possibilitou que um membro da igreja dele se candidatasse ao cargo mais alto e construísse uma coalizão de brancos e negros, latinos, asiáticos, ricos, pobres, jovens e velhos — ainda estivesse irrevogavelmente preso a um passado trágico.

O que nós sabemos — o que temos visto — é que os Estados Unidos são capazes de mudar.

Esse é o verdadeiro espírito desta nação. O que já conquistamos nos dá esperança — a audácia da esperança — em relação ao que podemos e precisamos conquistar amanhã.

Na comunidade branca, o caminho para uma união mais perfeita significa reconhecer que o que aflige a comunidade afro-americana não existe apenas na mente dos negros; que o legado da discriminação — e os incidentes de discriminação que acontecem ainda hoje, apesar de serem menos manifestos que no passado — é real e precisa ser enfrentado.

Não apenas com palavras, mas com atos — investindo em nossas escolas e nossas comunidades; fazendo valer nossas leis de direitos civis e assegurando justiça em nosso sistema penal; proporcionando a esta geração as escadas de oportunidades que não estiveram ao alcance das gerações anteriores.

É necessário que todos os americanos se deem conta de que seus sonhos não precisam se realizar à custa dos meus, de que investir na saúde, no bem-estar e na educação de crianças negras, brancas e de outros grupos étnicos servirá, em última análise, para ajudar o país a prosperar.

No fim das contas, portanto, o necessário é, nada mais, nada menos, que aquilo que todas as grandes religiões do mundo exigem: que façamos aos outros o que gostaríamos que fosse feito a nós.

Sejamos os defensores do nosso irmão, dizem as Escrituras. Sejamos os defensores da nossa irmã. Vamos encontrar aquilo que todos temos em comum uns com os outros e permitir que nossa política também reflita esse espírito.

Pois o fato é que temos uma escolha a fazer neste país. Podemos aceitar uma política que alimente a divisão, o conflito e a descrença. Podemos cuidar da questão racial apenas como um espetáculo, como fizemos no julgamento de OJ Simpson; ou em consequência de uma tragédia, como fizemos após o Katrina; ou como material para os telejornais noturnos.

Podemos reproduzir os sermões do reverendo Wright todos os dias em todos os canais e comentá-los daqui até a eleição, fazendo com que a única questão desta campanha seja saber se o povo americano acha ou não que, de algum modo, eu acredito em suas palavras mais ofensivas ou me identifico com elas.

Podemos aproveitar uma gafe de um apoiador de Hillary para usá-la como prova de que ela está jogando com a questão racial, ou, então, podemos especular se todos os homens brancos optarão por John McCain na eleição presidencial independentemente das políticas que ele propõe.

Podemos fazer essas coisas. Mas, se o fizermos, posso lhes dizer que na próxima eleição estaremos ocupados com algum outro motivo de distração, e depois mais outro, e mais outro. E nada mudará.

Essa é uma alternativa.

Ou então, neste momento, nesta eleição, podemos nos unir e dizer: "Desta vez não."

Desta vez queremos falar das escolas em ruínas que estão roubando o futuro das crianças negras, das crianças brancas, das crianças asiáticas, das crianças hispânicas e das crianças americanas de origem indígena.

Desta vez queremos rejeitar o sentimento de descrença segundo o qual essas crianças não conseguem aprender; segundo o qual as crianças que não têm nossa aparência são problema dos outros.

As crianças dos Estados Unidos não são crianças distantes; elas são nossos filhos, e não vamos deixá-las para trás em uma economia do século XXI. Não desta vez.

Desta vez queremos falar do fato de que as filas das emergências hospitalares estão cheias de brancos, negros e hispânicos que não têm assistência de saúde, que não têm poder de se sobrepor aos interesses especiais em Washington, mas que podem enfrentá-los se o fizermos juntos.

Desta vez queremos falar das fábricas fechadas que proporcionavam uma vida decente a homens e mulheres de todas as raças e das casas à venda que antes pertenciam a americanos de todas as religiões, de todas as regiões, de todas as camadas sociais.

Desta vez queremos falar do fato de que o verdadeiro problema não é a possibilidade de que alguém que não tenha a sua aparência possa tomar o seu emprego, e sim que a corporação para a qual você trabalha mande esse emprego para o exterior por mera questão de lucro.

Desta vez queremos falar dos homens e das mulheres de todas as cores e todos os credos que servem juntos, combatem juntos e derramam juntos o seu sangue, sob a mesma bandeira orgulhosa. Queremos falar sobre como trazê-los de volta de uma guerra que nunca deveria ter sido autorizada nem travada.

E queremos falar sobre como vamos demonstrar nosso patriotismo cuidando deles e de suas famílias e concedendo-lhes os benefícios que fizeram por merecer.

Eu não estaria disputando a presidência se não acreditasse de todo o coração que é isso que a vasta maioria dos americanos quer para nosso país. Esta união poderá não ser perfeita nunca, mas sucessivas gerações vêm demonstrando que pode ser aperfeiçoada.

E hoje, sempre que me sinto em dúvida ou descrente quanto a essa possibilidade, o que mais me dá esperança é a próxima geração — os jovens que já fizeram história nesta eleição com suas atitudes, suas crenças e sua abertura para a mudança.

Há uma história em particular que gostaria de deixar com vocês hoje, uma história que contei quando tive a grande honra de falar no aniversário do Dr. King em sua igreja, a Ebenezer Baptist, em Atlanta.

Uma jovem branca de 23 anos, chamada Ashley Baia, organizou nossa campanha em Florence, na Carolina do Sul.

Ela vinha trabalhando desde o início da campanha na organização de uma comunidade formada, sobretudo, por afro-americanos e, um dia, estava em uma mesa-redonda em que todos contavam suas histórias e explicavam por que estavam ali.

E Ashley disse que, quando tinha 9 anos, sua mãe teve câncer. E como precisou faltar ao trabalho por alguns dias, foi demitida e perdeu a assistência de saúde. Elas precisaram se declarar insolventes, e foi aí que Ashley resolveu que precisava fazer algo para ajudar a mãe.

Ela sabia que um dos maiores gastos em casa eram os alimentos e, assim, convenceu a mãe de que sua comida favorita era sanduíche de mostarda e condimentos porque essa era a forma mais barata de comer, a partir da perspectiva de uma menina de 9 anos.

Foi o que ela fez durante um ano, até a mãe melhorar. Ashley, então, contou na mesa-redonda que o motivo pelo qual tinha entrado para nossa campanha era ajudar milhões de crianças do país que também querem e precisam ajudar os pais.

Claro que ela poderia ter feito uma escolha diferente. Talvez alguém tenha lhe dito, em algum momento, que a causa dos problemas de sua mãe eram os negros que dependiam da assistência social e eram preguiçosos demais para trabalhar, ou os hispânicos que entravam ilegalmente no país. Mas ela manteve sua escolha. Saiu em busca de aliados em sua luta contra a injustiça.

Seja como for, Ashley conclui sua história e passa a perguntar aos demais presentes por que estão apoiando a campanha.

Cada um tem sua história e seus motivos. Muitos trazem uma questão específica.

Até que chega a vez de um idoso negro que estava calado o tempo todo. E Ashley pergunta por que ele está ali.

Ele não apresenta nenhuma questão específica. Não fala de assistência de saúde nem de economia. Não fala de educação nem de guerra. Não diz que está ali por causa de Barack Obama.

Diz apenas, para todos os presentes: "Estou aqui por causa de Ashley."

"Estou aqui por causa de Ashley."

Bem, em si mesmo, esse simples momento de reconhecimento entre a jovem branca e o velho negro não é suficiente. Não é o bastante para proporcionar assistência de saúde aos doentes, ou empregos aos desempregados, ou educação aos nossos filhos. Mas é onde começamos. É onde nossa união se fortalece.

E como já puderam constatar tantas gerações ao longo dos 221 anos desde que um grupo de patriotas assinou aquele documento exatamente aqui, na Filadélfia, é aí que a perfeição começa.

"MUDAR É POSSÍVEL"

Discurso de aceitação da candidatura
na Convenção Nacional Democrata de 2008
Denver, Colorado, 28 de agosto de 2008

A aceitação por Barack Obama da designação como candidato do Partido Democrata à presidência ocorreu em uma data de grande significado histórico: 28 de agosto de 2008 — exatamente 45 anos depois da Marcha sobre Washington e 53 anos depois do desaparecimento e linchamento de Emmett Till, motivo da Marcha. Obama foi objeto de algumas críticas por não ter se referido mais a essa história no discurso — ele falou de "um pregador da Geórgia", mas não mencionou o nome de Martin Luther King — e por sua retórica, considerada pouco característica, por contrastar com seu estilo habitualmente suave. Muito mais que isso, tratava-se de um confronto político sem meias medidas contra aquele que logo viria a ser seu adversário, o senador John McCain, e contra os anos Bush.

MUITO OBRIGADO.
 Muito, muito obrigado.
Obrigado a todos.

Ao presidente Dean e ao meu grande amigo Dick Durbin, e a todos os meus concidadãos desta grande nação, com profunda gratidão e grande humildade, aceito sua indicação para concorrer à presidência dos Estados Unidos.

Quero transmitir meu agradecimento ao histórico plantel de candidatos que me acompanhou nesta jornada, em especial àquela que foi mais longe, uma defensora dos trabalhadores americanos e uma inspiração para as minhas filhas e para as de vocês: Hillary Rodham Clinton.

Ao presidente Clinton, ao presidente Bill Clinton, que na noite de ontem saiu em defesa da mudança como só ele é capaz, a Ted Kennedy, que encarna o espírito de serviço, e ao próximo vice-presidente dos Estados Unidos, Joe Biden, muito obrigado.

Sinto-me grato por concluir esta jornada com um dos melhores estadistas de nossa época, um homem que se mostra à vontade com todo mundo, desde os líderes mundiais aos condutores do trem que ainda pega toda noite para voltar para casa.

Ao amor da minha vida, nossa próxima primeira-dama, Michelle Obama, e a Malia e Sasha, eu as amo muito e me orgulho muito de vocês.

Há quatro anos estive diante de vocês para contar minha história, a história da breve união entre um rapaz do Quênia e uma moça do Kansas, que não tinham dinheiro nem eram famosos, mas compartilhavam a crença de que, nos Estados Unidos, seu filho poderia alcançar tudo o que almejasse.

Esta é a promessa que sempre diferenciou nosso país: a de que, por meio do trabalho duro e do sacrifício, cada um de nós pode correr atrás de seus sonhos individuais e, ainda assim, unir-se em uma só família americana, para garantir que a próxima geração também possa correr atrás de seus sonhos. É por isso que estou aqui esta noite. Porque, durante 232 anos, sempre que essa promessa se viu ameaçada, homens e mulheres comuns — estudantes e soldados, fazendeiros e professores, enfermeiras e porteiros — encontraram a coragem para mantê-la viva.

Aqui nos encontramos em um desses momentos decisivos, um momento em que nosso país está em guerra, nossa economia está em turbulência e a promessa americana se vê mais uma vez ameaçada.

Esta noite há mais americanos desempregados e mais americanos trabalhando mais para ganhar menos. O número daqueles entre vocês que perderam suas casas é maior, e é ainda maior o número dos que estão vendo o valor de seus imóveis despencar. É maior o número daqueles de vocês que têm carro, mas não têm condições financeiras de usá-lo, o número dos que têm cartões de crédito, contas que não podem pagar e anuidades escolares que estão fora do seu alcance.

Nem todos esses desafios são de responsabilidade do governo. Mas a incapacidade de reagir a eles é resultado direto de uma política falida em Washington e das políticas fracassadas de George W. Bush.

Estados Unidos, nós somos melhores que estes últimos oito anos. Somos um país melhor que isso.

Este país é mais decente do que aquele em que uma mulher a ponto de se aposentar em Ohio se vê à beira do desastre, depois de uma vida inteira de trabalho duro, por causa de uma doença.

Somos um país melhor do que aquele em que um homem em Indiana se vê obrigado a empacotar os equipamentos nos quais trabalhou durante 20 anos e assistir enquanto eles são despachados para a China, caindo em prantos ao explicar que se sentiu um fracassado ao voltar para casa e dar a notícia à família.

Temos mais compaixão que um governo que deixa veteranos dormirem nas ruas e famílias mergulharem na pobreza, que cruza os braços enquanto uma grande cidade americana submerge diante de nossos olhos.

Esta noite eu digo ao povo dos Estados Unidos, a democratas, republicanos e independentes em todo este grande país: Basta. Este momento, este momento, este momento, esta eleição é nossa oportunidade de manter a promessa americana viva no século XXI.

Pois na semana que vem, em Minnesota, o mesmo partido que lhes proporcionou dois mandatos de George Bush e Dick Cheney pedirá um terceiro ao país.

E estamos aqui porque amamos demais esta nação para permitir que os próximos quatro anos se pareçam com os últimos oito.

No dia 4 de novembro, precisamos nos levantar e dizer: Oito é o bastante.

Mas não quero deixar margem a dúvida. O candidato republicano, John McCain, envergou o uniforme de nosso país com coragem e distinção, e por isso lhe devemos nossa gratidão e nosso respeito.

E na semana que vem também ouviremos falar das ocasiões em que ele rompeu com seu partido como indicação de que é capaz de promover a mudança de que precisamos.

Mas os registros são claros: John McCain votou com George Bush em 90% dos casos.

O senador McCain gosta de falar de discernimento, mas, francamente, o que pensar do discernimento de alguém que considera que George Bush estava certo mais de 90% das vezes?

Não sei quanto a vocês, mas eu não me disponho a aceitar apenas 10% de chances de mudança.

A verdade é que, em várias questões que fariam diferença em nossa vida — assistência de saúde, educação e economia —, o senador McCain tem sido tudo, menos independente.

Ele disse que nossa economia avançou muito com este presidente. Disse que os fundamentos da economia são fortes.

E quando um de seus principais assessores, o homem que redigiu seu plano econômico, falava das angústias dos americanos, ele disse que estávamos apenas sofrendo de uma recessão mental e que nos tornamos, e aqui vou citar, "um país de chorões".

Um país de chorões? Pois vá dizê-lo aos orgulhosos operários de uma montadora de Michigan que, ao serem informados de que ela seria fechada, continuaram comparecendo todos os dias e trabalhando duro como sempre, pois sabiam que havia pessoas que contavam com os freios que eles fabricavam.

Vá dizê-lo às famílias de militares que carregam em silêncio seu fardo, vendo seus entes queridos partirem para a terceira, a quarta ou a quinta missão.

Esses homens e mulheres não são chorões. Trabalham duro, retribuem e seguem em frente, sem se queixar. São esses os americanos que eu conheço.

Mas não acredito que o senador McCain não se importe com o que está acontecendo na vida dos americanos; acho apenas que ele não sabe.

Por que outro motivo definiria a classe média como os cidadãos que ganham menos de 5 milhões de dólares por ano? De que outra maneira seria capaz de propor centenas de bilhões em isenções fiscais para grandes corporações e empresas petrolíferas, mas nem um único centavo de alívio fiscal para mais de 100 milhões de americanos?

De que outra maneira seria capaz de apresentar um plano de assistência de saúde que significaria na verdade taxar os benefícios das pessoas, ou um plano de educação que nada mais faria senão ajudar as famílias a pagar pela universidade, ou um plano que privatizaria a Segurança Social e faria apostas com a aposentadoria de vocês?

Não é que John McCain não se importe; é que John McCain não entende.

Durante mais de duas décadas ele endossou aquela velha e desacreditada filosofia republicana: dar cada vez mais aos que têm mais e esperar que a prosperidade vá pingando para os outros.

Em Washington eles dizem que essa é a "Sociedade da Propriedade", mas na verdade ela significa que cada um cuida de si. Sem trabalho? Má sorte, você pode cuidar de si mesmo. Sem assistência de saúde? O mercado vai resolver. Você pode cuidar de si mesmo. Nasceu na pobreza? Trate de se recompor com seus próprios meios, ainda que não tenha meios. Você pode cuidar de si mesmo.

Bem, chegou a hora de eles reconhecerem seu fracasso. Chegou a hora de mudarmos os Estados Unidos. E é por isso que estou concorrendo à presidência dos Estados Unidos.

Nós, democratas, temos uma medida muito diferente do que representa progresso no nosso país.

Nós medimos o progresso pela quantidade de pessoas que são capazes de encontrar um emprego que pague a hipoteca, pela sua possibilidade de guardar um pouco de dinheiro no fim de todo mês para um dia ver sua filha receber um diploma universitário.

Medimos o progresso nos 23 milhões de novos empregos criados quando Bill Clinton era presidente, quando a família americana média viu sua renda aumentar 7.500 dólares em vez de diminuir 2 mil dólares, como aconteceu no governo de George Bush.

Medimos a força de nossa economia não pelo número de bilionários ou pelos lucros das empresas da lista Fortune 500, mas pela possibilidade de alguém com uma boa ideia assumir um risco e abrir um novo negócio, ou pela chance de uma garçonete que vive de gorjetas tirar um dia de folga para cuidar de um filho doente sem perder o emprego, por uma economia que honra a dignidade do trabalho.

Os fundamentos que usamos para medir o crescimento econômico consistem em saber se estamos vivendo de acordo com a promessa fundamental que tornou nosso país grande, uma promessa que é o único motivo pelo qual estou aqui esta noite.

Pois nos rostos dos jovens veteranos que voltam do Iraque e do Afeganistão eu vejo meu avô, que se alistou depois de Pearl Harbor, marchou no exército de Patton e foi recompensado por uma nação agradecida com a oportunidade de frequentar uma faculdade graças à GI Bill.

Vendo o rosto da jovem estudante que dorme apenas três horas antes de trabalhar no turno da noite, eu penso em minha mãe, que criou sozinha minha irmã e a mim trabalhando e estudando, que certa vez precisou recorrer ao auxílio-alimentação, mas, ainda assim, foi capaz de nos mandar para as melhores escolas do país com a ajuda de bolsas e créditos estudantis.

Quando ouço mais um operário dizer que sua fábrica foi fechada, lembro-me de todos os homens e mulheres do South Side de Chicago que apoiei e pelos quais lutei há duas décadas, depois do fechamento da usina de aço local.

E quando ouço uma mulher falar das dificuldades de começar seu próprio negócio ou de abrir caminho no mundo, penso na minha avó, que progrediu da equipe de secretárias para uma posição de gerência de nível médio, apesar de ser deixada para trás nas promoções durante anos, por ser mulher.

Foi ela quem me ensinou a necessidade de trabalhar duro. Foi ela quem deixou de comprar um carro novo ou um vestido novo para que eu tivesse uma vida melhor. Ela me dava tudo o que tinha. E, embora não possa mais viajar, sei que ela está assistindo esta noite, e que esta noite também é dela.

Não sei que tipo de vida John McCain acha que as celebridades levam, mas a minha vida tem sido essa.

São esses os meus heróis; foram as histórias deles que moldaram a minha vida. E é em nome deles que pretendo vencer esta eleição e manter nossa promessa viva como presidente dos Estados Unidos.

O que é essa promessa americana? É uma promessa que diz que todos temos a liberdade de fazer o que quisermos com nossas vidas, mas que também temos o dever de tratar uns aos outros com dignidade e respeito.

É uma promessa que diz que o mercado deve recompensar a iniciativa e a inovação e gerar crescimento, mas que as empresas devem cumprir sua responsabilidade de criar empregos americanos, de cuidar dos trabalhadores americanos e de seguir as regras.

Nossa promessa diz que o governo não pode resolver todos os nossos problemas, mas deve fazer o que não podemos fazer por nós mesmos: proteger-nos dos danos e proporcionar uma educação decente a todas as crianças; manter nossa água limpa e nossa recreação segura; investir em novas escolas, em novas estradas, na ciência e na tecnologia.

Nosso governo deve trabalhar por nós, não contra nós. Deve nos ajudar, e não nos prejudicar. Deve garantir oportunidades não só para os que têm mais dinheiro e influência, mas para todo americano disposto a trabalhar.

Essa é a promessa americana, a ideia de que somos responsáveis por nós mesmos, mas que também nos elevamos ou caímos como uma só nação, a crença fundamental de que eu sou o guardião do meu irmão, eu sou o guardião da minha irmã.

Essa é a promessa que precisamos cumprir. Essa é a mudança de que precisamos agora.

Então, permitam-me expor com precisão o que essa mudança significará se eu for presidente.

Mudança significa um código fiscal que não recompense os lobistas que o escreveram, mas os trabalhadores americanos e as pequenas empresas que o merecem.

Ao contrário de John McCain, pararei de conceder isenções fiscais para empresas que mandam empregos para o exterior e começarei a dá-las a empresas que criam bons empregos aqui mesmo, nos Estados Unidos.

Acabarei com os impostos sobre ganhos de capital para as pequenas empresas e as *start-ups* que criarão os empregos de altos salários e alta tecnologia de amanhã.

Vou — ouçam bem —, vou cortar impostos, cortar impostos, de 95% das famílias de trabalhadores, pois, em uma economia assim, a última coisa que devemos fazer é aumentar impostos para a classe média.

E para o bem da nossa economia, da nossa segurança e do futuro do nosso planeta, vou estabelecer uma meta bem clara como presidente: em dez anos, finalmente acabaremos com nossa dependência do petróleo do Oriente Médio.

É o que faremos. Há 30 anos Washington vem falando de como estamos viciados no petróleo. E, por sinal, John McCain esteve presente em 26 desses anos.

Nesse período, ele disse não ao estabelecimento de padrões mais altos de eficiência dos carros em matéria de combustíveis, não a investimentos em energias renováveis, não a combustíveis renováveis. E, hoje, importamos o triplo da quantidade de petróleo que importávamos no dia em que o senador McCain assumiu seu cargo.

Agora é a hora de pôr fim a esse vício e entender que a extração de petróleo é uma medida quebra-galho, e não uma solução a longo prazo; nem chega perto disso.

Como presidente, vou explorar nossas reservas de gás natural, investir em tecnologia limpa de carvão e encontrar maneiras de utilizar a energia nuclear de forma segura. Ajudarei nossas fábricas de automóveis a se reequiparem, para que os carros do futuro, eficientes em matéria de combustível, sejam construídos aqui mesmo nos Estados Unidos.

Farei com que seja mais fácil para o povo americano comprar esses novos carros.

E investirei 150 bilhões de dólares na próxima década em fontes de energia econômicas e renováveis — energia eólica, energia solar e a próxima geração de biocombustíveis —, um investimento que levará a novas indústrias e a 5 milhões de novos empregos bem-remunerados e que não possam ser terceirizados.

Estados Unidos, não é hora de planos pequenos. É hora de, finalmente, cumprirmos nosso dever moral de proporcionar a cada criança a melhor educação possível, pois ela será necessária para competir na economia global.

Michelle e eu só estamos aqui esta noite porque tivemos a chance de receber uma boa educação. E não vou me conformar com um país em que certas crianças não tenham essa chance.

Vou investir em educação desde a primeira infância. Recrutarei um exército de novos professores, pagando-lhes salários mais altos e dando-lhes mais apoio. Em troca, pedirei padrões mais altos e maior responsabilidade na prestação de contas.

E vamos cumprir nossa promessa a cada jovem americano: se você se comprometer a servir à sua comunidade ou ao nosso país, garantiremos que possa pagar por uma educação universitária.

Chegou a hora de finalmente cumprirmos a promessa de assistência de saúde ao alcance de cada americano.

Se você já tem assistência de saúde, meu plano será diminuir o ágio. Se não tiver, você poderá obter o mesmo tipo de cobertura que os membros do Congresso concedem a si mesmos.

E como alguém que viu a mãe discutir com as companhias de seguros enquanto morria de câncer, acamada, farei com que essas empresas parem de discriminar aqueles que estão doentes e que mais precisam de atendimento.

Está na hora de ajudar as famílias garantindo que recebam nos dias em que faltam ao trabalho, por motivo de saúde, e melhorando as condições de licença, porque ninguém neste país deveria precisar escolher entre manter o emprego e cuidar de um filho doente ou de um parente necessitado.

Está na hora de mudar nossas leis de falência para que as pensões tenham prioridade, em vez dos bônus dos diretores executivos, e está na hora de proteger a Seguridade Social para as futuras gerações.

E, agora, também é hora de cumprir a promessa de remuneração igual por jornada de trabalho igual, pois quero que minhas filhas tenham exatamente as mesmas oportunidades que os seus filhos.

Claro que muitos desses planos custarão dinheiro, e é por isso que eu já expus como vou pagar por cada centavo: fechando brechas nas regulamentações e paraísos fiscais que não contribuem para o crescimento dos Estados Unidos.

Mas também vou esquadrinhar o orçamento federal linha por linha, eliminando programas que não funcionam mais e fazendo com que aqueles de que de fato precisamos funcionem melhor e custem menos, pois não podemos enfrentar os desafios do século XXI com uma burocracia do século XX.

E, democratas, também temos que reconhecer que cumprir a promessa americana vai exigir mais que apenas dinheiro. Vai exigir um novo senso de responsabilidade de cada um de nós, para recuperarmos o que John F. Kennedy chamava de nossa força intelectual e moral.

Sim, o governo precisa liderar em matéria de independência energética, mas cada um de nós deve fazer sua parte para tornar nossas casas e nossas empresas mais eficientes.

Sim, devemos proporcionar mais escadas para o sucesso aos jovens que caem em uma vida de crime e falta de perspectivas. Mas também temos que reconhecer que os programas não podem substituir os pais, que o governo não é capaz de desligar a televisão e obrigar uma criança a fazer seu dever de casa, que os pais precisam assumir mais responsabilidades no sentido de dar amor e orientação aos filhos.

Responsabilidade individual e responsabilidade mútua, essa a essência da promessa americana. E, assim como cumprimos nossa promessa à próxima geração aqui em casa, também devemos cumprir a promessa americana no exterior.

Se John McCain quiser um debate para saber quem tem o temperamento e o discernimento necessários para servir como o próximo comandante-em-chefe, estou disposto a participar desse debate.

Porque, enquanto o senador McCain voltava sua atenção para o Iraque dias depois do 11 de Setembro, eu me posicionei contra essa guerra, sabendo que desviaria nossa atenção das verdadeiras ameaças que enfrentamos.

Quando John McCain declarou que poderíamos simplesmente dar um jeito de sair do atoleiro no Afeganistão, eu argumentei em favor de mais recursos e mais tropas para encerrar o combate contra os terroristas que de fato nos atacaram no 11 de Setembro, deixando claro que precisamos eliminar Osama bin Laden e seus asseclas quando os encontrarmos.

John McCain gosta de dizer que vai perseguir Bin Laden até as portas do inferno, mas não vai persegui-lo nem mesmo até a caverna onde vive.

E hoje, quando minha proposta de uma data limite para retirar nossas tropas do Iraque encontrou eco no governo iraquiano e até na administração Bush, mesmo depois de sabermos que o Iraque tem 79 bilhões de dólares em superávit, enquanto nós chafurdamos no déficit, John McCain mantém sozinho sua teimosa recusa de pôr fim a uma guerra equivocada.

Esse não é o tipo de discernimento de que precisamos; isso não vai manter o país em segurança. Precisamos de um presidente capaz de enfrentar as ameaças do futuro, e não de se agarrar a ideias do passado.

Não é possível derrotar uma rede terrorista que atua em 80 países ocupando o Iraque. Não é possível proteger Israel e conter o Irã simplesmente falando duro em Washington. Não é possível defender verdadeiramente a Geórgia quando desgastamos nossas alianças mais antigas.

Se John McCain quer suceder a George Bush com mais discurso duro e estratégias ruins, a escolha é dele, mas essa não é a mudança de que o país precisa.

Nós somos o partido de Roosevelt. Nós somos o partido de Kennedy. Portanto, não venham me dizer que os democratas não defenderão este país. Não venham dizer que os democratas não garantirão nossa segurança.

A política externa de Bush-McCain dilapidou o legado que gerações de americanos, democratas e republicanos, construíram, e estamos aqui para reconstituir esse legado.

Como comandante-em-chefe, jamais hesitarei em defender esta nação, mas só mandarei tropas para o combate com uma missão clara e um compromisso sagrado de lhes proporcionar o equipamento necessário em campo e os cuidados e benefícios que merecem quando voltarem para casa.

Encerrarei essa Guerra no Iraque de maneira responsável e farei com que a luta contra a Al Qaeda e os talibãs no Afeganistão chegue ao final. Reconstruirei nossas Forças Armadas para enfrentar futuros conflitos, mas também renovarei a diplomacia firme e direta capaz de impedir que o Irã obtenha armas nucleares e de conter a agressão russa.

Formarei novas parcerias para derrotar as ameaças do século XXI: o terrorismo e a proliferação nuclear, a pobreza e o genocídio, as mudanças climáticas e as doenças.

E restabelecerei nossa posição moral, para que os Estados Unidos voltem a ser a última e a melhor esperança para todos os que atendem ao apelo da causa da liberdade, que anseiam por vidas de paz e almejam um futuro melhor.

São essas as políticas que aplicarei. E estou ansioso para debatê-las com John McCain nas próximas semanas.

Mas o que não farei é dar a entender que o senador assume suas posições com objetivos políticos, porque, uma das coisas que precisamos mudar na nossa política, é a ideia de que as pessoas não podem discordar sem pôr em dúvida o caráter e o patriotismo umas das outras.

A seriedade de nossos tempos é grande demais, o que está em questão é grande demais para nos aferrarmos a esse mesmo manual partidário de estratégias. Vamos, então, aceitar que o patriotismo não tem partido. Eu amo nosso país, e vocês também, e John McCain também.

Os homens e as mulheres que servem em nossos campos de batalha podem ser democratas, republicanos e independentes, mas combateram juntos, derramaram juntos seu sangue e alguns morreram juntos sob a mesma bandeira orgulhosa. Não serviram aos Estados Unidos dos republicanos ou dos democratas; serviram aos Estados Unidos da América.

Tenho, então, uma notícia para você, John McCain: o país vem em primeiro lugar para todos nós.

Estados Unidos, nosso trabalho não será fácil. Os desafios que enfrentamos exigem escolhas difíceis. E os democratas, assim como os republicanos, terão que descartar as ideias políticas desgastadas do passado, pois parte do que se perdeu nestes últimos oito anos não se mede apenas por salários perdidos ou déficits comerciais maiores. O que também se perdeu foi nosso senso de propósito comum, e é isso que precisamos restabelecer.

Talvez não concordemos quanto ao aborto, mas, sem dúvida, podemos entrar em acordo quanto à redução do número de gravidezes indesejadas em nosso país.

A realidade da propriedade de armas de fogo pode ser diferente para caçadores da região rural de Ohio e para aqueles que são vítimas da violência das gangues em Cleveland, mas não venham me dizer que não podemos respeitar a Segunda Emenda* e, ao mesmo tempo, manter AK-47s fora do alcance dos criminosos.

Sei que existem divergências sobre o casamento entre pessoas do mesmo sexo, mas, com certeza, podemos aceitar que nossos irmãos e irmãs gays e lésbicas merecem visitar a pessoa que amam em um hospital e viver livres de discriminação.

A questão da imigração pode desencadear paixões, mas não conheço ninguém que se beneficie quando uma mãe é separada do filho de colo ou quando um patrão corta salários americanos ao contratar trabalhadores ilegais.

Mas isso também faz parte da promessa americana, a promessa de uma democracia em que possamos encontrar força e generosidade para superar as divisões e nos unirmos em um esforço comum.

---

* A Segunda Emenda à Constituição dos Estados Unidos, de 1791, declara o direito dos cidadãos de ter e portar armas. É invocada pelos fabricantes e comerciantes de armas e por setores da população contrários a medidas mais eficazes de controle. (*N. do T.*)

Sei que existem aqueles que descartam essas crenças como conversa-fiada. Alegam que nossa insistência em algo maior, mais firme e mais honesto na vida pública não passa de um cavalo de Troia para impostos mais altos e o abandono dos valores tradicionais.

E isso é de se esperar, pois, quando não se tem ideias novas, é necessário recorrer a táticas rançosas para assustar os eleitores.

Quando não se tem um histórico a defender, o jeito é apresentar o adversário como alguém de quem as pessoas devem correr. Transformar uma grande eleição em uma disputa em torno de coisas pequenas.

E sabem o que mais? Isso já funcionou antes, pois é algo que se alimenta da descrença que todos temos em relação ao governo. Quando Washington não funciona, todas as suas promessas parecem vazias. Quando as esperanças são frustradas repetidas vezes, é melhor parar de esperar e se conformar com o que já se conhece.

Eu entendo. Sei que não sou o candidato mais provável para esse cargo. Não tenho o pedigree habitual, não passei minha carreira nos corredores de Washington.

Mas estou diante de vocês esta noite porque algo está despertando em todo o país. O que os negativistas não entendem é que esta eleição nunca teve nada a ver comigo; ela tem a ver com vocês.

Tem a ver com vocês.

Durante 18 longos meses vocês se levantaram, um a um, e disseram "Basta" à política do passado. Vocês entendem que, nesta eleição, o maior risco em que podemos incorrer é tentar a mesma velha política com os mesmos velhos jogadores e esperar resultados diferentes.

Vocês mostraram o que a história nos ensina: que, em momentos decisivos como este, a mudança de que precisamos não vem de Washington. A mudança vai a Washington.

Mudar é possível — e é possível porque o povo americano o exige, porque se levanta e insiste em novas ideias e em uma nova liderança, em uma nova política para um novo tempo.

Estados Unidos, este é um desses momentos.

Estou convencido de que, por mais difícil que venha a ser, a mudança de que precisamos está chegando, pois já a vi, já a vivi.

Eu a vi em Illinois, quando proporcionamos assistência de saúde a mais crianças e transferimos mais famílias da assistência para o trabalho.

Eu a vi em Washington, onde trabalhamos independentemente da filiação partidária para tornar o governo mais acessível e obrigar os lobistas a prestar mais contas, para proporcionar melhor atendimento aos nossos veteranos e manter as armas nucleares fora do alcance dos terroristas.

E a vi nesta campanha, nos jovens que votaram pela primeira vez e nos jovens de coração, aqueles que voltaram a se envolver depois de um longo tempo; nos republicanos que jamais pensaram que viessem a escolher uma chapa democrata, mas escolheram.

Eu a vi nos trabalhadores que preferiram diminuir suas horas de trabalho, mesmo não podendo, para não ver seus amigos perderem o emprego; nos soldados que voltaram a se alistar depois de perder um membro; nos vizinhos que dão abrigo a um estranho quando vem um furacão e as águas sobem.

Este nosso país tem mais riqueza que qualquer outro, mas não é isso que nos torna ricos. Temos as Forças Armadas mais poderosas do planeta, mas não é isso que nos torna fortes. Nossas universidades e nossa cultura causam inveja no mundo inteiro, mas não são o que faz com que o mundo venha até nós.

É esse espírito americano, isso, sim, essa promessa americana que nos empurra para a frente, mesmo quando o caminho é incerto; que nos mantém unidos, apesar de nossas divergências; que nos leva a fixar o olhar não no que é visto, mas no que não é visto, naquele lugar melhor depois da curva.

Essa promessa é nosso maior legado. É uma promessa que faço a minhas filhas quando as aconchego à noite e uma promessa que vocês fazem a seus filhos, uma promessa que levou imigrantes a cruzar oceanos e pioneiros a viajar para o Oeste, uma promessa que levou operários a montar piquetes e mulheres a lutar pelo direito de voto.

E é essa promessa que, 45 anos atrás, levou americanos de todos os recantos do país a se posicionar juntos em uma alameda em Washington, diante do Memorial de Lincoln, para ouvir um jovem pregador da Geórgia falar de seu sonho.

Os homens e as mulheres que ali se reuniram podiam ter ouvido muitas coisas. Podiam ter ouvido palavras de raiva e discórdia. Podiam ter ouvido que deveriam sucumbir ao medo e às frustrações de tantos sonhos adiados.

Mas o que essas pessoas ouviram — pessoas de todas as crenças e cores, de todas as camadas sociais — foi que, nesta nação, nosso destino está indissoluvelmente interligado, que, juntos, nossos sonhos podem ser um só.

"Não podemos caminhar sozinhos", clamou o pregador. "E em nossa caminhada, precisamos assumir o compromisso de andar sempre para a frente. Não podemos voltar atrás."

Estados Unidos, nós não podemos voltar atrás — não quando temos tanto trabalho pela frente; quando há tantas crianças a educar e tantos veteranos a atender; quando há uma economia a consertar, cidades a reconstruir e fazendas a salvar; quando há tantas famílias a proteger e tantas vidas a recompor.

Estados Unidos, não podemos voltar atrás. Não podemos caminhar sozinhos.

Neste momento, nesta eleição, devemos, mais uma vez, nos comprometer a caminhar para o futuro. Pois vamos cumprir essa promessa, essa promessa americana, e, nas palavras da Escritura, agarrar-nos firmemente, sem hesitação, à esperança que abraçamos.

Obrigado. Deus os abençoe. E Deus abençoe os Estados Unidos da América.

"ESTA VITÓRIA É DE VOCÊS"

Discurso da vitória na noite da eleição
CHICAGO, ILLINOIS, 4 DE NOVEMBRO DE 2008

No dia 4 de novembro de 2008, Barack Obama derrotou o senador pelo Arizona, John McCain, sendo eleito o 44º presidente dos Estados Unidos. A vitória foi clara — Obama obteve 52,9% dos votos populares e 365 votos do Colégio Eleitoral, contra 45,7% e 173 votos do Colégio Eleitoral de McCain. À noite, Obama pronunciou o discurso da vitória em Grant Park, em sua cidade natal, Chicago. Embora entradas para o evento tivessem sido distribuídas a 70 mil pessoas, cerca de 240 mil estiveram presentes, em sua vasta maioria assistindo ao momento histórico por um telão a algumas quadras de distância. Milhões de pessoas também viram e ouviram o pronunciamento de suas casas. O tema do discurso: "Esta vitória é de vocês", falava da firme decisão dos americanos de romper com os oito anos anteriores de controle republicano da Casa Branca e manifestar sua convicção de que "os Estados Unidos podem mudar". Em sua primeira frase, Obama chamou a atenção, indireta mas claramente, para o notável feito nacional representado pela eleição do primeiro presidente afro-americano.

Olá, Chicago.

Se alguém ainda duvida que de que os Estados Unidos sejam um lugar onde tudo é possível, ainda se pergunta se o sonho dos nossos fundadores continua vivo em nossa época, ainda questiona a força da nossa democracia, esta noite é a resposta.

É a resposta dada por filas que se estenderam ao redor de escolas e igrejas em quantidades que este país nunca viu, formadas por pessoas que esperaram três ou quatro horas, muitas pela primeira vez na vida, porque acreditavam que, dessa vez, tinha de ser diferente, que suas vozes podiam ser essa diferença.

É a resposta dada por jovens e velhos, ricos e pobres, democratas e republicanos, negros, brancos, hispânicos, asiáticos, indígenas, gays, heterossexuais, incapacitados e não incapacitados. Americanos que mandaram ao mundo a mensagem de que nunca fomos apenas uma junção de indivíduos ou uma junção de estados vermelhos e estados azuis.

Nós somos e sempre seremos os Estados Unidos da América.

É a resposta que levou aqueles que há tanto tempo são induzidos por tantos a se mostrarem descrentes, temerosos e cínicos quanto ao que somos capazes de alcançar, a pôr as mãos no arco da história e dobrá-lo mais uma vez em direção à esperança de dias melhores.

Levou muito tempo, mas esta noite, por causa do que fizemos nesta data, nesta eleição, neste momento decisivo, a mudança chega aos Estados Unidos.

Um pouco mais cedo esta noite recebi um telefonema extraordinariamente elegante do senador McCain.

O senador McCain lutou muito e por muito tempo nesta campanha. E lutou com afinco por mais tempo ainda pelo país que ama. Fez sacrifícios pelo país que a maioria de nós sequer pode imaginar. Hoje vivemos em melhores condições graças aos serviços prestados por esse líder corajoso e altruísta.

Eu o cumprimento; cumprimento a governadora Palin, por tudo o que alcançaram. E estou ansioso para trabalhar com eles para renovar a promessa do nosso país nos próximos meses.

Quero agradecer a meu companheiro nesta jornada, um homem que fez campanha de coração, falando pelos homens e mulheres com os quais cresceu nas ruas de Scranton e com os quais pegava o trem de volta a Delaware, o vice-presidente eleito dos Estados Unidos, Joe Biden.

E eu não estaria aqui esta noite sem o inabalável apoio da minha melhor amiga nos últimos 16 anos, a rocha da nossa família, o amor da minha vida, a próxima primeira-dama do país, Michelle Obama.

Sasha e Malia, eu as amo mais do que podem imaginar. E vocês fizeram por merecer o novo cachorrinho que vai nos acompanhar à nova Casa Branca.

E embora ela já não esteja conosco, eu sei que minha avó está nos vendo, junto com a família que fez com que eu me tornasse quem sou. Sinto falta deles esta noite. Sei que minha dívida para com eles é imensurável.

A minha irmã Maya, a minha irmã Alma, a todos os meus outros irmãos e irmãs, muito obrigado por todo o apoio que me deram. Eu lhes sou grato.

E ao gerente da minha campanha, David Plouffe, o herói oculto desta campanha, que construiu a melhor campanha política, em minha opinião, da história dos Estados Unidos da América.

Ao meu estrategista-chefe David Axelrod, que tem sido um parceiro a cada passo desta jornada.

À melhor equipe de campanha jamais reunida na história da política, vocês fizeram isto acontecer, e serei grato para sempre por aquilo que tiveram que sacrificar para que o alcançássemos.

Mas, acima de tudo, jamais esquecerei a quem esta vitória realmente pertence. Ela pertence a vocês. Ela pertence a vocês.

Eu nunca fui o candidato mais provável a este cargo. Não começamos com muito dinheiro nem muitos apoios. Nossa campanha não foi incubada nos corredores de Washington. Ela começou nos quintais de Des Moines, nas salas de estar de Concord e nas varandas de Charleston. Foi construída por trabalhadores e trabalhadoras que revolveram as poucas economias de que dispunham para doar 5 dólares, 10 dólares e 20 dólares à causa.

Ganhou força graças aos jovens que rechaçaram o mito da apatia de sua geração, que saíram de casa e do convívio com a família por empregos que ofereciam pouca remuneração e menos sono ainda.

Extraiu forças dos nem tão jovens que enfrentaram um frio terrível e um calor escaldante para bater nas portas de estranhos, e dos milhões de americanos que se apresentaram como voluntários, se organizaram e provaram que, mais de dois séculos depois, um governo do povo, pelo povo e para o povo não é impossível neste planeta.

Esta vitória é de vocês.

E eu sei que não fizeram isso apenas para vencer uma eleição. E sei que não o fizeram por mim.

Fizeram-no porque entendem a enormidade da tarefa que temos pela frente. Porque, mesmo nesta noite de comemoração, sabemos que os desafios que nos esperam amanhã são os maiores da nossa vida — duas guerras, um planeta em perigo, a pior crise financeira em um século.

Mesmo nesta noite, sabemos que há americanos corajosos acordando nos desertos do Iraque e nas montanhas do Afeganistão para arriscar a vida por nós.

Há mães, e pais que continuarão acordados depois que os filhos adormecerem, perguntando-se como pagarão a hipoteca ou as contas do médico, como economizarão para pagar a faculdade dos filhos.

Há novas energias a canalizar, novos empregos a criar, novas escolas a construir e ameaças a enfrentar, alianças a reparar.

O caminho pela frente será longo. Nossa subida será íngreme. Podemos não chegar lá em um ano ou sequer em um mandato. Mas, Estados Unidos, eu nunca tive mais esperanças de que chegaremos lá do que nesta noite.

Eu lhes prometo, nós, como povo, chegaremos lá.

Haverá revezes e tentativas malsucedidas. Muitos não concordarão com cada decisão ou cada política que eu adotar como presidente. E sabemos que o governo não pode resolver todos os problemas.

Mas sempre serei honesto com vocês a respeito dos desafios que enfrentamos. Vou ouvi-los, em especial quando discordarmos. E, acima de tudo, vou pedir que se juntem ao trabalho de reconstrução do nosso país, da única maneira como as coisas têm sido feitas nos Estados Unidos há 221 anos — bloco por bloco, tijolo por tijolo, mãos calejadas por mãos calejadas.

O que começou há 21 meses, no inverno, não pode acabar nesta noite de outono.

Esta vitória não é por si só a mudança que buscamos. É apenas a oportunidade que temos de realizar essa mudança. E ela não poderá acontecer se voltarmos à forma como as coisas eram.

Não poderá acontecer sem vocês, sem um novo espírito de serviço, um novo espírito de sacrifício.

Vamos, então, mobilizar um novo espírito de patriotismo, de responsabilidade, no qual cada um de nós se resolva a fazer sua parte, trabalhar mais e cuidar não apenas de si mesmo, mas também uns dos outros.

Devemos lembrar que, se esta crise financeira nos ensinou alguma coisa, é que não podemos ter prosperidade em Wall Street enquanto a classe média sofre.

Em nosso país, subimos ou caímos como uma só nação, um só povo. Precisamos resistir à tentação de cair de novo no mesmo partidarismo, na mesma mesquinhez e na mesma imaturidade que há tanto tempo envenenam nossa política.

Devemos lembrar que foi um homem deste estado que levou pela primeira vez a bandeira do Partido Republicano à Casa Branca, um partido baseado nos valores da autoconfiança, da liberdade individual e da união nacional.

São valores que todos nós compartilhamos. E embora o Partido Democrata tenha alcançado uma grande vitória esta noite, estamos imbuídos de uma grande humildade e da determinação de sanar as divisões que têm impedido nosso progresso.

Como disse Lincoln a uma nação muito mais dividida que a nossa hoje, não somos inimigos, mas amigos. Embora as paixões possam ter causado tensão, elas não devem romper nossos laços de afeto.

E, aos americanos cujo apoio ainda preciso conquistar, quero dizer que posso não ter obtido seu voto esta noite, mas ouço suas vozes. Preciso da sua ajuda. E também serei o seu presidente.

E a todos aqueles que nos assistem de fora das nossas fronteiras esta noite, em Parlamentos e palácios, àqueles que se reúnem em torno de aparelhos de rádio em esquecidos recantos do mundo, nossas histórias são singulares, mas nosso destino é comum, e uma nova aurora de liderança americana está ao alcance.

Àqueles que pretendem destruir o mundo: nós os derrotaremos. Àqueles que buscam paz e segurança: nós os apoiamos. E a todos aqueles que se perguntam se o farol dos Estados Unidos continua brilhando: esta noite provamos, mais uma vez, que a verdadeira força da nossa nação não vem do poderio de nossas armas ou da escala de nossa riqueza, mas do poder permanente de nossos ideais: democracia, liberdade, oportunidade e esperança inabalável.

Este é o verdadeiro espírito americano: que a nação pode mudar. Nossa união pode ser aperfeiçoada. O que já alcançamos nos dá esperança quanto ao que podemos e precisamos alcançar amanhã.

Nesta eleição houve muitas coisas que aconteceram pela primeira vez e muitas histórias que serão contadas durante gerações. Mas uma que tenho em mente esta noite diz respeito a uma mulher que depositou seu voto em Atlanta. Ela se parece muito com milhões de outras pessoas que entraram na fila para fazer sua voz ser ouvida nesta eleição, exceto por um dado: Ann Nixon Cooper tem 106 anos.

Ela nasceu apenas uma geração depois da escravidão, em uma época em que não havia carros nas ruas nem aviões no céu, uma época em que alguém como ela não podia votar por dois motivos: por ser uma mulher e por causa da cor de sua pele.

E esta noite penso em tudo aquilo a que ela assistiu ao longo do seu século nos Estados Unidos — o desgosto e a esperança; a luta e o progresso; todas as vezes em que nos disseram que não podemos, e aquelas pessoas que levaram adiante esta convicção americana: Sim, nós podemos.

Em uma época em que a voz das mulheres era calada e suas expectativas, descartadas, ela viveu para ver as mulheres se levantarem, se pronunciarem e lutarem pelo voto. Sim, nós podemos.

Quando havia desespero em meio à tempestade de poeira e à depressão em todo o país, ela viu uma nação vencer o próprio medo com um Novo Pacto,* novos empregos, um novo senso de propósito em comum. Sim, nós podemos.

Quando as bombas caíram em nosso porto e a tirania ameaçou o mundo, ela estava lá, presenciando uma geração que se posicionou com grandeza, e uma democracia foi salva. Sim, nós podemos.

---

* Referência ao New Deal, série de programas aplicados nos Estados Unidos entre 1933 e 1937, no governo de Franklin Roosevelt, para recuperar e reformar a economia e assistir os prejudicados pela Grande Depressão do início da década. (*N. do T.*)

Ela estava lá no momento dos ônibus em Montgomery, da repressão com jatos de água em Birmingham, de uma certa ponte em Selma e de um pregador de Atlanta que disse ao povo que "nós vamos superar".* Sim, nós podemos.

Um homem pisou na Lua, um muro caiu em Berlim, um mundo se interligou graças à nossa ciência e à nossa imaginação.

E este ano, nesta eleição, ela encostou o dedo em uma tela e votou, pois, depois de 106 anos, nos Estados Unidos, nos melhores tempos e nas horas mais sombrias, sabe que esta nação é capaz de mudar.

Sim, nós podemos.

Estados Unidos, nós chegamos até aqui. Já vimos muito. Mas há tanta coisa ainda por fazer. Por isso, esta noite, vamos perguntar a nós mesmos: se nossos filhos chegarem ao próximo século; se minhas filhas tiverem a sorte de viver tanto quanto Ann Nixon Cooper, a que mudanças assistirão? Que progressos teremos feito?

Esta é a nossa oportunidade de responder a esse chamado. Este é o nosso momento.

Esta é a hora de fazer com que o nosso povo volte a trabalhar e de abrir portas de oportunidade para nossos filhos; de restabelecer a prosperidade e promover a causa da paz; de resgatar o sonho americano e reafirmar aquela verdade fundamental de que, sendo muitos, somos um só; de que, enquanto respirarmos, teremos esperança. E quando depararmos com descrença, dúvidas e com aqueles que nos dizem que não podemos, responderemos com aquela confiança atemporal que resume o espírito de um povo: Sim, nós podemos.

Obrigado, Deus os abençoe. E que Deus abençoe os Estados Unidos da América.

---

* Referência a episódios da campanha pelos direitos civis dos negros na década de 1960 e à canção "We Shall Overcome", que se tornou uma espécie de hino do movimento, sendo citada mais de uma vez em discursos por Martin Luther King. (*N. do T.*)

"UMA NOVA ERA DE RESPONSABILIDADE"

Primeiro discurso de posse
WASHINGTON, 20 DE JANEIRO DE 2009

O dia 20 de janeiro de 2009 teve todas as características de um dia histórico. Embora Obama tivesse vencido as eleições mais de dois meses antes, foi só nessa gelada tarde de quarta-feira de janeiro que ele se tornou formalmente o 44º presidente dos Estados Unidos. A posse do primeiro presidente afro-americano em uma cidade em grande medida construída por escravos negros e que fora racialmente segregada durante décadas dava a entender que havia esperança de uma reconciliação racial e de uma união nacional. Cerca de 1,6 milhão de pessoas afluíram ao National Mall para ver o novo presidente. O discurso pronunciado por Obama ao longo de 20 minutos foi inspirado na oratória de Lincoln e Kennedy. Ele adotou um tom conciliador, apartidário — em forte contraste com certa retórica, mais agressiva, usada durante a campanha —, focando, basicamente, nas duas questões prementes do momento: a economia vacilante e a segurança nacional. Os críticos consideraram o discurso menos inspirador que o da vitória, afirmando que ele fez menos do que poderia para preparar o país para o longo período de estagnação econômica que vinha pela frente. Mas o pronunciamento refletia temas clássicos de Obama, em especial o chamamento para que os cidadãos assumissem sua responsabilidade na reanimação do país.

MEUS CONCIDADÃOS: ESTOU aqui hoje plenamente consciente da tarefa que temos pela frente, grato pela confiança que depositaram em mim, ciente dos sacrifícios feitos pelos nossos antepassados.

Agradeço ao presidente Bush pelos serviços prestados ao país — e também pela generosidade e pela cooperação que demonstrou ao longo desta transição.

Quarenta e quatro americanos prestaram até hoje o juramento presidencial. Palavras ditas em marés crescentes de prosperidade e em águas tranquilas de paz. Mas, vez por outra, o juramento é feito em meio a nuvens e tempestades. Nesses momentos, a nação seguiu em frente, não só pela capacidade ou pela visão dos que estavam no comando, mas porque nós, o povo, nos mantivemos fieis aos ideais de nossos antepassados e leais aos nossos documentos fundadores.

Assim tem sido e assim terá que ser, com esta geração de americanos.

Sabemos perfeitamente que estamos em meio a uma crise. Nosso país está em guerra contra uma rede tentacular de violência e ódio. Nossa economia está muito enfraquecida, consequência da ganância e da irresponsabilidade de alguns, mas também da nossa incapacidade coletiva de fazer escolhas difíceis e preparar a nação para uma nova era. Perdemos casas, eliminamos empregos, fechamos negócios. Nossa assistência de saúde é cara demais, nossas escolas falham para muitos — e a cada dia fica mais nítido que as maneiras como usamos a energia fortalecem nossos adversários e ameaçam nosso planeta.

Esses são os indicadores da crise, objeto de dados e estatísticas. Menos mensurável, mas não menos profundo, é o solapamento da confiança em todo o nosso país; o medo incômodo de que o declínio dos Estados Unidos seja inevitável, de que a próxima geração precise reduzir seus sonhos.

Hoje, eu lhes digo que os desafios que enfrentamos são reais. São graves e numerosos. Não serão solucionados com facilidade ou em pouco tempo. Mas, Estados Unidos, fiquem sabendo: eles serão solucionados.

Hoje, estamos reunidos porque escolhemos a esperança e não o medo, a unidade de propósitos e não o conflito e a discórdia. Hoje, viemos proclamar o fim das injustiças mesquinhas e das falsas promessas, das recriminações e dos dogmas desgastados que vêm estrangulando nossa política há tempo demais. Ainda somos uma nação jovem. Mas, nas palavras das Escrituras, chegou a hora de deixar de lado coisas infantis. Chegou a hora de reafirmar nosso espírito duradouro, de escolher nossa melhor história, de levar adiante este dom precioso, esta nobre ideia transmitida de geração em geração: a promessa divina de que todos são iguais, todos são livres e todos merecem uma oportunidade de ir em busca de sua felicidade plena.

Ao reafirmar a grandeza de nossa nação, entendemos que a grandeza nunca é gratuita. Ela deve ser conquistada. Nossa jornada nunca foi de atalhos nem de aceitar menos. Ela não tem sido o caminho dos fracos de coração, dos que preferem o lazer ao trabalho ou que buscam apenas os prazeres da riqueza e da fama. Na verdade, aqueles que assumem riscos, que realizam, que fazem coisas — alguns celebrados, mas quase sempre homens e mulheres anônimos em seu trabalho —, foram aqueles que nos conduziram no longo e escarpado caminho em direção à prosperidade e à liberdade.

Por nós, eles juntaram suas poucas posses e atravessaram oceanos em busca de uma nova vida. Por nós, labutaram em condições árduas e colonizaram o Oeste, suportaram o açoite e cultivaram a terra bruta. Por nós, combateram e morreram em lugares como Concord e Gettysburg, Normandia e Khe Sahn.

Reiteradas vezes esses homens e essas mulheres lutaram, se sacrificaram e trabalharam, até ficarem com as mãos calejadas, para que pudéssemos ter uma vida melhor. Viam os Estados Unidos como algo maior que a soma de nossas ambições individuais, maior que todas as diferenças de nascimento, riqueza ou facção.

Essa é a jornada que continuamos hoje. Ainda somos o país mais próspero e poderoso do planeta. Nossos trabalhadores não são menos produtivos do que quando essa crise teve início. Nossas mentes não são menos inventivas, nossos bens e serviços não são menos necessários do que eram na semana passada, no mês passado, no ano passado. Nossa capacidade se mantém inalterada. Mas nossa época de recusa da mudança, de proteção de interesses mesquinhos e adiamento de decisões desagradáveis — esse tempo certamente passou. A partir de hoje, temos que nos recompor, sacudir a poeira e começar, mais uma vez, o trabalho de reconstrução dos Estados Unidos.

Pois, aonde quer que olhemos, há trabalho a ser feito. O estado de nossa economia exige ação rápida e decisiva. E nós vamos agir, não apenas para criar novos empregos, mas também para construir novas bases para o crescimento. Vamos construir as estradas e as pontes, as redes elétricas e as linhas digitais que alimentam nosso comércio e nos unem. Vamos devolver à ciência seu devido lugar, valendo-nos das maravilhas da tecnologia para elevar a qualidade da assistência de saúde e diminuir seu custo. Vamos aproveitar o sol, os ventos e o solo para abastecer nossos carros e fazer nossas fábricas funcionarem. E vamos transformar nossas escolas e universidades para atender às exigências de uma nova era. Podemos fazer tudo isso. Faremos tudo isso.

Há quem questione o escopo de nossas ambições, dando a entender que nosso sistema não é capaz de tolerar planos grandiosos demais. Essas pessoas têm a memória curta, pois esqueceram o que nosso país já fez, o que homens e mulheres livres são capazes de alcançar quando a imaginação converge para um propósito comum e a necessidade se une à coragem. O que os hipócritas não entendem é que o solo mudou sob seus pés, que os velhos argumentos políticos que nos consumiram por tanto tempo não funcionam mais.

A pergunta que fazemos hoje não é se nosso governo é grande demais ou pequeno demais, mas se funciona — se ajuda as famílias a encontrar empregos com salários decentes, assistência de saúde a um preço acessível, uma aposentadoria digna. Quando a resposta for sim, pretendemos ir em frente. Quando a resposta for não, os programas serão suspensos. E aqueles entre nós que se encarregam de administrar os dólares públicos terão que prestar contas, gastar com critério, mudar os maus hábitos e fazer as negociações às claras, pois só então poderemos restabelecer a confiança vital entre um povo e seu governo.

A questão que se apresenta à nossa frente também não é saber se o mercado é uma força do bem ou do mal. Sua capacidade de gerar riqueza e expandir a liberdade não tem equivalente. Mas esta crise nos lembrou que, sem um olhar vigilante, o mercado pode fugir ao controle. A nação não é capaz de prosperar por muito tempo quando favorece apenas os prósperos.

O sucesso de nossa economia sempre dependeu não apenas do tamanho de nosso Produto Interno Bruto, mas também do alcance de nossa prosperidade, da capacidade de estender as oportunidades a todos àqueles que se mostram dispostos — não por caridade, mas porque esse é o caminho certo para nosso bem comum.

Quanto à nossa defesa comum, rejeitamos como falsa a escolha entre nossa segurança e nossos ideais. Nossos Pais Fundadores, diante de perigos que mal podemos imaginar, redigiram uma carta para garantir o império da lei e os direitos do homem — uma carta ampliada com o sangue de gerações. Esses ideais ainda iluminam o mundo, e não vamos abrir mão deles por conveniência e imediatismo.

Assim, a todos os outros povos e governos que hoje nos assistem, das mais imponentes capitais à pequena aldeia onde meu pai nasceu, fiquem sabendo que os Estados Unidos são amigos de cada nação, homem, mulher e criança que busque um futuro de paz e dignidade. E estamos prontos para liderar mais uma vez.

Lembrem-se de que gerações anteriores enfrentaram o fascismo e o comunismo não apenas com mísseis e tanques, mas com alianças resistentes e convicções duradouras. Elas entenderam que nosso poderio não é capaz de nos proteger sozinho, nem nos dá o direito de agir como bem quisermos. Sabiam, isso sim, que nosso poder aumenta com o uso prudente que fazemos dele; nossa segurança decorre da justiça de nossa causa, da força de nosso exemplo, das qualidades moderadoras da humildade e do comedimento.

Somos os guardiões desse legado. Guiados por esses princípios, mais uma vez podemos enfrentar essas novas ameaças que exigem um esforço ainda maior, cooperação e entendimento ainda maiores entre as nações. Começaremos por entregar de forma responsável o Iraque ao seu povo e forjar uma paz arduamente conquistada no Afeganistão. Com velhos amigos e ex-inimigos, trabalharemos de modo incansável para diminuir a ameaça nuclear e fazer retroceder o fantasma de um planeta em aquecimento.

Não nos desculparemos pelo nosso modo de vida, tampouco hesitaremos em defendê-lo. E, àqueles que tentam promover seus objetivos provocando o terror e massacrando inocentes, dizemos, agora, que nosso espírito é mais forte e não pode ser abatido — vocês não serão capazes de sobreviver a nós, e nós os derrotaremos.

Pois sabemos que nosso legado tão variado é uma força, e não uma fraqueza. Somos uma nação de cristãos, de muçulmanos, de judeus, de hindus e de ateus. Fomos moldados por todas as línguas e culturas, provenientes de cada recanto deste planeta; e, justamente porque sentimos o gosto amargo da guerra civil e da segregação e saímos desse capítulo sombrio mais fortes e mais unidos, não podemos deixar de acreditar que os velhos ódios um dia passarão; que as linhas de divisão tribal logo se dissolverão; que, à medida que o mundo fica menor, nossa humanidade comum vai se revelar; e que os Estados Unidos devem desempenhar seu papel no surgimento de uma nova era de paz.

Em relação ao mundo muçulmano, buscamos um novo caminho adiante, baseado no interesse mútuo e no respeito recíproco. Quanto aos líderes de todo o mundo que buscam semear o conflito ou culpar o Ocidente pelos problemas de sua sociedade, saibam que seu povo os julgará pelo que são capazes de construir, e não pelo que destroem.

Aos que se prendem ao poder através da corrupção, da fraude e da repressão da oposição, fiquem sabendo que estão do lado errado da história, mas que estenderemos a mão caso se dispuserem a descerrar os punhos.

Aos povos dos países pobres, prometemos trabalhar com vocês para fazer suas fazendas florescerem e permitir que suas águas fluam limpas; alimentar corpos famintos e nutrir mentes ávidas. E àquelas nações que, como a nossa, desfrutam de relativa abundância, dizemos que não podemos mais nos dar o luxo da indiferença em relação àqueles que sofrem fora de nossas fronteiras, nem podemos consumir os recursos do mundo sem pensar nos efeitos disso. O mundo mudou, e nós precisamos mudar com ele.

Ao contemplar o papel que teremos que desempenhar, lembramos, com humilde gratidão, os corajosos americanos que, neste exato momento, patrulham desertos longínquos e montanhas distantes. Eles têm algo a nos dizer, assim como os heróis sepultados em Arlington sussurram através das eras.

Nós os honramos não apenas por serem os guardiões de nossa liberdade, mas também por encarnarem o espírito de serviço — a disposição de encontrar significado em algo maior que eles próprios.

E no entanto, neste momento, um momento que vai definir toda uma geração, é precisamente esse espírito que deve nos impregnar. Pois o fato é que, por mais que o governo possa e precise fazer, em última análise é com a fé e a determinação do povo americano que nosso país conta. A bondade de acolher um estranho quando uma barragem se rompe, o altruísmo dos trabalhadores que preferem diminuir suas horas de trabalho e seu ganho a ver um amigo perder o emprego, é o que nos ajuda a atravessar nossos momentos mais sombrios. É a coragem do bombeiro de subir uma escada envolta em fumaça, mas também a disposição de um pai ou de uma mãe de alimentar um filho que finalmente decidem o nosso destino.

Nossos desafios podem ser novos. Os instrumentos com os quais os enfrentamos podem ser novos. Mas os valores dos quais nosso êxito depende — honestidade e trabalho duro, coragem e senso de justiça, tolerância e curiosidade, lealdade e patriotismo — são antigos. E são verdadeiros. Têm sido a força silenciosa do progresso ao longo de nossa história.

O que é necessário, portanto, é a volta a essas verdades. O que se exige de nós, hoje, é uma nova era de responsabilidade — o reconhecimento por parte de cada americano de que temos deveres para conosco, nossa nação e o mundo; deveres que não aceitamos de má vontade, mas com alegria, firmes na convicção de que não há nada tão satisfatório para o espírito e tão definidor de nosso caráter quanto a entrega de corpo e alma a uma tarefa difícil.

Este é o preço e a promessa da cidadania. Esta é a fonte da nossa confiança: a convicção de que Deus nos conclama a moldar um destino incerto. Este é o significado da nossa liberdade e o nosso credo, o motivo pelo qual homens, mulheres e crianças de todas as raças e crenças podem se unir em celebração neste lugar magnífico e o motivo pelo qual um homem cujo pai talvez não fosse atendido em um restaurante há menos de 60 anos pode, agora, se postar diante de vocês para fazer o mais sagrado dos juramentos.

Vamos, então, marcar este dia recordando quem somos e o quanto avançamos. No ano do nascimento dos Estados Unidos, no mais frio dos meses, um pequeno grupo de patriotas se aconchegou junto a hesitantes fogueiras, à beira de um rio gelado. A capital estava abandonada. O inimigo avançava. Havia manchas de sangue na neve. No momento de maior dúvida quanto ao resultado de nossa revolução, o pai de nossa nação ordenou que estas palavras fossem lidas para o povo:

"Que o mundo futuro fique sabendo que nas profundezas do inverno, quando só a esperança e a virtude podiam sobreviver, a cidade e o país, alarmados ante um perigo comum, vieram ao [seu] encontro."

Estados Unidos: diante de nossos perigos comuns, neste inverno das nossas atribulações, recordemos essas palavras eternas. Com esperança e virtude, enfrentemos, mais uma vez, as correntes geladas e suportemos as tempestades que vierem. Que os filhos de nossos filhos possam dizer que, ao sermos testados, nós nos recusamos a permitir que esta jornada chegasse ao fim, que não recuamos nem falhamos; e, de olhos fixos no horizonte e com a graça de Deus, levamos adiante o grande dom da liberdade e o entregamos em segurança às gerações futuras.

Obrigado. Deus os abençoe. E Deus abençoe os Estados Unidos da América.

"CORAÇÕES ABERTOS. MENTES ABERTAS. PALAVRAS JUSTAS."

Pronunciamento na entrega de diplomas em Notre Dame

SOUTH BEND, INDIANA, 17 DE MAIO DE 2009

Ao convidar o presidente Obama a fazer o discurso na cerimônia de entrega de diplomas e receber o título de doutor honoris causa em Direito, em 2009, a Universidade de Notre Dame foi alvo de uma tempestade de críticas por parte de católicos conservadores, entre eles alguns importantes prelados. Embora tivesse obtido confortáveis 54% dos votos católicos em 2008, Obama tinha feito campanha em favor do direito de escolha em relação ao aborto e apoiava as pesquisas com células-tronco embrionárias. Em seu discurso, ele optou por não ignorar o elefante na sala (nem os manifestantes do lado de fora), enfrentando sem rodeios a questão do aborto. Falou da importância de reconhecer a humanidade de todos aqueles que se posicionavam em ambos os lados do debate e estimulou os formandos a abordar conversas difíceis com "coração aberto", "mente aberta" e "palavras justas". Também falou de sua própria dívida com a tradição social católica, de seu profundo respeito pelo cardeal Joseph Bernardin, falecido arcebispo de Chicago, e do fato de seu primeiro trabalho como organizador comunitário ter sido patrocinado pela Igreja.

Em primeiro lugar, parabéns, turma de 2009. Parabéns a todos os pais, primos, tias, tios — a todos aqueles que os ajudaram a chegar ao ponto em que se encontram hoje. Muito obrigado ao padre Jenkins por sua extraordinária apresentação, apesar de o senhor ter dito de uma maneira muito mais elegante exatamente o que eu quero dizer. O senhor está realizando um trabalho extraordinário como presidente desta instituição extraordinária. Seu compromisso permanente e corajoso — e contagioso —, com o diálogo sincero e ponderado, é uma inspiração para todos nós.

Boa tarde. Ao padre Hesburgh, ao conselho de administração da Notre Dame, ao corpo docente, às famílias: sinto-me honrado de estar aqui hoje. E grato a todos vocês por me permitirem fazer parte desta cerimônia de graduação.

E também quero agradecer pelo título honorífico que recebi. Estou ciente de que ele gerou polêmica. Não sei se vocês sabem, mas esses títulos honoríficos, aparentemente, são muito difíceis de obter. Até agora ganhei apenas um, como presidente, em duas tentativas. O padre Hesburgh já tem 150, em 150 tentativas. Acho que é um resultado melhor. Portanto, padre Ted, depois da cerimônia, talvez possa me dar algumas dicas para eu melhorar minha performance.

Também quero cumprimentar a turma de 2009 por todas as suas realizações. E, como estamos em Notre Dame...

UMA PESSOA NO PÚBLICO: Aborto é assassinato! Parem de matar crianças!

PÚBLICO: Uuuuu!

PRESIDENTE: Tudo bem. E como...

PÚBLICO: Nós somos a Notre Dame! Nós somos a Notre Dame!

PÚBLICO: Sim, nós podemos! Sim, nós podemos!

PRESIDENTE: Está tudo bem, pessoal. Sabemos que as coisas nem sempre são fáceis mesmo. Não vamos fugir das coisas que às vezes se revelam desconfortáveis.

Bem, como estamos em Notre Dame, acho que deveríamos falar não só das suas realizações em sala de aula, mas também na arena competitiva. Mas não se preocupem, não vou falar disso. Todos sabemos do maravilhoso e famoso time de futebol desta universidade, mas também fiquei sabendo que Notre Dame promove o maior torneio de basquete ao ar livre do mundo, o Bookstore Basketball.

Acho mesmo empolgante. Quero cumprimentar os vencedores do torneio deste ano, um time que se chama Hallelujah Holla Back. Meus parabéns. Bom trabalho. Embora eu deva dizer que fiquei pessoalmente decepcionado pelo fato de os Barack O'Ballers não terem ganhado este ano. Ano que vem, portanto, se precisarem de um centroavante de um metro e oitenta e oito que salta relativamente bem, já sabem onde moro.

Cada um de vocês deve se orgulhar do que alcançou nesta instituição. Cento e sessenta e três turmas de formandos de Notre Dame se sentaram onde vocês estão sentados hoje. Alguns passaram por aqui em anos que simplesmente se sucediam, sem grandes novidades nem fanfarras — períodos de relativa paz e prosperidade que não exigiam grandes sacrifícios ou lutas.

Mas vocês não têm essa mesma tranquilidade. Seu quinhão é diferente. Sua turma se forma em um momento de grande importância para nossa nação e para o mundo — um raro ponto de inflexão na história, no qual o tamanho e o alcance dos desafios diante de nós exigem a reconstrução de nosso mundo para renovar sua promessa, o alinhamento de nossos valores e compromissos mais profundos com as exigências de uma nova era. Um privilégio e uma responsabilidade concedidos a poucas gerações — e uma missão que vocês agora são chamados a cumprir.

Esta geração, a sua geração, é aquela que deverá encontrar o caminho de volta à prosperidade e decidir como reagiremos a uma economia global que deixou milhões para trás antes mesmo desta crise mais recente — uma economia em que a ganância e o pensamento a curto prazo eram frequentemente recompensados em detrimento da justiça, da diligência e de um dia de trabalho honesto.

A sua geração precisa decidir como salvar a criação de Deus de uma mudança climática que ameaça destruí-la. A sua geração precisa buscar a paz em uma época em que existem pessoas que não se detêm diante de nada em sua intenção de nos fazer mal, e na qual armas que estão nas mãos de poucos são capazes de destruir muitos. E precisamos encontrar uma maneira de reconciliar nosso mundo, que parece cada vez menor, com sua diversidade cada vez maior — diversidade de pensamento, de culturas e de crenças.

Em suma, precisamos encontrar uma maneira de viver juntos como uma só família humana.

E é a respeito deste último desafio que eu gostaria de falar hoje, muito embora o padre John tenha roubado minhas melhores frases. Pois as maiores ameaças que enfrentamos no século XXI — seja a recessão global ou o extremismo violento, a disseminação de armas nucleares ou as doenças pandêmicas — não fazem distinção. Não reconhecem fronteiras. Não enxergam cores. Não visam grupos étnicos específicos.

Além disso, nenhuma pessoa, religião ou nação seria capaz de enfrentar sozinha esses desafios. Este é o momento histórico em que nossa própria sobrevivência mais precisa de cooperação e entendimento entre todos os povos, de todos os lugares.

Infelizmente, não é fácil encontrar esse terreno comum, reconhecer que nossos destinos estão interligados, como disse o Dr. King, "em uma única roupagem do destino". E, em parte, como sabemos, o problema está nas imperfeições do homem — nosso egoísmo, nosso orgulho, nossa teimosia, nosso consumismo, nossas inseguranças, nossos egos; todas as formas de crueldade, grandes e pequenas, que nós que seguimos a tradição cristã consideramos enraizadas no pecado original. Com demasiada frequência buscamos levar vantagem sobre os outros e nos aferramos a nossos preconceitos surrados, temendo os que são diferentes. É grande demais o número daqueles entre nós que só enxergam a vida através das lentes do interesse próprio, imediato, e do materialismo mais crasso; e, assim, o mundo é, necessariamente, um jogo em que alguém precisa perder para que o outro ganhe. Com demasiada frequência, os fortes dominam os fracos, e há muitos indivíduos ricos e poderosos que encontram todos os meios de justificar seus privilégios frente à pobreza e à injustiça. E, assim, apesar de toda a nossa tecnologia e de nossos progressos científicos, vemos em nosso país e em todo o planeta manifestações de violência, carência e conflito que pareceriam tristemente familiares aos homens e mulheres da Antiguidade.

Sabemos de tudo isso; e cabe esperar que um dos benefícios da maravilhosa educação que receberam aqui em Notre Dame tenha sido a oportunidade de avaliar esses males do mundo e, talvez, identificar em si mesmos impulsos que queiram deixar para trás. Cada um à sua maneira, vocês desenvolveram a determinação de corrigi-los. Mas uma das coisas exasperantes para nós que nos interessamos em promover maior entendimento e cooperação entre os povos é a constatação de que até mesmo unir pessoas de boa vontade, homens e mulheres de princípios e propósito, pode ser difícil.

O soldado e o advogado podem, ambos, amar nosso país com igual paixão e, apesar disso, chegar a conclusões muito diferentes quanto aos passos necessários para nos proteger. Tanto o militante gay quanto o pastor evangélico podem lamentar os estragos do HIV/Aids, mas se mostrarem incapazes de superar a separação cultural para unir seus esforços. Os que se manifestam contra as pesquisas com células-tronco podem se basear em uma convicção admirável quanto ao caráter sagrado da vida, mas o mesmo se aplica aos pais de um jovem com diabetes juvenil que estão convencidos de que o sofrimento de seu filho ou de sua filha pode ser aliviado.

A questão, então, é saber como avançar em meio a esses conflitos. Será possível darmos as mãos em um esforço comum? Como cidadãos de uma democracia vibrante e diversificada, como participar de um debate vigoroso? Como é possível que cada um de nós se mantenha firme em seus princípios e lute pelo que considera certo sem desmonetizar, como disse padre John, aqueles que sustentam convicções com igual firmeza do outro lado?

E, naturalmente, essas questões vêm à tona com mais força do que nunca em relação ao aborto.

Ao analisar a polêmica em torno da minha visita aqui, lembrei-me de um encontro ocorrido durante minha campanha para o Senado, que descrevo em meu livro *A audácia da esperança*. Dias depois de conquistar a designação do Partido Democrata, recebi um e-mail de um médico dizendo que, embora tivesse votado em mim nas primárias de Illinois, tinha uma séria preocupação que talvez o impedisse de votar em mim na eleição geral. Ele se apresentava como um cristão de fortes convicções em favor do respeito à vida — mas não era isso que possivelmente o impediria de votar em mim.

O que incomodava esse médico era um trecho de um texto postado no meu site pela minha equipe de campanha— um texto segundo o qual eu combateria "ideólogos de direita que querem privar as mulheres do direito de escolha". O médico dizia que partira do princípio de que eu era uma pessoa razoável, que apoiava minhas iniciativas para ajudar os pobres e melhorar nosso sistema educacional, mas acrescentava que, se eu de fato acreditava que todo indivíduo contrário ao aborto era simplesmente um ideólogo querendo infligir sofrimento às mulheres, então eu não era muito razoável. Escrevia ele: "Não peço que o senhor se oponha ao aborto, apenas que use palavras justas para falar do assunto." Palavras justas.

Depois de ler a carta do médico, escrevi de volta para lhe agradecer. Não mudei minha posição fundamental, mas de fato instruí minha equipe a alterar o texto no meu site. E naquela noite fiz uma oração para ser capaz de aplicar aos outros a mesma presunção de boa-fé que o médico havia aplicado a mim. Porque, quando fazemos isto — quando abrimos nossos corações e nossas mentes àqueles que talvez não pensem exatamente como nós nem acreditem exatamente no que acreditamos —, descobrimos pelo menos a possibilidade de um terreno comum.

É quando começamos a dizer: "Talvez não cheguemos a um acordo na questão do aborto, mas pelo menos podemos concordar em que uma decisão tão dolorosa para qualquer mulher não pode ser tomada de maneira negligente, pois tem dimensões tanto morais quanto espirituais."

Vamos então trabalhar juntos para reduzir o número de mulheres que recorrem ao aborto, vamos reduzir o número de gravidezes indesejadas. Vamos facilitar as adoções. Vamos proporcionar atendimento e apoio às mulheres que de fato levam a gravidez até o fim. Vamos honrar a consciência daqueles que discordam do aborto, redigir uma cláusula de consciência sensata, certificar-nos de que todas as nossas políticas de assistência de saúde sejam assentadas não apenas na solidez dos parâmetros científicos, mas também em uma ética clara e no respeito à igualdade das mulheres. São coisas que podemos fazer.

Mas veja bem, turma de 2009, não estou dizendo que o debate em torno do aborto possa ou deva ser esquecido. Pois, por mais que queiramos escamoteá-lo — na verdade, embora saibamos que os pontos de vista da maioria dos americanos sobre a questão são complexos e até contraditórios —, o fato é que, em algum nível, os pontos de vista dos dois campos são irreconciliáveis. Cada um dos lados continuará expondo seus argumentos ao público com paixão e convicção. Mas, sem dúvida, podemos fazer isso sem reduzir os que pensam diferente à caricatura.

Corações abertos. Mentes abertas. Palavras justas. É um modo de vida que sempre esteve na tradição de Notre Dame. O padre Hesburgh falou longamente sobre como esta instituição é, ao mesmo tempo, um farol e uma encruzilhada. Um farol que se mantém distante, brilhando com a sabedoria da tradição católica, ao passo que a encruzilhada é onde "diferenças de cultura, religião e convicção podem conviver com a amizade, a civilidade, a hospitalidade e, especialmente, o amor". E quero fazer coro com ele e com padre John, dizendo como me sinto inspirado pela maturidade e pela responsabilidade com que esta turma encarou o debate em torno da cerimônia de hoje. Vocês são um exemplo daquilo que a Notre Dame representa.

Essa tradição de cooperação e entendimento é algo que aprendi há muitos anos — também com a ajuda da Igreja Católica.

Não fui criado em uma família particularmente religiosa, mas minha mãe me incutiu um senso de serviço e empatia que acabou fazendo com que eu me tornasse um organizador comunitário depois de me formar na faculdade. E um grupo de igrejas católicas de Chicago contribuiu para financiar uma organização conhecida como Developing Communities Project [Projeto de Desenvolvimento de Comunidades] e, assim, trabalhamos na melhoria das condições de vida nos bairros do South Side devastados com o fechamento da usina siderúrgica local.

A equipe era bem eclética — igrejas católicas e protestantes, organizadores judeus e afro-americanos, trabalhadores negros, brancos e hispânicos —, todos com experiências diferentes, todos com crenças diferentes. Mas todos aprendemos a trabalhar lado a lado, pois víamos nesses bairros outros seres humanos que precisavam de nossa ajuda para encontrar empregos e melhorar as escolas. Estávamos unidos, a serviço do outro.

E algo mais aconteceu no período que passei nesses bairros — talvez porque o pessoal da igreja na qual eu trabalhava se mostrasse tão receptivo e compreensivo; talvez por terem me convidado para seus cultos e cantado seus hinos comigo; talvez porque eu estivesse completamente sem dinheiro e eles me alimentassem. Talvez por ter testemunhado todas as obras que sua fé os levava a realizar, eu me senti impelido não apenas a trabalhar com a igreja, mas também a estar na igreja. Foi através desse serviço que fui levado ao Cristo.

E, na época, o cardeal Joseph Bernardin era o arcebispo de Chicago. Àqueles de vocês que são jovens demais para tê-lo conhecido ou ouvido falar nele: o cardeal era um homem bom e sábio. Um homem santo. Ainda me lembro dele falando em uma das primeiras reuniões de organização a que compareci, no South Side. Ele parecia, ao mesmo tempo, um farol e uma encruzilhada — sem medo de expressar suas opiniões em questões morais que iam da pobreza, da Aids e do aborto à pena de morte e a guerra nuclear. E, no entanto, o cardeal se mostrava afável e gentil em sua persuasão, sempre tentando unir as pessoas, sempre tentando encontrar pontos em comum. Pouco antes de sua morte, um repórter perguntou ao cardeal Bernardin como encarava seu ministério. E ele disse: "Não é possível pregar de fato o Evangelho sem tocar corações e mentes."

Meu coração e minha mente foram tocados por ele. Foram tocados pelas palavras e pelos atos dos homens e das mulheres com quem trabalhei em paróquias por toda a cidade de Chicago. E eu gostaria de pensar que tocamos os corações e as mentes das famílias cujas vidas ajudamos a mudar. Pois creio que esse é nosso maior dom.

Agora vocês, da turma de 2009, estão prestes a entrar na próxima fase de sua vida em uma época de grande incerteza. Serão chamados a ajudar a restabelecer um livre mercado que também seja justo para todos os que se disponham a trabalhar. Serão chamados a buscar novas fontes de energia que possam salvar nosso planeta; a dar às futuras gerações a mesma chance que tiveram de receber uma educação extraordinária. E, sejam vocês indivíduos atraídos para o serviço público ou simplesmente pessoas que fazem questão de ser cidadãos ativos, estarão expostos à maior quantidade de opiniões e ideias transmitidas através da maior variedade de meios de comunicação que já existiu. Ouvirão donos da verdade clamando na televisão a cabo, lerão blogs que alegam algum tipo de conhecimento definitivo e verão políticos fingindo saber do que estão falando. Em algumas ocasiões, podem ter a grande sorte de efetivamente ver questões importantes debatidas por pessoas que de fato sabem do que estão falando — pessoas bem-intencionadas, com mentes brilhantes e domínio dos fatos. Na verdade, desconfio que alguns de vocês estarão entre essas estrelas mais brilhantes.

E, neste mundo de alegações conflitantes a respeito do que é certo e do que é verdadeiro, tenham confiança nos valores de acordo com os quais foram criados e educados. Não tenham medo de manifestar sua opinião quando esses valores estiverem em jogo. Mantenham-se firmes em suas convicções e deixem que elas os guiem em sua jornada. Em outras palavras, posicionem-se como um farol.

Mas lembrem-se também de que podem se ver em uma encruzilhada. Lembrem-se também de que a suprema ironia da fé é que ela, necessariamente, admite a dúvida. Ela é a crença em coisas que não são vistas. Está além da nossa capacidade como seres humanos saber com certeza o que Deus planejou para nós ou o que quer de nós. E aqueles entre nós que acreditam precisam confiar que a Sua sabedoria é maior que a nossa.

Essa dúvida não deve comprometer nossa fé. Mas deve nos tornar mais humildes. Deve moderar nossas paixões, fazer com que desconfiemos de uma arrogância excessiva. Deve nos incitar a permanecermos abertos, curiosos e sedentos por continuar o debate espiritual e moral que teve início para tantos de vocês aqui em Notre Dame. E, em nossa vasta democracia, essa dúvida deve nos lembrar, mesmo quando nos apegamos à nossa fé, a persuadir, sempre que possível, por meio da razão, por meio do recurso a princípios universais, e não paroquiais, e, acima de tudo, pelo exemplo permanente das boas obras, da caridade, da bondade e do serviço que move corações e mentes.

Pois, se existe uma lei da qual podemos estar certos, é a lei que une as pessoas de todas as fés e aquelas que não seguem nenhuma fé. Não é mera coincidência que ela exista no cristianismo e no judaísmo; no islamismo e no hinduísmo; no budismo e no humanismo. Trata-se, naturalmente, da Regra de Ouro — o chamamento para tratar os outros como queremos ser tratados. O chamamento ao amor. O chamamento a servir. A fazer o possível para exercer uma diferença na vida daqueles com os quais compartilhamos o mesmo breve momento neste planeta.

Muitos de vocês aqui em Notre Dame — pelos dados mais recentes, mais de 80% — têm vivido essa lei do amor por meio do serviço prestado em escolas e hospitais; em agências de socorro internacional e organizações locais de caridade. Brennan é apenas um exemplo do que a sua turma realizou. Isso é incrivelmente impressionante, uma prova poderosa do legado desta instituição.

Agora vocês precisam levar essa tradição adiante. Transformá-la em um modo de vida. Porque, quando servimos, não apenas melhoramos nossa comunidade, mas também nos tornamos parte dessa comunidade. Muralhas são derrubadas. A cooperação é fomentada. E quando isto acontece — quando as pessoas deixam de lado suas divergências, ainda que por um momento, para trabalhar por um objetivo comum; quando lutam juntas, se sacrificam juntas e aprendem umas com as outras —, tudo se torna possível.

Afinal, aqui estou hoje, como presidente e como um afro-americano, no 55º aniversário da decisão da Suprema Corte sobre o processo de Brown contra o Conselho de Educação. Como sabemos, Brown foi o primeiro grande passo no desmantelamento da doutrina "separados mas iguais". No entanto, ainda seriam necessários alguns anos e um movimento nacional para realizar plenamente o sonho dos direitos civis para todos os filhos de Deus. Houve passeatas pela liberdade, balcões de lanchonete[*] e cassetetes, e houve também a Comissão de Direitos Civis nomeada pelo presidente Eisenhower. Foram

---

[*] Referência a manifestações de luta pelos direitos civis dos negros que consistiam em sentar em áreas atribuídas exclusivamente a brancos em lanchonetes dos estados do Sul do país, na década de 1960. (*N. do T.*)

as 12 resoluções recomendadas por essa comissão que acabaram se tornando lei: a Lei dos Direitos Civis de 1964.

Essa comissão tinha seis integrantes. Havia cinco brancos e um negro; democratas e republicanos; dois governadores de estados do Sul, o reitor de uma faculdade de Direito do Sul do país, o presidente de uma universidade do Meio-Oeste e o querido padre Ted Hesburgh, presidente da Notre Dame. Eles trabalharam durante dois anos e, por vezes, o presidente Eisenhower teve que intervir pessoalmente, pois nenhum hotel ou restaurante do Sul se dispunha a atender conjuntamente os integrantes brancos e o integrante negro da comissão. Por fim, quando chegaram a um impasse em Louisiana, o padre Ted pegou um avião com todos eles para o retiro da Notre Dame em Land O'Lakes, Wisconsin — onde eles, afinal, superaram suas divergências e chegaram a um acordo.

Anos depois, o presidente Eisenhower perguntou ao padre Ted como ele tinha sido capaz de selar um acordo entre homens de formações e crenças tão diferentes. E o padre Ted disse simplesmente que, no primeiro jantar em Wisconsin, eles descobriram que eram todos pescadores. E ele tratou de providenciar depressa um barco para um passeio no lago ao cair da noite. Todos pescaram, conversaram e mudaram o curso da história.

Não vou fingir que os desafios que enfrentamos serão fáceis, ou que as respostas virão rapidamente, ou que nossas divergências e divisões vão desaparecer em um passe de mágica — a vida não é simples assim. Nunca foi.

Mas, ao saírem daqui hoje, lembrem-se das lições do cardeal Bernardin, do padre Hesburgh, dos grandes e dos pequenos movimentos pela mudança. Lembrem-se de que cada um de nós, dotado da dignidade que todos os filhos de Deus possuem, tem a graça de se reconhecer no outro, de entender que buscamos todos o mesmo amor da família, a mesma realização plena de uma vida bem vivida. Lembrem-se de que, no fim das contas, somos todos, de alguma forma, pescadores.

No mínimo, essa consciência deve nos imbuir da convicção de que, pelo trabalho coletivo e pela providência divina, e também por meio de nossa disposição de apoiarmos uns aos outros, cada um com seu fardo, os Estados Unidos continuarão em sua jornada preciosa em direção àquela união mais perfeita. Parabéns, turma de 2009. Que Deus os abençoe, e que Deus abençoe os Estados Unidos da América.

"UM NOVO COMEÇO"

Pronunciamento na Universidade do Cairo

Cairo, Egito, 4 de junho de 2009

Em meio a um grande combate nacional em torno da assistência de saúde no verão de 2009, o presidente Obama viajou para o Cairo, no Egito, para fazer um discurso desafiando o mundo muçulmano a aceitar a "mão estendida" dos seus Estados Unidos. Disse verdades duras sobre o tratamento que os Estados Unidos conferiram a países do Oriente Médio no passado e sobre a necessidade de reforma nas sociedades árabes e muçulmanas. E, pela primeira vez, falou mais longamente sobre a fé muçulmana de seu pai, atiçando ainda mais a indignação de seus críticos americanos mais ruidosos e desconfiados. Os resultados da mão estendida de Obama ao mundo muçulmano foram desiguais, comprometidos pela Primavera Árabe, que, segundo certos analistas, foi alimentada pelas palavras calorosas pronunciadas no Cairo por aquele presidente americano novo e tão diferente.

SINTO-ME HONRADO POR estar na imemorial cidade do Cairo e ser recebido por duas instituições notáveis. Há mais de mil anos Al-Azhar tem sido um farol do conhecimento islâmico; e há mais de um século a

Universidade do Cairo tem sido uma fonte de progresso no Egito. Juntos, vocês representam a harmonia entre tradição e progresso. Sou grato por sua hospitalidade e pela hospitalidade do povo egípcio. E também me orgulho de trazer comigo a boa vontade do povo americano e saudações de paz das comunidades muçulmanas do meu país: *Assalaamu alaykum*.

Aqui nos encontramos em uma época de grande tensão entre os Estados Unidos e os muçulmanos de todo o mundo — uma tensão enraizada em forças históricas que vão além de qualquer debate político atual. A relação entre o Islã e o Ocidente inclui séculos de coexistência e cooperação, mas também conflito e guerras religiosas. Mais recentemente, a tensão foi alimentada pelo colonialismo, que negou direitos e oportunidades a muitos muçulmanos, e por uma Guerra Fria na qual países de maioria muçulmana eram, com demasiada frequência, tratados como elementos secundários, sem consideração por suas próprias aspirações. Além disso, as vastas mudanças ocasionadas pela modernidade e pela globalização levaram muitos muçulmanos a considerar o Ocidente hostil às tradições do Islã.

Extremismos violentos exploraram essas tensões em uma pequena, mas influente, minoria de muçulmanos. Os atentados de 11 de setembro de 2001 e o constante empenho desses extremistas em promover atos de violência contra civis levaram alguns no meu país a considerar o Islã, inevitavelmente, hostil não só aos Estados Unidos e aos países ocidentais, mas também aos direitos humanos. Tudo isso tem gerado mais medo e mais desconfiança.

Enquanto nossas relações forem definidas por nossas diferenças, continuaremos a fortalecer os que semeiam o ódio e não a paz, os que promovem o conflito e não a cooperação capaz de ajudar todo o nosso povo a alcançar a justiça e a prosperidade. E esse ciclo de desconfiança e discórdia precisa acabar.

Vim ao Cairo em busca de um recomeço entre os Estados Unidos e os muçulmanos de todo o mundo, com base em interesses recíprocos, no respeito mútuo e na verdade de que os Estados Unidos e o Islã não são excludentes nem precisam competir. Pelo contrário, se sobrepõem e compartilham princípios comuns — princípios de justiça e progresso; tolerância e dignidade para todos os seres humanos.

E o faço admitindo que a mudança não pode ocorrer da noite para o dia. Sei que houve muita publicidade em torno deste discurso, mas nenhum discurso seria capaz por si só de erradicar anos de desconfiança, nem posso responder no tempo de que disponho esta tarde a todas as questões complexas que nos trouxeram até aqui. Mas estou convencido de que, para seguir em frente, precisamos dizer abertamente uns aos outros as coisas que trazemos no coração e que com demasiada frequência só são ditas por trás de portas fechadas. É necessário um esforço constante de escuta recíproca, de aprendizado recíproco, de respeito mútuo e de busca de um terreno comum. Como nos ensina o Sagrado Corão: "Tenha consciência de Deus e diga sempre a verdade." É o que tentarei fazer hoje — dizer a verdade da melhor maneira ao meu alcance, com um sentimento de humildade diante da tarefa que temos pela frente e firme na convicção de que os interesses que compartilhamos como seres humanos são muito mais poderosos que as forças que nos separam.

Parte dessa convicção tem raiz em minha própria experiência. Sou cristão, mas meu pai vinha de uma família do Quênia que inclui gerações de muçulmanos. Ainda menino, passei vários anos na Indonésia e ouvia o chamado do *azan* ao romper da aurora e ao cair da noite. Já rapaz, trabalhei em comunidades de Chicago nas quais muitos encontravam a dignidade e a paz em sua fé muçulmana.

Como estudante de história, também conheço a dívida da civilização para com o Islã. Foi o Islã — em lugares como Al-Azhar — que sustentou a luz do conhecimento ao longo de tantos séculos, abrindo caminho para o Renascimento e o Iluminismo europeus. Foi a inovação em comunidades muçulmanas que desenvolveu a ordem da álgebra, nossa bússola magnética e os instrumentos de navegação, nosso domínio das canetas e da impressão, nossa compreensão da maneira como as doenças se disseminam e como podem ser curadas. A cultura islâmica nos deu arcos majestosos e torres altivas, poesia eterna e música que fala ao coração, caligrafia elegante e lugares de contemplação pacífica. E, ao longo da história, o Islã demonstrou com palavras e atos as possibilidades da tolerância religiosa e da igualdade racial.

Também sei que o Islã sempre foi parte da história dos Estados Unidos. O primeiro país a reconhecer o meu foi o Marrocos. Ao assinar o Tratado de Trípoli, em 1796, nosso segundo presidente, John Adams, escreveu: "Os Estados Unidos não trazem em si qualquer caráter de inimizade contra as leis, a religião e a tranquilidade dos muçulmanos." E, desde nossa fundação, muçulmanos americanos têm contribuído para enriquecer os Estados Unidos. Combateram em nossas guerras, serviram em nosso governo, posicionaram-se pelos direitos civis, empreenderam, lecionaram em nossas universidades, destacaram-se em nossos estádios esportivos, ganharam Prêmios Nobel, construíram nosso prédio mais alto e acenderam a tocha olímpica. E, durante seu recente juramento, o primeiro americano muçulmano eleito para o Congresso se comprometeu a defender nossa Constituição sobre o mesmo Sagrado Corão que um dos nossos Pais da Pátria — Thomas Jefferson — guardava em sua biblioteca pessoal.

Portanto, estive em contato com o Islã em três continentes antes de visitar a região onde ele foi revelado. Essa experiência fundamenta minha convicção de que a parceria entre os Estados Unidos e o Islã deve se basear naquilo que o Islã é, e não no que não é. E considero que é parte de minha responsabilidade como presidente dos Estados Unidos combater os estereótipos negativos do Islã onde quer que se manifestem.

Mas esse mesmo princípio deve se aplicar à visão muçulmana em relação aos Estados Unidos. Assim como os muçulmanos nada têm a ver com um estereótipo grosseiro, os Estados Unidos não são o estereótipo grosseiro do império voltado exclusivamente para os próprios interesses. Os Estados Unidos têm sido uma das maiores fontes de progresso já vistas no mundo. Surgimos de uma revolução contra um império. Fomos fundados com base no ideal de que todos são criados iguais e derramamos sangue e combatemos durante séculos para conferir significado a essas palavras — dentro de nossas fronteiras e em todo o mundo. Fomos moldados por todas as culturas, derivamos de cada recanto da Terra e nos dedicamos a um conceito simples: *E pluribus uem um* — "De muitos, um só."

Já foram feitos muitos comentários sobre o fato de um afro-americano chamado Barack Hussein Obama ter sido eleito presidente. Mas minha história pessoal não é assim tão única. O sonho das oportunidades para todos não se realizou para todo mundo nos Estados Unidos, mas sua promessa existe para todos que chegam a nossas terras — o que inclui quase 7 milhões de muçulmanos americanos em nosso país hoje, os quais, por sinal, desfrutam de rendas e níveis educacionais mais elevados que os da média dos americanos.

Além disso, a liberdade nos Estados Unidos é inseparável da liberdade de credo. É por isso que existe uma mesquita em cada um dos estados de nossa união, e mais de 1.200 mesquitas dentro de nossas fronteiras. É por isso que o governo dos Estados Unidos foi aos tribunais para proteger o direito de mulheres e meninas de usarem o hijab e para punir aqueles que o negassem.

Que não haja dúvida, portanto: o Islã é parte dos Estados Unidos. E eu acredito que os Estados Unidos trazem em si a verdade de que, independentemente de raça, religião ou posição social, todos compartilhamos aspirações comuns: viver em paz e segurança; receber educação e trabalhar com dignidade; amar nossas famílias, nossas comunidades e nosso Deus. São coisas que compartilhamos. É a esperança de toda a humanidade.

Naturalmente, o reconhecimento de nossa humanidade comum é apenas o início de nossa tarefa. As palavras não são por si sós capazes de atender às necessidades de nosso povo. Essas necessidades só serão atendidas se agirmos com coragem nos anos que vêm pela frente, se entendermos que os desafios que enfrentamos são comuns e que, se não conseguirmos enfrentá-los, todos seremos prejudicados.

Pois aprendemos com a experiência recente que, quando um sistema financeiro é debilitado em um país, a prosperidade fica prejudicada no mundo inteiro. Quando um novo vírus da gripe infecta um ser humano, todos correm risco. Quando uma nação tenta obter uma arma nuclear, o risco de um ataque nuclear aumenta para todas as nações. Quando extremistas violentos agem em uma cadeia de montanhas, o perigo se estende aos que estão do outro lado do oceano. Quando inocentes são massacrados na Bósnia e em Darfur, nossa consciência coletiva é maculada. É isso que compartilhar este mundo no século XXI significa. É essa a responsabilidade que temos uns para com os outros como seres humanos.

E é uma responsabilidade difícil de acolher. Com frequência, a história humana tem sido uma narrativa de nações e tribos — e, sim, religiões — subjugando umas às outras em função dos próprios interesses. Mas nesta nova era tais atitudes são autodestrutivas. Considerando-se nossa interdependência, é inevitável o fracasso de qualquer ordem mundial que eleve uma nação ou um grupo de pessoas acima dos demais. Assim, não importa o que pensemos do passado, não podemos ser prisioneiros dele. Nossos problemas precisam ser enfrentados através da parceria; nosso progresso tem que ser compartilhado.

Isso não significa que devamos ignorar fontes de tensão. Na verdade, aponta em sentido contrário: precisamos encarar essas tensões de frente. E é nesse espírito que quero falar do modo mais claro e direto possível sobre certas questões específicas que acredito temos que finalmente enfrentar juntos.

A primeira questão que precisamos enfrentar é o extremismo violento em todas as suas formas.

Em Ancara, deixei claro que os Estados Unidos não estão — nem jamais estarão — em guerra contra o Islã. Mas vamos confrontar de modo incansável os extremistas violentos que representam uma grave ameaça para nossa segurança — pois rejeitamos exatamente o mesmo que pessoas de todas as crenças rejeitam: a matança de homens, mulheres e crianças inocentes. E meu primeiro dever como presidente é proteger o povo americano.

A situação no Afeganistão ilustra bem os objetivos dos Estados Unidos e nossa necessidade de trabalhar juntos. Há mais de sete anos, os Estados Unidos enfrentaram a Al-Qaeda e os talibãs, com amplo apoio internacional. Não o fizemos por escolha, mas por necessidade. Sei que ainda há quem questione ou até justifique os acontecimentos do 11 de setembro. Mas sejamos claros: a Al-Qaeda matou quase 3 mil pessoas naquele dia. As vítimas eram homens, mulheres e crianças inocentes dos Estados Unidos e de muitos outros países, que nada tinham feito para prejudicar ninguém. Apesar disso, a Al-Qaeda decidiu assassinar essas pessoas de forma brutal, assumiu a responsabilidade pelo atentado e ainda hoje reafirma sua determinação de continuar matando em grande escala. Eles têm seguidores em muitos países e estão tentando ampliar seu alcance. Essas coisas não são opiniões a serem debatidas, e sim fatos a serem enfrentados.

Mas não se enganem: não queremos manter nossas tropas no Afeganistão. Não queremos ter bases militares lá. Para os Estados Unidos, é uma agonia perder nossos jovens, homens e mulheres. Manter esse conflito é caro e politicamente difícil. Chamaríamos com alegria cada uma de nossas tropas de volta para casa se estivéssemos seguros de que não há extremistas violentos no Afeganistão e, agora, no Paquistão, dispostos a matar o maior número possível de americanos. Mas esse ainda não é o caso.

E é por isso que nos unimos a uma coalizão de 46 países. E, apesar dos custos envolvidos, o comprometimento dos Estados Unidos não fraquejará. Na verdade, nenhum de nós deveria tolerar esses extremistas. Eles já mataram em muitos países. Mataram pessoas de diferentes crenças — e, em sua maioria, mataram muçulmanos. Seus atos são irreconciliáveis com os direitos dos seres humanos, com o progresso das nações e com o Islã. O Sagrado Corão nos ensina que, quando alguém mata um inocente, é como se tivesse matado toda a humanidade. E o Sagrado Corão também diz que, quando alguém salva uma pessoa, é como se tivesse salvo toda a humanidade. A fé constante de mais de 1 bilhão de pessoas é muito maior que o ódio tacanho de uns poucos. O Islã não é parte do problema no combate ao extremismo violento — ele é uma parte importante da promoção da paz.

Mas nós também sabemos que a força militar por si só não vai resolver os problemas no Afeganistão e no Paquistão. É por isso que planejamos investir 1,5 bilhão de dólares anualmente nos próximos cinco anos para, em parceria com os paquistaneses, construir escolas e hospitais, estradas e empresas, e mais centenas de milhões para ajudar as pessoas que foram deslocadas. É por isso que forneceremos mais de 2,8 bilhões de dólares para ajudar os afegãos a desenvolver sua economia e fornecer serviços de que as pessoas dependem.

Quero aqui também tratar da questão do Iraque. Ao contrário do Afeganistão, o Iraque foi uma guerra escolhida que provocou fortes divergências no meu país e em todo o mundo. Embora eu considere que o povo iraquiano, em última análise, está em melhor situação sem a tirania de Saddam Hussein, também acredito que os acontecimentos no Iraque lembraram aos Estados Unidos a necessidade de recorrer à diplomacia e de construir um consenso internacional para resolver nossos problemas, sempre que possível. Na verdade, podemos recordar as palavras de Thomas Jefferson, que disse: "Espero que nossa sabedoria aumente proporcionalmente ao nosso poder e nos ensine que, quanto menos usarmos nosso poder, maior ele será."

Hoje, os Estados Unidos têm uma dupla responsabilidade: ajudar o Irã a forjar um futuro melhor e entregar o Iraque aos iraquianos. E já deixei claro ao povo iraquiano que não estamos interessados em bases militares nem em reivindicações sobre seu território ou seus recursos. A soberania do Iraque pertence ao Iraque. Por isso, ordenei a retirada de nossas brigadas de combate até o próximo mês de agosto. É por isso que vamos honrar nosso acordo com o governo democraticamente eleito do Iraque de retirar as tropas de combate das cidades iraquianas até julho e retirar todas as nossas tropas até 2012. Ajudaremos o Iraque a treinar suas forças de segurança e desenvolver sua economia. Mas vamos apoiar um Iraque seguro e unido como parceiros, e jamais como benfeitores.

Por fim, assim como os Estados Unidos jamais podem tolerar a violência dos extremistas, nunca devemos alterar ou esquecer nossos princípios. O 11 de Setembro foi um enorme trauma para nosso país. O medo e a indignação que esse evento provocou foram compreensíveis, mas, em certos casos, nos levaram a agir contra nossas tradições e nossos ideais. Estamos tomando medidas concretas para mudar de rumo. Proibi inequivocamente o uso da tortura pelos Estados Unidos e ordenei que a prisão da baía de Guantánamo seja fechada até o início do próximo ano.

Portanto, os Estados Unidos vão se defender respeitando a soberania das nações e o império da lei. E o faremos em parceria com comunidades muçulmanas igualmente ameaçadas. Quanto mais cedo os extremistas forem isolados e rejeitados nas comunidades muçulmanas, mais cedo todos nós estaremos em segurança.

A segunda grande causa de tensão que precisamos discutir é a situação entre israelenses, palestinos e o mundo árabe.

O forte vínculo dos Estados Unidos com Israel é conhecido de todos. Esse vínculo é indestrutível. Baseia-se em laços culturais e históricos e no reconhecimento de que a aspiração a uma pátria judaica tem raízes em uma história trágica que não pode ser negada.

Em todo o mundo, os judeus foram perseguidos durante séculos e, na Europa, o antissemitismo culminou em um Holocausto sem precedentes. Amanhã, vou visitar Buchenwald, que fazia parte de uma rede de campos nos quais judeus foram escravizados, torturados, abatidos a tiros e mortos em câmaras de gás pelo Terceiro Reich. Seis milhões de judeus foram mortos — mais que toda a atual população judia de Israel. Negar esse fato não faz sentido, significa ignorância, significa ódio. Ameaçar Israel de destruição — ou repetir estereótipos odiosos sobre os judeus — é profundamente errado e serve apenas para evocar na mente dos israelenses as lembranças mais dolorosas e, ao mesmo tempo, impedir a paz que os povos da região merecem.

Por outro lado, também é inegável que o povo palestino — muçulmanos e cristãos — tem sofrido na busca de uma pátria. Há mais de 60 anos eles sofrem a dor do deslocamento. Muitos aguardam uma vida de paz e segurança de que nunca puderam desfrutar em campos de refugiados na Cisjordânia, em Gaza e em territórios vizinhos. Suportam as humilhações diárias — grandes e pequenas — ligadas à ocupação. Portanto, não pode haver dúvida: a situação do povo palestino é intolerável. E os Estados Unidos não darão as costas à legítima aspiração palestina de dignidade, oportunidade e um Estado próprio.

Há décadas, portanto, prevalece um impasse: dois povos com aspirações legítimas, cada um deles com uma história dolorosa que torna difícil um acordo. É fácil designar culpados — é fácil para os palestinos apontar o deslocamento causado pela fundação de Israel e, para os israelenses, apontar a hostilidade constante e os atentados ao longo de sua história, tanto dentro quanto fora de suas fronteiras. Mas, se encararmos esse conflito apenas de um ponto de vista ou do outro, permaneceremos cegos à verdade: a única solução consiste em atender às aspirações de ambos os lados, com dois Estados, nos quais israelenses e palestinos possam viver em paz e segurança.

Isso é do interesse de Israel, é do interesse da Palestina, é do interesse dos Estados Unidos e é do interesse do mundo. E é por isso que pretendo buscar esse resultado pessoalmente, com toda a paciência e a dedicação que a tarefa exige. As obrigações que as partes aceitaram no plano em curso são claras. Para que a paz chegue, está na hora de elas e todos nós assumirmos nossas responsabilidades.

Os palestinos precisam renunciar à violência. A resistência por meio da violência e das matanças é um equívoco, e não é bem-sucedida. Durante séculos, os negros dos Estados Unidos foram submetidos a chicotadas como escravos e à humilhação da segregação. Mas não foi a violência que conquistou direitos iguais e plenos. Foi a insistência pacífica e decidida nos ideais que estão na base da fundação dos Estados Unidos. Essa mesma história pode ser contada por povos que vão da África do Sul ao Sul da Ásia, da Europa Oriental à Indonésia. É uma historia que contém uma verdade simples: a violência é um beco sem saída. Não é sinal de coragem nem de poder disparar foguetes contra crianças que dormem ou matar mulheres idosas com bombas em um ônibus. Não é assim que se assume autoridade moral; desse modo, está se abrindo mão dela.

Está na hora de os palestinos se concentrarem no que são capazes de construir. A Autoridade Palestina precisa desenvolver sua capacidade de governar, com instituições que atendam às necessidades de seu povo. O Hamas de fato conta com apoio entre alguns palestinos, mas eles também precisam reconhecer que têm responsabilidades. Para desempenhar um papel na concretização das aspirações palestinas, para unir o povo palestino, o Hamas precisa acabar com a violência, reconhecer os acordos firmados, reconhecer o direito de Israel existir.

Ao mesmo tempo, os israelenses precisam reconhecer que, assim como o direito de Israel existir não pode ser negado, tampouco pode o da Palestina. Os Estados Unidos não aceitam a legitimidade dos assentamentos israelenses permanentes. Essa construção viola acordos anteriores e solapa os esforços para alcançar a paz. Está na hora de pôr fim a esses assentamentos.

E Israel também precisa cumprir sua obrigação de garantir que os palestinos possam viver, trabalhar e desenvolver sua sociedade. A permanente crise humanitária em Gaza destrói as famílias palestinas e não serve aos interesses da segurança de Israel; a constante falta de oportunidades na Cisjordânia tampouco ajuda. Os progressos na vida cotidiana do povo palestino precisam representar uma parte fundamental de um caminho para a paz, e Israel tem que tomar medidas concretas para permitir esse progresso.

Por fim, os países árabes precisam reconhecer que a Iniciativa de Paz Árabe foi um começo importante, mas não o fim de suas responsabilidades. O conflito árabe-israelense não deve mais ser usado para distrair os povos dos países árabes de outros problemas. Pelo contrário, deve ser motivo de ação, para ajudar o povo palestino a desenvolver as instituições capazes de dar sustentação a seu Estado, reconhecer a legitimidade de Israel e escolher o progresso, e não uma atenção autodestrutiva voltada para o passado.

Os Estados Unidos vão alinhar suas políticas com aqueles que buscam a paz, e vamos dizer em público o que dizemos em particular a israelenses e palestinos e árabes. Não podemos impor a paz. Mas, em caráter privado, muitos muçulmanos reconhecem que Israel veio para ficar. Da mesma forma, muitos israelenses reconhecem a necessidade de um Estado palestino. Está na hora de agirmos em função do que todos sabem ser verdade. Lágrimas demais já foram derramadas. Sangue demais já foi vertido. Temos, todos, a responsabilidade de trabalhar pelo dia em que as mães de israelenses e palestinos possam ver seus filhos crescerem sem medo; o dia em que a Terra Santa das três grandes religiões seja o lugar de paz que deveria ser pela vontade de Deus; o dia em que Jerusalém seja a casa segura e duradoura de judeus, cristãos e muçulmanos, um lugar onde todos os filhos de Abraão possam conviver pacificamente, como na história de Isra, quando Moisés, Jesus e Maomé, que estejam em paz, uniram-se em prece.

A terceira causa de tensão é o nosso interesse comum nos direitos e nas responsabilidades das nações em relação às armas nucleares.

Essa questão tem causado tensões entre os Estados Unidos e a República Islâmica do Irã. Durante muitos anos, o Irã tem se definido, em parte, pela oposição a meu país, e de fato existe uma história turbulenta entre nós. Em plena Guerra Fria, os Estados Unidos desempenharam um papel na derrubada de um governo iraniano democraticamente eleito. Desde a Revolução Islâmica, o Irã vem desempenhando um papel em atos de tomada de reféns e violência contra militares e civis americanos. Essa história é bem conhecida. Em vez de ficar preso ao passado, deixei claro aos dirigentes e ao povo iranianos que meu país está disposto a seguir em frente. A questão, agora, não é saber contra o que o Irã se posiciona, mas que futuro quer construir.

Reconheço que será difícil superar décadas de desconfiança, mas avançaremos com coragem, retidão e determinação. Haverá muitas questões a discutir entre nossos dois países, e estamos dispostos a ir em frente sem précondições, na base do respeito mútuo. Mas está claro para todos os envolvidos que, em se tratando de armas nucleares, chegamos a um ponto decisivo. Não se trata apenas dos interesses dos Estados Unidos. Trata-se de prevenir uma corrida armamentista nuclear no Oriente Médio que poderia conduzir a região e o mundo inteiro por um caminho extremamente perigoso.

Entendo aqueles que protestam, lembrando que certos países dispõem de armas que não estão ao alcance de outros. Nenhuma nação tem o direito de decidir quais países podem ter armas nucleares. E é por isso que reafirmei enfaticamente o compromisso americano de buscar um mundo em que nenhuma nação tenha armas nucleares. E qualquer país — inclusive o Irã — deve ter direito de acesso à energia nuclear pacífica se assumir suas responsabilidades estabelecidas no Tratado de Não Proliferação Nuclear. Esse compromisso está no cerne do tratado e precisa ser mantido por todos aqueles que estejam dispostos a cumpri-lo integralmente. Tenho esperança de que todos os países da região possam compartilhar desse objetivo.

A quarta questão que quero abordar é a democracia.

Sei que, nos últimos anos, tem ocorrido uma polêmica a respeito da promoção da democracia, e boa parte dela está relacionada à Guerra no Iraque. Quero, portanto, ser bem claro: nenhum sistema de governo pode ou deve ser imposto a determinado país por qualquer outro.

No entanto, isso não diminui meu compromisso com governos que reflitam a vontade do povo. Cada nação confere vida a esse princípio à sua própria maneira, com base nas tradições de seu próprio povo. Os Estados Unidos não presumem saber o que é melhor para todos, assim como não pretenderíamos escolher o resultado de uma eleição pacífica. Mas eu tenho a convicção inabalável de que todos os povos anseiam por certas coisas: a possibilidade de expressar suas ideias e de participar da decisão sobre como são governados, a confiança no império da lei e na equanimidade da justiça, um governo transparente que não roube do povo, a liberdade de viver como se queira. Estas não são apenas ideias americanas; são direitos humanos. E é por isso que as apoiaremos, onde quer que seja.

Não existe uma demarcação precisa para a concretização dessa promessa. Mas uma coisa é certa: os governos que protegem esses direitos são, em última análise, mais estáveis, bem-sucedidos e seguros. A repressão de ideias nunca é capaz de eliminá-las. Os Estados Unidos respeitam o direito que todas as vozes pacíficas e respeitosas da lei têm de serem ouvidas em todo o mundo, mesmo quando discordamos delas. E receberemos de braços abertos todos os governos eleitos e pacíficos — desde que governem com respeito a todo o seu povo.

Este último ponto é importante porque existem aqueles que só saem em defesa da democracia quando não estão no poder; uma vez no poder, mostram-se implacáveis na repressão dos direitos dos outros. Assim, onde quer que se estabeleça, o governo do povo pelo povo estabelece um padrão único para todos aqueles que assumem o poder: é necessário manter o poder pelo consentimento, e não pela coerção; é necessário respeitar os direitos das minorias e participar com espírito de tolerância e entendimento; é necessário colocar os direitos do povo e o funcionamento legítimo do processo político acima do próprio partido. Sem estes ingredientes, as eleições por si sós não constituem uma democracia verdadeira.

MEMBRO DO PÚBLICO: Barack Obama, nós te amamos!

PRESIDENTE: Obrigado. A quinta questão que devemos abordar juntos é a liberdade religiosa.

O Islã tem uma bela tradição de tolerância. É o que vemos na história da Andaluzia e de Córdoba, durante a Inquisição. Foi o que pude ver pessoalmente em minha infância na Indonésia, onde cristãos devotos praticavam livremente sua fé em um país de esmagadora maioria muçulmana. É desse espírito que precisamos hoje. Em qualquer país, todos deveriam ter liberdade de escolher e viver sua fé com base na persuasão da mente, do coração e da alma. Essa tolerância é essencial para que a religião possa prosperar, mas vem sendo impedida de muitas maneiras diferentes.

Entre certos muçulmanos, existe uma tendência perturbadora a medir a própria fé em função da rejeição da fé de outros. A riqueza da diversidade religiosa precisa ser preservada — seja no caso dos maronitas no Líbano ou dos coptas no Egito. E, para sermos honestos, também há fissuras a serem preenchidas entre os muçulmanos, pois as divisões entre sunitas e xiitas levaram a uma violência trágica, especialmente no Iraque.

A liberdade religiosa é um fator fundamental na capacidade dos povos de conviver. Precisamos, sempre, examinar as maneiras como a protegemos. Nos Estados Unidos, por exemplo, as normas que regem as doações de caridade têm dificultado que os muçulmanos cumpram suas obrigações religiosas. Por isso, estou empenhado em trabalhar com os muçulmanos americanos para garantir que possam cumprir o preceito do zakat.*

Da mesma forma, é importante que os países ocidentais evitem impedir que cidadãos muçulmanos pratiquem a religião como quiserem — por exemplo, determinando que roupas uma muçulmana deve usar. Não podemos disfarçar a hostilidade contra alguma religião com a desculpa do liberalismo.

---

* Um dos cinco pilares do Islã, a doação anual de uma contribuição financeira para fins religiosos ou caritativos na comunidade. (*N. do T.*)

Na verdade, a fé deveria nos unir. E é por isso que estamos criando nos Estados Unidos projetos de serviço para unir cristãos, muçulmanos e judeus. Por isso, damos as boas-vindas a esforços como o diálogo inter-religioso do rei Abdula, da Arábia Saudita, e a liderança da Turquia na Aliança das Civilizações. Em todo o mundo, podemos transformar o diálogo em serviço inter-religioso, para que as pontes lançadas entre os povos se transformem em ação — seja combatendo a malária na África ou proporcionando socorro depois de uma catástrofe natural.

A sexta questão que quero abordar são os direitos das mulheres. Sei, e isso pode ser visto nesta plateia, que existe um debate saudável a esse respeito. Não aceito a visão de alguns no Ocidente de que uma mulher que escolhe cobrir os cabelos não desfruta de igualdade, mas considero que negar o acesso à educação de uma mulher é também negar sua igualdade. E não é mera coincidência que os países nos quais as mulheres são bem-educadas tenham uma probabilidade muito maior de ser prósperos.

Quero ser claro: as questões da igualdade feminina não são, de modo algum, exclusivas do Islã. Na Turquia, no Paquistão, em Bangladesh, na Indonésia, vimos que países de maioria muçulmana podem eleger uma mulher para a liderança. Enquanto isso, a luta pela igualdade das mulheres prossegue em muitos aspectos da vida americana e em países do mundo inteiro.

Estou convencido de que nossas filhas são tão capazes de contribuir para a sociedade quanto nossos filhos. Nossa prosperidade comum será promovida ao permitirmos que toda a humanidade — homens e mulheres — realizem todo o seu potencial. Não acredito que as mulheres tenham que fazer as mesmas escolhas que os homens para alcançar a igualdade, e respeito aquelas que optam por levar a vida em papéis tradicionais. Mas a escolha deve ser delas. E é por isso que os Estados Unidos se dispõem a colaborar com qualquer país de maioria muçulmana para ampliar a alfabetização das meninas e ajudar mulheres jovens a buscar emprego mediante microfinanciamentos que contribuam para realizar os sonhos de cada um.

Por fim, quero discutir o desenvolvimento e as oportunidades na economia.

Sei que para muitos a face da globalização é contraditória. A internet e a televisão podem levar conhecimento e informação, mas também sexualidade ofensiva e violência desconsiderada para dentro de casa. O comércio pode gerar mais riqueza e oportunidades, mas também enormes rupturas e mudanças nas comunidades. Em todos os países — inclusive nos Estados Unidos —, essa mudança pode gerar medo. Medo de que, em virtude da modernidade, percamos o controle de nossas escolhas econômicas, de nossa política e, sobretudo, de nossa identidade — das coisas que mais valorizamos em nossas comunidades, em nossas famílias, em nossas tradições e em nossa fé.

Mas também sei que o progresso humano não pode ser negado. Não é necessário que haja contradições entre desenvolvimento e tradição. Países como o Japão e a Coreia do Sul promoveram um enorme crescimento de suas economias ao mesmo tempo em que preservaram culturas distintas. O mesmo se aplica ao incrível progresso verificado em países de maioria muçulmana, de Kuala Lumpur a Dubai. Nos tempos antigos e na nossa época, as comunidades muçulmanas têm estado na linha de frente da inovação e da educação.

E isso é importante porque nenhuma estratégia de desenvolvimento pode se basear apenas no que sai da terra nem se sustentar se os jovens estiverem desempregados. Muitos países do Golfo têm desfrutado de grande riqueza em consequência do petróleo, e alguns começam a aplicá-la em uma estratégia de desenvolvimento mais amplo. Mas todos nós precisamos reconhecer que a educação e a inovação serão a moeda do século XXI — e em muitas comunidades muçulmanas persiste um investimento insuficiente nessas áreas. Venho dando ênfase a esse tipo de investimento em meu próprio país. Embora, no passado, os Estados Unidos tenham voltado sua atenção para o petróleo e o gás nas relações com esta região, hoje nós buscamos um envolvimento mais amplo.

Em matéria de educação, vamos expandir programas de intercâmbio e investir mais em bolsas de estudo, como aquela que levou meu pai aos Estados Unidos. Ao mesmo tempo, vamos estimular mais americanos a estudar em comunidades muçulmanas. E vamos encaminhar estudantes muçulmanos promissores para estágios nos Estados Unidos, investir no aprendizado on-line para professores e crianças de todo o mundo e criar uma nova rede on-line, para que um jovem em Kansas possa se comunicar instantaneamente com um jovem no Cairo.

No terreno do desenvolvimento econômico, criaremos um novo corpo de voluntários, voltado para o empreendimento e para parcerias com organizações equivalentes em países de maioria muçulmana. E vou promover uma Reunião de Cúpula sobre Empreendedorismo este ano para identificar como podemos aprofundar os laços entre líderes empresariais, fundações e empreendedores sociais no Estados Unidos e nas comunidades muçulmanas de todo o mundo.

No terreno da ciência e tecnologia, lançaremos um novo fundo de apoio ao desenvolvimento tecnológico nos países de maioria muçulmana e de ajuda à transferência de ideias para o mercado, para que possam gerar mais empregos. Abriremos centros de excelência científica na África, no Oriente Médio e no Sudeste Asiático, e designaremos novos emissários científicos para colaborar em programas de desenvolvimento de novas fontes de energia, de criação de empregos no campo da ecologia, na digitalização de arquivos, na limpeza da água e no plantação de novos cultivos. Anuncio hoje um novo esforço global com a Organização da Conferência Islâmica para erradicar a pólio. E também expandiremos as parcerias com comunidades muçulmanas para promover a saúde infantil e materna.

Todas essas coisas precisam ser feitas em parceria. Os americanos estão dispostos a colaborar com cidadãos e governos, organizações comunitárias, líderes religiosos e empresas em comunidades muçulmanas de todo o mundo, para ajudar nossos povos a terem uma vida melhor.

As questões a que me referi não serão fáceis de tratar. Mas temos a responsabilidade de nos unir em nome do mundo que buscamos — um mundo no qual os terroristas não mais ameacem nossos povos e no qual as tropas americanas tenham voltado para casa; um mundo no qual israelenses e palestinos estejam seguros em seus respectivos Estados e a energia nuclear seja usada para fins pacíficos; um mundo no qual os governos sirvam a seus cidadãos e os direitos de todos os filhos de Deus sejam respeitados. Estes são interesses recíprocos. Este é o mundo que buscamos. Mas só poderemos alcançá-lo juntos.

Sei que existem muitos — tanto muçulmanos quanto não muçulmanos — que questionam se de fato podemos forjar esse novo começo. Alguns se mostram ansiosos por insuflar as chamas da divisão e bloquear o caminho do progresso. Outros dão a entender que esse esforço não vale a pena — que estamos fadados a discordar, que as civilizações estão fadadas a entrar em conflito. Muitos outros se sentem céticos quanto à verdadeira possibilidade de ocorrerem mudanças. Há muito medo e muita desconfiança acumulados ao longo dos anos. Mas se optarmos por ficar presos ao passado, jamais seguiremos em frente. E quero dizer isto especialmente aos jovens de todas as crenças, em todos os países: vocês, mais que qualquer outra pessoa, têm a capacidade de reimaginar o mundo, de transformar este mundo.

Todos compartilhamos este mundo por apenas um breve momento. A questão é saber se gastamos esse tempo focando naquilo que nos separa ou se nos comprometemos com um esforço — um esforço constante — para encontrar pontos em comum, voltar a atenção para o futuro que queremos para nossos filhos e respeitar a dignidade de todos os seres humanos.

É mais fácil começar guerras do que acabar com elas. É mais fácil culpar os outros do que olhar para dentro. É mais fácil enxergar a diferença em alguém do que encontrar as coisas que compartilhamos. Mas precisamos escolher o caminho certo, não apenas o caminho fácil. Existe uma regra no cerne de toda religião: fazer aos outros o que gostaríamos que fizessem a nós. Esta verdade transcende nações e povos — uma crença que não é nova; que não é negra ou branca ou marrom; que não é cristã, nem muçulmana, nem judaica. É uma crença que palpitou no berço da civilização e que continua batendo nos corações de bilhões de seres humanos em todo o mundo. É uma fé no outro, e foi essa fé que me trouxe aqui hoje.

Temos o poder de construir o mundo que buscamos, mas apenas se tivermos a coragem de começar de novo, tendo em mente o que já foi escrito.

Diz o Sagrado Corão: "Ó, espécie humana! Nós os criamos machos e fêmeas; e os moldamos em nações e tribos para que conhecessem uns aos outros."

E o Talmude nos diz: "Toda a Torá tem o propósito de promover a paz."

A Bíblia Sagrada nos diz: "Abençoados sejam os pacificadores, pois serão chamados filhos de Deus."

Os povos do mundo podem viver juntos em paz. Sabemos que essa é a visão de Deus. Agora, ela precisa ser nossa missão aqui na Terra.

Obrigado. E que a paz de Deus esteja convosco.

"O GUERREIRO FELIZ"

Elogio fúnebre do senador Edward M. "Ted" Kennedy
BOSTON, MASSACHUSETTS, 29 DE AGOSTO DE 2009

De todos os apoios recebidos por Barack Obama — o jovem e recém-lançado candidato à presidência —, a adesão dos Kennedy pode ter sido a mais importante. E a evidente admiração de Obama por Ted Kennedy e sua família transparece em seu afetuoso elogio fúnebre do Leão do Senado, pronunciado no verão de 2009, o verão do "Tea Party",* quando o debate em torno do estabelecimento do acesso universal à assistência de saúde — uma das principais causas abraçadas pelo senador Kennedy — agitava Washington.

SRA. KENNEDY, KARA, Edward, Patrick, Curran, Caroline, membros da família Kennedy, ilustres convidados, meus concidadãos:
Hoje nos despedimos do filho caçula de Rose e Joseph Kennedy. Por muito tempo o mundo haverá de se lembrar de seu filho Edward como herdeiro de um importante legado, um defensor dos que nada tinham, a alma do Partido Democrata e o Leão do Senado dos Estados Unidos — um

---

* O "Tea Party" é um movimento político e de opinião surgido em 2009 como reação dos setores mais conservadores das forças políticas de direita, particularmente no Partido Republicano, a certas políticas sociais propostas e encaminhadas por Barack Obama. (*N. do T.*)

homem cujo nome honra quase mil leis e que, por sua vez, redigiu mais de 300 delas.

Mas aqueles de nós que o amávamos e nos condoemos com seu falecimento conhecemos Ted Kennedy pelos outros títulos que ostentava: Pai. Irmão. Marido. Tio Teddy, ou, como costumava ser chamado pelos sobrinhos e sobrinhas mais jovens: "The Grand Fromage", "O Grande Queijo". Eu, assim como tantos outros na cidade onde ele trabalhou durante quase meio século, o conhecia como colega, mentor e, acima de tudo, amigo.

Ted Kennedy foi o bebê da família que se tornou seu patriarca; o incansável sonhador que se tornou sua rocha. Ele era a criança alegre e radiante que teve que suportar as provocações dos irmãos, mas rapidamente aprendeu a rechaçá-las. Quando eles o jogaram de um barco por não saber o que era uma vela específica, Teddy, então com 6 anos, subiu de novo e aprendeu a velejar. Quando um fotógrafo pediu ao recém-eleito Bobby que desse um passo atrás em uma entrevista coletiva por estar projetando sombra no irmão menor, Teddy gracejou: "Vai ser a mesma coisa em Washington."

O espírito de resiliência e o bom humor ajudariam Ted Kennedy a passar por mais dores e tragédias do que a maioria de nós jamais enfrentará. Aos 16 anos, ele já tinha perdido dois irmãos. Viu mais dois serem violentamente arrancados do país que os amava. Disse adeus a sua querida irmã, Eunice, em seus próprios últimos dias de vida. Sobreviveu por pouco a um acidente de avião, viu dois filhos lutarem contra o câncer, enterrou três sobrinhos e vivenciou revezes e decepções pessoais da maneira mais pública possível.

É uma série de acontecimentos que teriam derrubado um homem de envergadura menor. E teria sido fácil para Teddy deixar-se amargurar e endurecer, entregar-se à autocomiseração e ao pesar, retirar-se da vida pública e passar o restante da vida em tranquilo retiro. Ninguém o teria recriminado.

Mas não seria Ted Kennedy. Como ele mesmo nos disse: "As falhas e fragilidades individuais não são uma desculpa para desistir — nem nos dispensam da obrigação comum de nos doarmos." E, de fato, Ted era o "Guerreiro Feliz" a que se referia o poeta William Wordsworth ao escrever:

As tempted more; more able to endure,
As more exposed to suffering and distress;
Thence, also, more alive to tenderness.*

Através do próprio sofrimento, Ted Kennedy se tornou mais atento aos problemas e sofrimentos dos outros — a criança doente que não podia ser atendida por um médico; o jovem soldado despachado para o campo de batalha sem armadura; a cidadã com seus direitos negados por causa da aparência ou da pessoa que ama ou do lugar de onde vem. As leis históricas pelas quais lutou — a Lei dos Direitos Civis, a Lei dos Americanos Incapacitados, a reforma da imigração, a assistência de saúde às crianças, a Lei de Licença Médica e de Família — têm, todas, um fio condutor. A missão de vida de Ted Kennedy não era defender os ricos, os poderosos ou bem-conectados. Era dar voz aos que não eram ouvidos, acrescentar um degrau à escada das oportunidades, concretizar o sonho de nossa fundação. Ele teve a dádiva do tempo, que não esteve ao alcance de seus irmãos, e a usou para tocar tantas vidas e corrigir tantas injustiças quanto os anos lhe permitiram.

Ainda ouvimos sua voz ecoando no plenário do Senado, o rosto rubro, o punho esmurrando o pódio, uma verdadeira força da natureza, em apoio à assistência de saúde, aos direitos dos trabalhadores ou aos direitos civis. E, no entanto, embora suas causas se tornassem profundamente pessoais, o mesmo não acontecia com suas discordâncias. Embora ele fosse encarado pelos críticos mais ferozes como um para-raios partidário, não era por esse prisma que Ted Kennedy enxergava o mundo ou era visto pelos colegas. Ele era produto de uma época em que a alegria e a nobreza da política impediam que as divergências partidárias e filosóficas se transformassem em barreiras à cooperação e ao respeito mútuo — uma época em que os adversários ainda viam uns aos outros como patriotas.

Foi assim que Ted Kennedy se tornou o maior legislador de nossa época. E o fez aferrando-se a seus princípios, mas também buscando o entendimento e as causas comuns — não apenas por meio de acordos e barganhas políticas, mas através da amizade, da gentileza e do humor. Houve aquele

---

* "Quanto mais tentado; mais capaz de resistir,/ Quanto mais exposto ao sofrimento e à aflição;/ Tanto mais aberto também à ternura, em tradução livre. (*N. do T.*)

momento em que buscou o apoio de Orrin Hatch ao Programa de Seguro de Saúde Infantil mandando seu chefe de Gabinete fazer uma serenata para o senador com uma canção composta pelo próprio Orrin; a vez em que ofereceu biscoitinhos em forma de trevo em uma bandeja de porcelana para adoçar um colega republicano mais áspero; e também a famosa história sobre como conseguiu o apoio do presidente texano de uma comissão para uma lei sobre imigração. Teddy entrou em uma reunião com um envelope comum e mostrou apenas ao presidente que estava cheio dos charutos favoritos do texano. Quando as negociações caminhavam bem, ele aproximava um pouco o envelope do presidente. Quando iam mal, afastava-o. Não demorou para que o acordo fosse fechado.

Há alguns anos, no dia de São Patrício,* Teddy me pegou pelo braço no plenário do Senado pedindo apoio a um projeto de lei que ia entrar em votação. Eu concordei, mas manifestei meu ceticismo quanto à probabilidade de o projeto ser aprovado. Efetuada a votação, contudo, o projeto não só reuniu o necessário número de votos, como o ultrapassou. Olhei para Teddy com espanto e perguntei como tinha conseguido. Ele se limitou a bater no meu ombro, dizendo: "Sorte de irlandês!"

Naturalmente, a sorte não tinha muito a ver com o sucesso legislativo de Ted Kennedy, e ele sabia disso. Há alguns anos, seu sogro lhe disse que ele e Daniel Webster podiam ser considerados os dois maiores senadores de todos os tempos. Sem pestanejar, Teddy respondeu: "O que foi que Webster fez?"

No entanto, embora a obra histórica de Ted Kennedy seja o que ficará em nossa memória, é de seu coração generoso que sentiremos falta. Do amigo e colega que era sempre o primeiro a pegar o telefone para dizer "Sinto muito pela sua perda" ou "Espero que se sinta melhor" ou "O que posso fazer para ajudar?". Do chefe tão adorado pela equipe que mais de 500 colaboradores de mais de cinco décadas compareceram a sua festa de aniversário de 75 anos. Do homem que mandava parabéns nos aniversários, bilhetes de agradecimento e até suas próprias pinturas a tantas pessoas que jamais seriam capazes de imaginar que um senador americano de tal estatura se desse o trabalho de pensar nelas. Tenho uma dessas pinturas no

---

* Santo padroeiro da Irlanda, país de origem da família Kennedy, celebrado no dia 17 de março, também em caráter cívico, e não apenas religioso, em certos países de língua inglesa a partir do século XX. (*N. do T.*)

meu escritório — uma paisagem de Cape Cod presenteada a um parlamentar principiante que acabava de chegar a Washington e a admirou quando Ted Kennedy lhe deu as boas-vindas em seu gabinete em sua primeira semana na capital; por sinal, o quadro é meu segundo presente favorito de Teddy e Vicki, depois do nosso cão Bo. E, ao que parece, todo mundo tem uma história assim — daquelas que muitas vezes começam com "Você não vai acreditar quem me telefonou hoje".

Ted Kennedy era o pai que não cuidava apenas dos três filhos, mas também dos filhos de John e Bobby. Levava-os para acampar e lhes ensinou a velejar. Ria e dançava com eles em festas de aniversário e casamentos, chorava e se enlutava com eles nos momentos difíceis e nas tragédias e lhes transmitiu aquele mesmo senso de serviço e altruísmo que lhe fora incutido pelos pais. Pouco depois de conduzir Caroline ao altar em seu casamento, Ted recebeu de Jackie um bilhete com os seguintes dizeres: "Em seus ombros de despreocupado irmão menor caiu um fardo do qual um herói teria implorado para ser poupado. Nós todos vamos conseguir seguir em frente porque você esteve sempre por perto com seu amor."

A família Kennedy conseguiu seguir em frente por causa do amor de Ted, e ele conseguiu seguir em frente por causa do amor dela e, em especial, do amor e da vida que encontrou em Vicki. Depois de tantas perdas e tanta dor, não deve ter sido fácil para Ted pôr o coração em risco mais uma vez. O fato de que o tenha feito demonstra como ele amava profundamente essa mulher notável da Louisiana. E ela não se limitou a amá-lo também. Como o próprio Ted reconhecia com frequência, Vicki o salvou. Ela lhe deu força e propósito, alegria e amizade, e sempre esteve a seu lado, especialmente nesses últimos dias, os mais difíceis.

Não somos capazes de saber ao certo quanto tempo temos aqui. Não podemos antever as provações e os infortúnios que vão nos testar ao longo do caminho. Não temos como conhecer os planos de Deus para nós.

O que podemos fazer é conduzir nossas vidas da melhor maneira possível, com propósito, amor e alegria. Podemos nos valer de cada dia para mostrar aos mais próximos quanto nos importamos com eles e tratar os outros com a gentileza e o respeito que desejamos para nós mesmos. Podemos aprender com nossos erros e crescer a partir de nossos fracassos. E podemos lutar a todo custo para criar um mundo melhor, para que um dia, se tivermos a bênção de poder olhar em retrospecto para o tempo que passamos aqui, sejamos capazes de saber que o usamos bem, que fizemos diferença, que nossa presença passageira teve um impacto duradouro na vida de outros seres humanos.

Foi assim que Ted Kennedy viveu. Esse é o seu legado. Certa vez, ele disse que seu irmão Bobby não precisava ser idealizado nem exaltado na morte, em virtude do que fizera em vida, e imagino que Ted diria o mesmo sobre si próprio. As maiores expectativas foram depositadas nos ombros de Ted Kennedy por ser quem era, mas ele superou todas ao se tornar o homem que foi. Não o pranteamos hoje por causa do prestígio decorrente do nome ou do cargo. Choramos porque amávamos esse herói terno e gentil que perseverou na dor e na tragédia — não por ambição ou vaidade, não por riqueza ou poder, mas pelo povo e pelo país que amava.

Nos dias que se seguiram ao 11 de Setembro, Teddy fez questão de telefonar para cada uma das 177 famílias deste estado que haviam perdido um ente querido no atentado. Mas ele não parou por aí. Continuou telefonando para perguntar como os parentes estavam. Lutou contra a burocracia para lhes proporcionar assistência e atendimento psicológico. Convidou-os para velejar, brincou com seus filhos, e escrevia uma carta para cada família sempre que chegava o aniversário daquele dia terrível. A uma das viúvas, ele escreveu o seguinte:

"Como bem sabe, a passagem do tempo nunca cura de fato a trágica lembrança de uma perda tão grande, mas nós seguimos em frente, pois é o que precisamos fazer, pois nossos entes queridos gostariam que assim fizéssemos e porque a luz do amor que eles nos deram ainda existe neste mundo para nos guiar."

Nós seguimos em frente.

Ted Kennedy voltou para casa, guiado por sua fé e pela luz daqueles que amou e perdeu. Finalmente está de novo com eles, deixando a nós, que pranteamos seu falecimento, com as lembranças que deixou, o bem que fez, o sonho que manteve vivo e uma imagem perene: a imagem de um homem em um barco, cabeleira branca esvoaçante, sorriso aberto à passagem do vento, pronto para as tempestades que vierem, seguindo em direção a algum lugar novo e maravilhoso além do horizonte. Que Deus abençoe Ted Kennedy, e que ele repouse em paz eterna.

"UMA PAZ JUSTA E DURADOURA"

Conferência do Prêmio Nobel da Paz

OSLO, NORUEGA, 10 DE DEZEMBRO DE 2009

Quando foi noticiado, no dia 9 de outubro de 2009, que Obama ganhara o Prêmio Nobel da Paz, boa parte do mundo e até o próprio presidente ficaram surpresos. Enquanto alguns aplaudiam a escolha, muitos — inclusive entre os apoiadores de Obama — acharam a premiação incrivelmente prematura. Parecia menos uma homenagem a sua liderança que uma recompensa a um homem que tinha concorrido contra a política externa de George W. Bush — e vencido. O pronunciamento que Obama faria na cerimônia de entrega do Prêmio foi visto como uma oportunidade de ampliar seu plano de renovação do engajamento internacional americano. Mas em 10 de dezembro, dias antes de viajar para a Noruega, Obama anunciou em um discurso em West Point que mandaria mais 30 mil soldados para o Afeganistão. Seu pronunciamento, assim, tentou estabelecer um equilíbrio entre uma visão amplamente otimista das relações internacionais e as duras realidades do prosseguimento da guerra ao terrorismo iniciada por Bush. Curiosamente, tratando-se de alguém que recebia um prêmio da paz, Obama enfatizou sua crença na doutrina da guerra justa. Foi o discurso de um realista com uma fala idealista. E, tal como fizera em Notre

Dame, ele encarou de frente a polêmica gerada pela premiação.

Vossa Majestade, Vossa Alteza Real, ilustres membros do Comitê Nobel da Noruega, cidadãos dos Estados Unidos e cidadãos do mundo:

Recebo esta honraria com profunda gratidão e grande humildade. Trata-se de um prêmio que fala a nossas aspirações mais elevadas — apesar de toda a crueldade e das atribulações de nosso mundo, não somos meros prisioneiros do destino. Nossos atos são importantes e podem curvar a história na direção da justiça.

No entanto, seria uma negligência de minha parte deixar de reconhecer a considerável polêmica gerada por sua generosa decisão. Em parte, ela se deve ao fato de eu estar no início, e não no fim, de minha atuação no cenário mundial. Em comparação a certos gigantes da história que receberam este prêmio — Schweitzer e King, Marshall e Mandela —, minhas realizações são modestas. E também há os homens e as mulheres de todo o mundo que foram encarcerados e espancados na busca da justiça; os que se esforçam arduamente em organizações humanitárias para aliviar o sofrimento; os milhões de anônimos cujos atos silenciosos de coragem e compaixão inspiram até os mais descrentes enrijecidos. Não tenho como discutir com aqueles que consideram esses homens e essas mulheres — alguns conhecidos, outros anônimos além do círculo daqueles a quem ajudam — muito mais merecedores desta honraria que eu.

Mas talvez a questão mais profunda em torno desta premiação seja o fato de eu ser o comandante das Forças Armadas de um país em meio a duas guerras. Uma dessas guerras está chegando ao fim. A outra é um conflito que os Estados Unidos não buscaram; um conflito no qual outros 44 países — entre eles a Noruega — se juntam a nós, na tentativa de nos defendermos e de defender a todos os países de novos ataques.

Ainda assim, o fato é que estamos em guerra, e eu sou responsável pela mobilização de milhares de jovens americanos para combater em terras distantes. Alguns matarão, alguns serão mortos. De modo que chego aqui com um senso profundo do custo de um conflito armado — cheio de questões difíceis sobre a relação entre guerra e paz e nosso esforço para substituir uma pela outra.

Essas questões não são novas. De uma forma ou de outra, a guerra apareceu com o primeiro homem. No alvorecer da história, a moralidade da guerra não era questionada; ela era simplesmente um fato, como a seca ou a doença — a maneira como as tribos e, depois, as civilizações buscavam o poder e resolviam suas divergências.

Com o tempo, à medida que os códigos de leis tentaram controlar a violência no interior dos grupos, filósofos, clérigos e estadistas também procuraram regular a força destrutiva da guerra. Surgiu o conceito de "guerra justa", indicando que a guerra é justificada em determinadas condições: se for empreendida como último recurso ou em autodefesa, se a força empregada for proporcional e se os civis forem poupados da violência sempre que possível.

Claro, sabemos que durante a maior parte da história esse conceito de "guerra justa" raramente foi seguido. A capacidade dos seres humanos de imaginar novas maneiras de matar uns aos outros revelou-se inesgotável, assim como nossa capacidade de não ter compaixão por aqueles que têm aparência diferente ou cultuam um deus diferente. As guerras entre exércitos deram lugar a guerras entre nações — guerras totais nas quais a distinção entre combatentes e civis se esvaneceu. Em um período de 30 anos, esse tipo de carnificina submergiria duas vezes este continente. Embora seja difícil imaginar uma causa mais justa que a derrota do Terceiro Reich e das potências do Eixo, a Segunda Guerra Mundial foi um conflito em que o total de civis mortos ultrapassou o número de soldados tombados.

Na esteira de tamanha destruição, e com o advento da era nuclear, ficou claro tanto para os vencedores quanto para os vencidos que o mundo precisava de instituições para prevenir outra guerra mundial. E assim, um quarto de século depois da rejeição pelo Senado dos Estados Unidos da Liga das Nações — uma ideia pela qual Woodrow Wilson recebeu este mesmo prêmio —, os Estados Unidos lideraram o mundo na construção de uma arquitetura para preservar a paz: um Plano Marshall e uma Organização das Nações Unidas, mecanismos para governar as guerras, tratados para proteger os direitos humanos, impedir genocídios e restringir as armas mais perigosas.

De muitas formas, esses esforços tiveram êxito. Sim, guerras terríveis têm sido travadas, atrocidades têm sido cometidas. Mas não houve uma Terceira Guerra Mundial. A Guerra Fria chegou ao fim com multidões em júbilo derrubando um muro. O comércio alinhavou boa parte do mundo. Bilhões de pessoas foram tiradas da pobreza. Os ideais de liberdade e autodeterminação, igualdade e império da lei avançaram a duras penas. Somos herdeiros da coragem e da visão das gerações anteriores, um legado do qual meu país justificadamente se orgulha.

E, no entanto, ao fim da primeira década de um novo século, essa velha arquitetura verga ao peso de novas ameaças. O mundo pode não tremer mais ante a perspectiva de uma guerra entre duas superpotências nucleares, mas a proliferação pode aumentar o risco de uma catástrofe. O terrorismo há muito constitui uma tática, mas a tecnologia moderna permite que um pequeno número de homens de fúria descomunal assassine inocentes em uma escala assustadora.

Além disso, as guerras entre nações cada vez mais dão lugar a guerras no interior das nações. O ressurgimento de conflitos étnicos ou sectários, o crescimento dos movimentos secessionistas, das insurgências e dos Estados fracassados — tudo isso tem cada vez mais aprisionando civis em um caos sem fim. Nas guerras de hoje, muito mais civis que soldados são mortos, sementes de futuros conflitos são lançadas, economias são destruídas, sociedades civis se dilaceram, refugiados se amontoam, crianças ficam amedrontadas.

Não trago comigo hoje uma solução definitiva para os problemas da guerra. O que sei é que, para enfrentar esses desafios, é necessário ter a mesma visão, o mesmo trabalho árduo e a mesma persistência dos homens e das mulheres que agiram com tanta coragem décadas atrás. E será preciso pensar de novas maneiras o conceito de guerra justa e os imperativos de uma paz justa.

Temos que começar reconhecendo esta verdade dura: não erradicaremos os conflitos violentos em nossa geração. Haverá momentos em que determinados países — agindo individualmente ou em conjunto — considerarão o emprego da força não apenas necessário, mas também moralmente justificado.

Afirmo isto tendo em mente o que Martin Luther King Jr. disse nesta mesma cerimônia, anos atrás: "A violência nunca traz a paz permanente.

Ela não resolve nenhum problema social: simplesmente cria novos problemas, mais complicados." Na condição de alguém que se encontra aqui como consequência direta da obra do Dr. King, sou uma testemunha viva da força moral da não violência. Sei que nada há de fraco, passivo ou ingênuo nas convicções e na vida de Gandhi e de King.

Mas, como chefe de Estado que jurou proteger e defender meu país, não posso me orientar apenas pelos exemplos deles. Encaro o mundo tal como é, e não posso cruzar os braços frente às ameaças ao povo americano. Pois não se enganem: o mal existe no mundo. Um movimento não violento não poderia ter contido os exércitos de Hitler. Negociações não são capazes de convencer os dirigentes da Al-Qaeda a baixar suas armas. Dizer que a força, às vezes, pode ser necessária não é um apelo ao cinismo — é um reconhecimento da história, das imperfeições do homem e dos limites da razão.

Levanto esta questão, começo com esta questão, porque em muitos países prevalece hoje uma profunda ambivalência quanto à ação militar, qualquer que seja sua causa. E, às vezes, junta-se a isso uma desconfiança automática em relação aos Estados Unidos, a única superpotência militar do planeta.

Mas o mundo deve se lembrar de que não foram apenas instituições internacionais — nem apenas tratados e declarações — que trouxeram estabilidade ao mundo após a Segunda Guerra Mundial. Quaisquer que tenham sido os erros que cometemos, o fato incontornável é que os Estados Unidos da América contribuíram para garantir a segurança global durante mais de seis décadas com o sangue de nossos cidadãos e a força de nossas armas. O serviço e o sacrifício de nossos homens e de nossas mulheres de uniforme promoveram a paz e a prosperidade da Alemanha à Coreia, permitindo que a democracia se consolidasse em regiões como os Bálcãs. Não carregamos esse fardo por querermos impor nossa vontade. Nós o fizemos por um interesse próprio esclarecido, pois buscamos um futuro melhor para nossos filhos e netos e acreditamos que eles terão uma vida melhor se os filhos e netos de outros puderem viver em liberdade e prosperidade.

Portanto, sim, os instrumentos da guerra têm de fato um papel a desempenhar na preservação da paz. Contudo, essa verdade precisa coexistir com outra: por mais justificada que seja, a guerra representa uma tragédia humana. A coragem e o sacrifício do soldado são uma expressão de glória e de dedicação ao país, à causa, aos companheiros de armas. Mas a guerra, em si mesma, nunca é gloriosa, e jamais devemos apregoá-la como tal.

Parte do nosso desafio, portanto, consiste em conciliar estas duas verdades aparentemente irreconciliáveis: a guerra às vezes é necessária e, em determinado nível, é uma expressão da loucura humana. Concretamente, precisamos voltar nossos esforços para a tarefa à qual o presidente Kennedy nos conclamou há tanto tempo. "Vamos nos concentrar", disse ele, "em uma paz mais pragmática e viável, baseada não em uma súbita revolução da natureza humana, mas em uma evolução gradual das instituições humanas." Uma evolução gradual das instituições humanas.

Como poderia ser essa evolução? Quais seriam essas medidas práticas?

Para começo de conversa, acredito que todas as nações, tanto fortes quanto fracas, precisam aderir a padrões de normatização do uso da força. Como qualquer chefe de Estado, eu me reservo o direito de agir unilateralmente, se necessário, para defender meu país. Mas estou convencido de que a adesão a padrões, padrões internacionais, fortalece aqueles que o fazem e isola e enfraquece os que não o fazem.

O mundo se alinhou com os Estados Unidos depois dos atentados do 11 de Setembro, e continua a apoiar nossos esforços no Afeganistão, por causa do horror daqueles atentados absurdos e do reconhecimento do princípio da autodefesa. Da mesma forma, o mundo reconheceu a necessidade de confrontar Saddam Hussein quando ele invadiu o Kuwait — consenso que enviou uma mensagem clara a todos no que diz respeito ao custo de uma agressão.

Além disso, os Estados Unidos não podem — na verdade, nenhum país pode — insistir em que os outros sigam as regras se nos recusarmos a segui-las também. Pois, quando não o fazemos, nossos atos parecem arbitrários e comprometem a legitimidade de futuras intervenções, por mais justificadas que sejam.

E isso se torna particularmente importante quando o objetivo de uma intervenção militar vai além da autodefesa ou da defesa de uma nação contra um agressor. Cada vez mais, todos enfrentamos questões difíceis no que diz respeito à prevenção do massacre de civis por seus próprios governos ou quando se trata de conter uma guerra civil cuja violência e cujo sofrimento podem tomar conta de toda uma região.

Acredito que a força pode ser justificada por motivos humanitários, como no caso dos Bálcãs, ou em outros lugares atingidos pela guerra. A inércia fere nossa consciência e pode levar a uma intervenção ainda mais onerosa mais adiante. É por isso que todos os países responsáveis devem aceitar o papel que Forças Armadas com um mandato claro podem desempenhar na manutenção da paz.

Os Estados Unidos jamais vacilarão em seu compromisso com a segurança global. Entretanto, em um mundo em que as ameaças são mais difusas e as missões, mais complexas, não podemos agir sozinhos. Sozinhos, os Estados Unidos não são capazes de garantir a paz. Isso se aplica ao Afeganistão. Aplica-se a Estados falidos como a Somália, onde o terrorismo e a pirataria são agravados pela fome e pelo sofrimento humano. Infelizmente, isso continuará sendo verdade em regiões instáveis por anos.

Os líderes e soldados dos países da OTAN, assim como outros amigos e aliados, demonstram essa verdade por meio da capacidade e da coragem que têm demonstrado no Afeganistão. No entanto, em muitas nações existe uma lacuna entre os esforços dos que servem e a ambivalência do público em geral. Entendo o porquê de a guerra não ser popular, mas também sei o seguinte: a convicção de que a paz é desejável raramente basta para alcançá-la. A paz exige responsabilidade. A paz acarreta sacrifícios. É por isso que a OTAN continua sendo indispensável. É por isso que precisamos fortalecer a ONU e os processos regionais de manutenção da paz, em vez de deixar a tarefa na mão de uns poucos países. É por isso que honramos aqueles que voltam das missões de manutenção da paz e treinamento para suas casas em Oslo e Roma, Ottawa e Sydney, Dhaka e Kigali — e não os honramos como guerreiros, mas como pacificadores.

Permitam-me levantar uma última questão a respeito do uso da força. Mesmo no momento de tomar decisões difíceis sobre a entrada em uma guerra, precisamos também pensar com clareza sobre a maneira como vamos combater. O Comitê Nobel reconheceu esta verdade ao conceder seu primeiro Prêmio da Paz a Henry Dunant — o fundador da Cruz Vermelha e um elemento essencial por trás das Convenções de Genebra.

Nos casos em que a força é necessária, temos interesse moral e estratégico em obedecer a certas regras de conduta. E, mesmo quando enfrentamos um adversário mal-intencionado, que não respeita regras, considero que os Estados Unidos da América devem permanecer um modelo na condução de uma guerra. É isso que nos diferencia daqueles que combatemos. É uma das fontes de nossa força. É o motivo pelo qual proibi a tortura. É a razão pela qual ordenei que a prisão da baía de Guantánamo fosse fechada. E foi por isso também que reafirmei o compromisso dos Estados Unidos no cumprimento das Convenções de Genebra. Nós nos perdemos quando abrimos mão dos mesmos ideais que lutamos para defender. E honramos esses ideais ao sustentá-los, não quando é fácil, mas quando é difícil.

Falei por algum tempo sobre a questão que precisamos ter na mente e no coração ao optar por entrar em guerra. Mas agora quero me voltar para nossos esforços no sentido de evitar essas escolhas trágicas, falando de três maneiras por meio das quais podemos construir uma paz justa e duradoura.

Em primeiro lugar, ao tratar com nações que desrespeitam regras e leis, considero que precisamos desenvolver alternativas à violência que sejam suficientemente duras para alterar esses comportamentos — pois, se quisermos uma paz duradoura, as palavras da comunidade internacional precisam significar algo. Os regimes que desrespeitam as regras têm que ser responsabilizados por essas ações. As sanções devem representar um preço real. A intransigência precisa ser enfrentada com pressões crescentes — e tais pressões só são possíveis quando o mundo se une.

Um exemplo urgente é o esforço para impedir a disseminação de armas nucleares e buscar um mundo sem essas armas. No meio do século passado, os países concordaram com um tratado claro: todos terão acesso à energia nuclear pacífica, os que não tiverem armas nucleares abrirão mão delas e os que as tiverem trabalharão no sentido do desarmamento. Eu estou comprometido com o cumprimento desse tratado, que é uma peça fundamental de minha política externa. E estou trabalhando com o presidente Medvedev para reduzir os estoques nucleares dos Estados Unidos e da Rússia.

Mas também cabe a todos nós insistir em que países como o Irã e a Coreia do Norte não manipulem o sistema. Aqueles que afirmam respeitar o direito internacional não podem desviar os olhos quando essas leis são desrespeitadas. Aqueles que se importam com a própria segurança não podem ignorar o perigo de uma corrida armamentista no Oriente Médio ou no Leste Asiático. Aqueles que buscam a paz não podem cruzar os braços enquanto certos países se armam para a guerra nuclear.

Os mesmos princípios se aplicam àqueles que violam as leis internacionais brutalizando o próprio povo. Quando há um genocídio em Darfur, estupros sistemáticos no Congo e repressão na Birmânia, é necessário que haja consequências. Sim, haverá mobilização; sim, haverá diplomacia — mas são necessárias consequências quando essas iniciativas fracassam. E, quanto mais unidos nos mantivermos, menor será a probabilidade de nos defrontarmos com uma escolha entre intervenção armada e cumplicidade com a opressão.

O que me leva a um segundo ponto — a natureza da paz que buscamos. Pois a paz não é apenas a ausência de conflitos visíveis. Só uma paz justa baseada nos direitos inerentes e na dignidade de todos os indivíduos pode ser verdadeiramente duradoura.

Foi essa percepção que moveu os redatores da Declaração Universal dos Direitos Humanos depois da Segunda Guerra Mundial. Após a devastação, eles reconheceram que, se os direitos humanos não forem protegidos, a paz não passa de uma promessa vazia.

E, no entanto, essas palavras são ignoradas com demasiada frequência. No caso de certas nações, o desrespeito aos direitos humanos é desculpado com o falso argumento de que, de certa forma, eles tratam de princípios ocidentais, estranhos às culturas locais ou a determinadas etapas do desenvolvimento nacional. Nos Estados Unidos, uma tensão entre os que se apresentam como realistas ou idealistas se manifesta há muito tempo — uma tensão que aponta para uma escolha rígida entre a busca mesquinha de interesses próprios e uma infindável campanha para impor nossos valores ao redor do mundo.

Não aceito nenhum desses lados. Considero que a paz é instável onde o direito de livre expressão ou de culto é negado aos cidadãos; onde o povo não pode escolher seus líderes ou se reunir sem medo. O descontentamento acumulado supura, e a repressão de identidades tribais e religiosas pode levar à violência. Também sabemos que o contrário é verdade. A Europa só encontrou a paz quando se tornou livre. Os Estados Unidos nunca entraram em guerra contra uma democracia, e nossos amigos mais próximos são governos que protegem os direitos de seus cidadãos. Por mais grosseiramente que sejam definidos, nem os interesses dos Estados Unidos nem os do mundo são atendidos pela negação das aspirações humanas.

Assim, mesmo respeitando a cultura e as tradições únicas de diferentes países, os Estados Unidos serão sempre uma voz em defesa das aspirações universais. Testemunharemos a favor da tranquila dignidade de reformistas como Aung Sang Suu Kyi, a coragem dos zimbabuanos que depositam seus votos apesar dos espancamentos e das centenas de milhares que marcharam em silêncio pelas ruas do Irã. É significativo que os dirigentes desses governos temam as aspirações de seu próprio povo mais que o poder de qualquer outra nação. E é responsabilidade de todos os povos e países livres deixar claro a esses movimentos — movimentos de esperança e história — que estamos ao lado deles.

Quero também dizer o seguinte: a promoção dos direitos humanos não pode ser apenas uma questão de exortação. Por vezes, precisa ser associada a uma diplomacia meticulosa. Sei bem que o envolvimento com regimes repressores carece da gratificante pureza da indignação. Mas também sei que sanções sem diálogo — condenações sem debate — servem, apenas, para preservar um *status quo* paralisante. Nenhum regime repressor pode mudar de caminho se não tiver a escolha de uma porta aberta.

À luz dos horrores da Revolução Cultural, o encontro de Nixon com Mao parecia imperdoável — e, no entanto, ele, sem dúvida, ajudou a China a seguir um caminho no qual milhões de seus cidadãos foram tirados da pobreza e conectados a sociedades abertas. O envolvimento do papa João Paulo com a Polônia abriu espaço não apenas para a Igreja Católica, mas também para líderes trabalhistas como Lech Walesa. O empenho de Ronald Reagan no controle de armas e as boas-vindas que deu à perestroika não só melhoraram as relações com a União Soviética como deram força a dissidentes em toda a Europa Oriental. Não existe uma fórmula simples nesses casos. Mas precisamos nos esforçar ao máximo para equilibrar isolamento e envolvimento, pressão e incentivos, para que os direitos humanos e a dignidade sejam promovidos ao longo do tempo.

Em terceiro lugar, uma paz justa inclui não apenas direitos civis e políticos: é necessário abranger também segurança e oportunidades econômicas, pois a verdadeira paz não é apenas estar livre do medo, mas também da pobreza.

Sem dúvida, é verdade que o desenvolvimento raramente se enraíza sem segurança; e também é verdade que a segurança não existe onde seres humanos não têm acesso suficiente a alimentos, a água limpa ou aos medicamentos e ao abrigo de que precisam para sobreviver. Ela não existe onde as crianças não podem aspirar a uma educação decente ou a um emprego que sustente uma família. A ausência de esperança pode apodrecer uma sociedade por dentro.

Por isso, ajudar os fazendeiros a alimentar seu próprio povo — ou auxiliar países a educar suas crianças e cuidar dos doentes — não é mera caridade. Também por isso, o mundo precisa se unir para enfrentar a questão das mudanças climáticas. Não há grande dúvida no meio científico de que, se nada fizermos, vamos enfrentar mais secas, mais fome, mais deslocamentos em massa — e tudo isso servirá de combustível para mais conflitos durante décadas. Por esse motivo, não são apenas os cientistas e os ativistas ambientais que pedem medidas rápidas e vigorosas — são os dirigentes militares do meu país e de outros países que entendem que nossa segurança como um todo está em jogo.

Acordos entre nações. Instituições fortes. Apoio aos direitos humanos. Investimentos em desenvolvimento. Todos estes são ingredientes vitais para permitir os desdobramentos de que o presidente Kennedy falava. E, no entanto, não creio que tenhamos a vontade, a determinação e a perseverança necessárias para concluir essa tarefa sem algo mais: a expansão constante de nossa imaginação moral, a insistência em que existe algo irredutível compartilhado por todos nós.

À medida que o mundo parece se tornar cada vez menor, caberia supor que fosse mais fácil para os seres humanos reconhecer como somos todos semelhantes; entender que estamos em busca, basicamente, das mesmas coisas; que todos temos a esperança de uma chance de levar nossa vida com alguma felicidade e realização para nós mesmos e nossas famílias.

E, no entanto, de certa forma, considerando-se o ritmo vertiginoso da globalização, o nivelamento cultural da modernidade, talvez não seja de surpreender que as pessoas temam a perda daquilo que lhes é mais caro em suas identidades específicas — a raça, a tribo e, talvez acima de tudo, a religião. Em certos lugares, esse medo levou a conflitos. Por vezes, parece até que estamos voltando atrás. É o que vemos no Oriente Médio, com o aparente agravamento do conflito entre árabes e judeus. É o que vemos em países dilacerados por divisões tribais.

E o maior perigo é que o vemos na maneira como a religião é usada para justificar o assassinato de inocentes por aqueles que distorceram e corromperam a grande religião do Islã e que atacaram meu país a partir do Afeganistão. Esses extremistas não são os primeiros a matar em nome de Deus; as crueldades das Cruzadas estão amplamente registradas. Mas elas nos lembram que nenhuma guerra santa poderá jamais ser uma guerra justa. Pois alguém que acredita que de fato está executando a vontade divina não precisa ter limites — não precisa poupar a mulher grávida, o médico, o trabalhador da Cruz Vermelha ou até mesmo um praticante de sua própria religião. Uma visão tão distorcida da fé não é incompatível apenas com o conceito de paz, mas, creio eu, com o próprio propósito da fé — pois a regra que está no cerne de toda grande religião é que façamos aos outros o que gostaríamos que fizessem a nós.

O respeito a esta lei do amor sempre foi a principal dificuldade da natureza humana. Porque nós somos falíveis. Cometemos erros e cedemos às tentações do orgulho, do poder e, eventualmente, do mal. Às vezes, mesmo aqueles que agem com as melhores intenções, não são capazes de corrigir as injustiças.

Mas não precisamos achar que a natureza humana é perfeita para continuar acreditando que a condição humana pode ser aperfeiçoada. Não precisamos viver em um mundo idealizado para continuar seguindo os ideais que haverão de transformá-lo em um lugar melhor. A não violência praticada por homens como Gandhi e King pode não ter sido prática ou possível em todas as circunstâncias, mas o amor que pregavam — sua confiança fundamental no progresso humano — precisa ser sempre a estrela que nos norteia em nossa jornada.

Pois, se perdermos essa confiança — se a descartamos como algo tolo ou ingênuo; se a dissociarmos das decisões que tomamos em questões de guerra e paz —, perderemos o que há de melhor na humanidade. Perderemos nosso senso de possibilidade. Perderemos nosso senso moral.

Assim como outras gerações antes de nós, precisamos rejeitar esse futuro. Como disse o Dr. King nesta mesma ocasião, tantos anos atrás: "Recuso-me a aceitar o desespero como resposta final às ambiguidades da história.

Recuso-me a aceitar a ideia de que 'o que é' da atual condição do homem o torna moralmente incapaz de ir em busca do eterno 'deveria ser' que para sempre o confronta."

Vamos então buscar o mundo que deveria ser — aquela centelha do divino que ainda reluz na alma de cada um de nós.

Em algum lugar hoje, no aqui e agora, no mundo tal como é, um soldado vê que está em posição de inferioridade ante o inimigo, mas se mantém firme em nome da manutenção da paz. Em algum lugar hoje, neste mundo, uma jovem manifestante espera a brutalidade de seu governo, mas tem coragem de marchar em protesto. Em algum lugar hoje, uma mãe enfrentando a extrema pobreza encontra tempo para ensinar ao filho, junta as moedas de que ainda dispõe para mandá-lo para a escola, porque acredita que um mundo cruel ainda tem lugar para os sonhos desse filho.

Levemos nossas vidas segundo esses exemplos. Podemos admitir que sempre haverá opressão entre nós e, ainda assim, lutar pela justiça. Podemos admitir a persistência da depravação e, ainda assim, lutar pela dignidade. Com uma visão clara, podemos entender que haverá guerra e, ainda assim, lutar pela paz. Isso está ao nosso alcance — essa é a história do progresso humano, essa é a esperança de todo o mundo e, neste momento desafiador, essa precisa ser nossa tarefa aqui na Terra.

Muito obrigado.

"JUSTIÇA FOI FEITA"

Pronunciamento sobre Osama bin Laden
WASHINGTON DC, 2 DE MAIO DE 2011

Pouco depois das 23h30 (horário do Leste dos Estados Unidos) do dia 2 de maio de 2011, o presidente Obama apareceu em cadeia nacional de televisão para anunciar que uma operação militar americana tinha resultado na morte de Osama bin Laden naquele dia. Bin Laden, o líder da organização terrorista Al-Qaeda, desempenhara decisivo papel na organização dos atentados de 11 de setembro e era considerado o principal alvo na luta do país contra o terrorismo global. Os acontecimentos do dia 2 de maio ficariam na imaginação do público graças, principalmente, a uma foto que mostrava Obama acompanhando a operação com seus assessores da Sala de Comando de Emergência e, também, ao sucesso de um filme de Hollywood contando a história dos anos de caçada a Bin Laden. Mas, naquela noite, as breves palavras do presidente — ao mesmo tempo sóbrias e de comemoração — encantaram a nação.

BOA NOITE. ESTA noite posso informar ao povo americano e ao mundo que os Estados Unidos realizaram uma operação que matou Osama bin Laden, o líder da Al-Qaeda, um terrorista responsável pelo assassinato de milhares de homens, mulheres e crianças inocentes.

Há quase dez anos, um luminoso dia de setembro foi escurecido pelo pior atentado contra o povo americano em nossa história. As imagens do 11 de setembro são uma cicatriz em nossa memória nacional — aviões sequestrados atravessando um céu claro de setembro; as Torres Gêmeas desmoronando; uma coluna de fumaça preta subindo do Pentágono; a queda do avião do Voo 93 em Shanksville, Pensilvânia, onde as providências tomadas por cidadãos heroicos impediram dor e destruição em escala ainda maior.

E, no entanto, sabemos que as piores imagens são aquelas que o mundo não viu. A cadeira vazia na mesa do jantar. Crianças obrigadas a crescer sem a mãe ou o pai. Pais que jamais teriam a sensação do abraço de um filho. Quase 3 mil cidadãos que nos foram tirados, deixando um enorme vazio em nossos corações.

No dia 11 de setembro de 2001, em nosso momento de dor, o povo americano se uniu. Oferecemos ajuda aos vizinhos e nosso sangue aos feridos. Reafirmamos nossos vínculos recíprocos e nosso amor pela comunidade e pelo país. Naquele dia, não importava de onde vínhamos, para qual Deus orávamos ou a que raça ou etnia pertencíamos, estávamos unidos como uma só família americana.

Estávamos unidos, também, em nossa determinação de proteger nosso país e levar à justiça aqueles que haviam cometido esses odiosos atentados. Logo ficamos sabendo que os atentados de 11 de setembro tinham sido cometidos pela Al-Qaeda — uma organização chefiada por Osama bin Laden, que havia declarado abertamente guerra aos Estados Unidos e estava empenhado em matar inocentes no nosso país e em todo o planeta. Assim, entramos em guerra contra a Al-Qaeda, para proteger nossos cidadãos, nossos amigos e nossos aliados.

Ao longo dos dez últimos anos, graças ao trabalho incansável e heroico de nossas Forças Armadas e de nossos profissionais de contraterrorismo, demos grandes passos nesse sentido. Impedimos atentados terroristas e reforçamos nossa defesa interna. No Afeganistão, afastamos o governo dos talibãs, que fornecia refúgio e apoio a Bin Laden e à Al-Qaeda. Em todo o mundo, trabalhamos com nossos amigos e aliados para capturar ou matar dezenas de terroristas da Al-Qaeda, entre eles vários que participaram da conspiração do 11 de Setembro.

Mas Osama bin Laden conseguiu escapar da captura e fugiu pela fronteira afegã com o Paquistão. Enquanto isso, a Al-Qaeda continuava atuando, a partir dessa fronteira e por meio de representantes em todo o mundo.

Assim, pouco depois de assumir o cargo, pedi a Leon Panetta, o diretor da CIA, que fizesse da morte ou da captura de Bin Laden nossa maior prioridade na guerra contra a Al-Qaeda, mesmo enquanto dávamos prosseguimento aos esforços mais amplos no sentido de conter, desmantelar e derrotar sua rede.

Até que, no último mês de agosto, depois de anos de um trabalho minucioso de nossa comunidade de inteligência, fui informado de uma possível pista para Bin Laden. Estávamos longe de ter certeza, e foram necessários muitos meses para seguir esse fio condutor em campo. Encontrei-me reiteradas vezes com minha equipe de segurança nacional enquanto obtínhamos mais informações sobre a possibilidade de termos localizado Bin Laden em seu esconderijo em um complexo no interior do Paquistão. Por fim, na semana passada, decidi que já dispúnhamos de dados de inteligência suficientes para entrar em ação e autorizei uma operação para capturar Osama bin Laden e levá-lo à justiça.

Hoje, por ordem minha, os Estados Unidos lançaram uma operação direcionada contra esse complexo em Abbottabad, no Paquistão. Uma pequena equipe de americanos executou a operação com coragem e habilidade extraordinárias. Nenhum americano saiu ferido. Eles tomaram cuidado para que não houvesse baixas civis. Após um tiroteio, mataram Osama bin Laden e se apoderaram de seu corpo.

Há mais de duas décadas, Bin Laden tem sido o líder e o símbolo da Al--Qaeda, continuando a planejar atentados contra nosso país e nossos amigos e aliados. A morte de Bin Laden representa o êxito mais significativo de nosso país até hoje no empenho de derrotar a Al-Qaeda.

Mas essa morte não significa o fim de nosso esforço. Não resta dúvida de que a Al-Qaeda continuará tentando promover atentados contra nós. Precisamos — e vamos — nos manter vigilantes em casa e no exterior.

Nesse empenho, precisamos também reafirmar que os Estados Unidos não estão — nem nunca estarão — em guerra contra o Islã. Já deixei claro, assim como o presidente Bush fez pouco depois do 11 de setembro, que nossa guerra não é contra o Islã. Bin Laden não era um líder muçulmano, era um assassino em massa de muçulmanos. Na verdade, a Al-Qaeda massacrou um grande número de muçulmanos em muitos países, inclusive no nosso. Portanto, seu fim deve ser saudado por todos aqueles que acreditam na paz e na dignidade humana.

Ao longo dos anos, deixei claro diversas vezes que entraríamos em ação no território do Paquistão se soubéssemos onde Bin Laden estava. Foi o que fizemos. Mas é importante notar que nossa cooperação de contraterrorismo com o Paquistão nos ajudou a chegar a Bin Laden e ao complexo onde ele se escondia. Na verdade, Bin Laden também declarara guerra ao Paquistão, tendo ordenado atentados contra o povo paquistanês.

Esta noite, telefonei ao presidente Zardari, e minha equipe também falou com seus equivalentes paquistaneses. Eles estão de acordo em que hoje é um dia histórico e bom para ambos os países. E para seguirmos em frente, é essencial que o Paquistão continue a colaborar conosco na luta contra a Al-Qaeda e seus representantes.

O povo americano não escolheu esse combate. Ele chegou a nosso território e começou com o massacre absurdo de nossos cidadãos. Depois de quase dez anos de serviço, luta e sacrifícios, conhecemos bem o preço de uma guerra. Esses esforços são dolorosos para mim toda vez que, como comandante-em-chefe, tenho que assinar uma carta a uma família que perdeu um ente querido ou olhar nos olhos de um integrante do serviço militar que foi gravemente ferido.

Portanto, os americanos entendem o custo de uma guerra. Como país, contudo, jamais toleraremos que nossa segurança seja ameaçada, nem cruzaremos os braços após o assassinato de americanos. Seremos incansáveis na defesa de nossos cidadãos e de nossos amigos e aliados. Permaneceremos fiéis aos valores que nos constituem. E em noites como esta, podemos dizer às famílias que perderam entes queridos por causa do terrorismo da Al-Qaeda: a justiça foi feita.

Esta noite, agradecemos aos inúmeros profissionais de inteligência e contraterrorismo que trabalharam incansavelmente para chegar a este resultado. O povo americano não vê seu trabalho nem conhece seus nomes, mas sente hoje a satisfação por seu trabalho e constata o resultado de sua busca pela justiça.

Agradecemos aos homens que efetuaram essa operação, pois eles exemplificam o profissionalismo, o patriotismo e a coragem sem igual daqueles que servem ao nosso país. E fazem parte de uma geração que tem carregado o fardo mais pesado desde aquele dia de setembro.

Por fim, quero dizer às famílias que perderam entes queridos no 11 de Setembro que nunca esquecemos sua perda nem vacilamos em nosso compromisso de fazer o que for necessário para impedir um novo atentado em nosso território.

Nesta noite, vamos rememorar o sentimento de união que prevaleceu no 11 de Setembro. Sei que, por vezes, ele se desgastou. Mas a conquista de hoje é um testemunho da grandeza de nosso país e da determinação do povo americano.

A causa da preservação da segurança de nosso país não está concluída. Mas esta noite somos lembrados, mais uma vez, de que os Estados Unidos são capazes de tudo aquilo que estabelecemos como nosso objetivo. Essa é a narrativa da nossa história, seja na busca da prosperidade de nosso povo ou na luta pela igualdade de todos os nossos cidadãos; em nosso compromisso de assumir plenamente nossos valores no exterior e nos sacrifícios que fazemos para tornar o mundo um lugar mais seguro.

Cabe lembrar que podemos fazer essas coisas não apenas em virtude de riqueza ou poder, mas por sermos quem somos: uma nação sob Deus, indivisível, com liberdade e justiça para todos.

Obrigado. Que Deus os abençoe. E que Deus abençoe os Estados Unidos da América.

"VENHO AQUI DIZER QUE ELES ESTÃO ERRADOS"

Pronunciamento sobre a economia

OSAWATOMIE, KANSAS, 6 DE DEZEMBRO DE 2011

No início de 2011, Obama estava em um dos pontos mais baixos de seu primeiro mandato. Republicanos do "Tea Party" tiveram ampla vitória nas eleições do meio do mandato, em 2010, assumindo o controle da Câmara e diminuindo a Maioria dos democratas no Senado. Apresentaram projetos conservadores no terreno orçamentário para cortar gastos do governo, em uma época em que o desemprego ainda girava em torno de 9%. Enquanto isso, muitos democratas estavam indignados com o que consideravam uma tendência de Obama a fazer concessões demais no início de negociações. Essa disputa chegou ao auge no verão, quando Obama, contornando o partido, tentou — sem êxito — chegar a um acordo com o presidente da Câmara, John Boehner, sobre a questão do teto da dívida. Após o fracasso, os assessores de Obama reconheceram que, para ganhar a reeleição, o confrontado presidente precisava rever sua abordagem e ressurgir como defensor de um projeto progressista. Em dezembro, Obama fez na pequena cidade de Osawatomie, Kansas, um discurso sobre a economia que refletia essa nova estratégia, lembrando seus apoiadores de seu permanente compromisso progressista. Osawatomie era uma cidade impregnada de história — foi lá que Theodore Roosevelt fez seu famoso discurso sobre o "Novo Nacionalismo", 101 anos antes. Na época, Roosevelt defendia o governo como um remédio para o capitalismo desenfreado do livre mercado e o poder dos ricos. Obama adaptou as ideias progressistas de Roosevelt para o novo século e invocou o exemplo do ex-presidente republicano muitas vezes em seu pronunciamento.

Bem, quero começar agradecendo a algumas pessoas que vieram ao nosso encontro hoje. Temos aqui o prefeito de Osawatomie, Phil Dudley. Temos o superintendente Gary French na casa. Temos o diretor da escola de ensino médio de Osawatomie, Doug Chisam. E eu trouxe a ex-governadora de vocês, que está fazendo um trabalho notável como secretária de Saúde e Serviços Humanos — Kathleen Sebelius está aqui conosco. Nós amamos Kathleen.

Bem, é muito bom estar de volta ao estado do Tex... ao estado de Kansas. Eu dei muito trabalho a Bill Self, ele esteve aqui há pouco. Como muitos de vocês sabem, eu tenho raízes aqui. Tenho certeza de que todos vocês conhecem os Obama de Osawatomie. Na verdade, gosto de dizer que meu nome vem do meu pai, mas meu sotaque — e meus valores — vêm da minha mãe. Ela nasceu em Wichita. A mãe dela cresceu em Augusta. O pai dela era de El Dorado. Portanto, tenho raízes profundas em Kansas.

Meus avós serviram durante a Segunda Guerra Mundial. Ele foi soldado no exército de Patton, ela trabalhou em uma linha de montagem de bombardeiros. Juntos, os dois compartilhavam o otimismo de uma nação que triunfou sobre a Grande Depressão e sobre o fascismo. Acreditavam em um país em que o trabalho duro dava resultados, no qual a responsabilidade era recompensada e qualquer um era capaz de ter sucesso caso se esforçasse — não importando quem fosse, de onde viesse ou como havia começado.

E esses valores deram origem à maior classe média e à mais forte economia que o mundo já conheceu. Foi aqui nos Estados Unidos que os trabalhadores mais produtivos e as empresas mais inovadoras fizeram os melhores produtos do planeta. E sabem o que mais? Todo americano compartilhava desse orgulho e desse sucesso — desde os que estavam nas suítes executivas até os que trabalhavam na linha de montagem, passando pelas gerências intermediárias. De tal modo que cada um podia confiar em que, se desse tudo de si, levaria para casa o suficiente para criar a família, mandar os filhos para a escola e ter assistência de saúde, ainda guardando um pouco para a aposentadoria.

Hoje, ainda temos os trabalhadores mais produtivos do mundo. Ainda temos as empresas mais inovadoras. Mas, para a maioria dos americanos, o contrato fundamental que tornou nosso país grande se desgastou. Muito antes de a recessão chegar, o trabalho duro deixou de ser compensador para um número muito grande de pessoas. O número daqueles que contribuíam para o sucesso de nossa economia e de fato se beneficiavam desse sucesso foi diminuindo cada vez mais. Os que estavam no topo da pirâmide ficavam mais ricos graças a suas rendas e seus investimentos — mais ricos que nunca. Mas todos os outros lutavam com custos que subiam e contracheques que não aumentavam — e um número excessivamente grande de famílias se viu acumulando cada vez mais dívidas só para se manter.

Acontece que durante muitos anos os cartões de crédito e os empréstimos para aquisição de casa própria encobriram essa dura realidade. Mas em 2008 o castelo de cartas desmoronou. A esta altura todos sabemos o que aconteceu: hipotecas vendidas a pessoas que não podiam pagar por elas, que às vezes não eram capazes nem mesmo de entendê-las. Bancos e investidores empacotando o risco e liquidando-o. Apostas altíssimas — e bônus altíssimos — usando o dinheiro dos outros. Responsáveis pela regulamentação que supostamente deviam nos advertir sobre os perigos de tudo isso, fingiam não ver nada ou nem sequer tinham autoridade para ver.

Tudo muito errado. Era a associação da ganância inacreditável de alguns com a irresponsabilidade de todo o sistema. Com isso, nossa economia e o mundo inteiro mergulharam em uma crise da qual ainda estamos tentando nos recuperar. Ela tirou os empregos, as casas e a segurança básica de milhões de pessoas — americanos inocentes e trabalhadores que cumpriam suas responsabilidades, mas ainda assim pagaram o pato.

Desde então, tem havido um intenso debate sobre a melhor maneira de restabelecer o crescimento e a prosperidade, restabelecer o equilíbrio, restabelecer a justiça. Em todo o país, ele provocou protestos e movimentos políticos — desde o "Tea Party" até aqueles que vêm ocupando as ruas de Nova York e outras cidades. Deixou Washington em um estado de paralisia quase permanente. E tem sido o tema de discussões acaloradas e às vezes pitorescas entre os homens e as mulheres que concorrem à presidência.

Entretanto, Osawatomie, não é apenas mais um debate político. Essa é a questão que define nossa época. Estamos em um momento crucial para a classe média e para todos aqueles que lutam para entrar nela. Pois o que está em questão é saber se teremos um país em que as pessoas que trabalham podem ganhar o suficiente para criar a família, juntar economias modestas, ter uma casa, assegurar sua aposentadoria.

Em meio a todo esse debate, há aqueles que parecem sofrer de uma espécie de amnésia coletiva. Depois de tudo o que aconteceu, depois da pior crise econômica, da pior crise financeira desde a Grande Depressão, eles querem retomar as mesmas práticas que nos trouxeram a essa confusão. Na verdade, querem voltar às mesmas políticas que criaram uma situação insustentável para a classe média americana durante tantos anos. E sua filosofia é simples: é melhor para nós quando todo mundo fica entregue à própria sorte e se vê obrigado a jogar segundo suas próprias regras.

Estou aqui para dizer que eles estão errados. Estou aqui em Kansas para reafirmar minha profunda convicção de que somos maiores juntos do que cada um por conta própria. Considero que nosso país tem êxito quando todo mundo tem oportunidades justas, quando todo mundo faz sua parte, quando todo mundo joga de acordo com as mesmas regras. Esses valores não são democratas nem republicanos. Não são valores de 1% nem de 99%. São valores americanos. E nós precisamos resgatá-los.

Como sabem, não é primeira vez que os Estados Unidos se defrontam com essa escolha. Na virada do século passado, quando uma nação de fazendeiros estava em vias de se transformar no maior gigante industrial do mundo, tivemos que decidir: aceitaríamos ser um país em que a maior parte das novas ferrovias e fábricas fosse controlada por alguns monopólios gigantescos que mantinham os preços altos e os salários baixos? Permitiríamos que nossos cidadãos e até mesmo nossos filhos trabalhassem com cargas horárias desumanas e em condições de falta de segurança e higiene? Restringiríamos a educação a uns poucos privilegiados? Porque havia quem pensasse que as desigualdades imensas e a exploração do povo eram simplesmente o preço a pagar pelo progresso.

Theodore Roosevelt discordava. Ele era um republicano, filho de uma família rica. Elogiava os que os titãs da indústria tinham feito para gerar empregos e fazer a economia crescer. Acreditava, então, em algo que hoje sabemos ser verdade: que o livre mercado é a maior força de progresso econômico da história humana, que nos levou a uma prosperidade e a um padrão de vida sem equivalente no restante do mundo.

Mas Roosevelt também sabia que o livre mercado nunca significou autorização para tomar tudo o que for possível de qualquer um. Sabia que o livre mercado só funciona quando existem regras garantindo que a competição seja justa, aberta e honesta. E, assim, ele acabou com os monopólios, obrigando essas empresas a competir pelos consumidores com serviços e preços melhores. E, hoje, elas ainda precisam fazer isso. Ele lutou para que os empreendimentos não pudessem lucrar explorando crianças ou vendendo alimentos ou remédios sem segurança. E ainda hoje as coisas funcionam assim.

Em 1910, Teddy Roosevelt veio a Osawatomie expor sua visão do que chamava de um Novo Nacionalismo. "Nosso país", disse, "nada significa se não significar a vitória de uma democracia real [...] de um sistema econômico no qual seja assegurada a cada homem a oportunidade de mostrar o que há de melhor nele."

Roosevelt foi chamado de radical por isso. Foi chamado de socialista, até mesmo de comunista. Hoje, contudo, somos uma nação mais rica e uma democracia mais forte por causa daquilo por que ele lutou em sua última campanha: uma jornada de trabalho de oito horas com um salário mínimo para as mulheres; seguro para os desempregados, os idosos e os incapacitados; reforma política e imposto de renda progressivo.

Hoje, mais de 100 anos depois, nossa economia passou por outra transformação. Nas últimas décadas, gigantescos avanços tecnológicos permitiram às empresas fazer mais com menos, o que fez com que elas tenham mais facilidade de montar um negócio e contratar trabalhadores em qualquer parte do mundo. E vários de vocês experimentaram, em primeira mão, os problemas que isso causou para muitos americanos.

Fábricas nas quais as pessoas achavam que iam se aposentar fecharam as portas de repente e se mudaram para o exterior, onde os trabalhadores eram mais baratos. Siderúrgicas que precisavam de 100 — ou 1.000 — funcionários podem ter hoje a mesma produção com 100 empregados, de maneira que as demissões se tornaram permanentes, e não apenas um fator temporário do ciclo de negócios, com demasiada frequência. E essas mudanças não afetaram apenas trabalhadores de fábricas. Bancários, operadores de telefonia ou agentes de viagem também viram muitos colegas substituídos por caixas eletrônicos e pela internet.

Hoje, até mesmo os empregos de alta especialização, como em contabilidade ou gerência, podem ser terceirizados e transferidos para países como a China e a Índia. E alguém cuja função possa ser executada a um preço mais baixo por um computador ou por um trabalhador de outro país não tem muita margem de manobra com o empregador na hora de pedir salários ou benefícios melhores, em especial se levarmos em conta que hoje em dia o número de americanos filiados a sindicatos é menor.

Exatamente como aconteceu na época de Teddy Roosevelt, existe hoje um pessoal em Washington que vem dizendo nas últimas décadas: vamos reagir a esse desafio econômico com a mesma música de sempre. "O mercado cuida de tudo", dizem-nos. Basta simplesmente cortar mais regulações e impostos — em especial dos ricos — para que nossa economia se fortaleça. Afirmam que, naturalmente, haverá vencedores e perdedores. Mas, se os vencedores se saírem realmente bem, os empregos e a prosperidade acabarão pingando para todo mundo. E sustentam ainda que, mesmo que a prosperidade não se dissemine, bem, é o preço da liberdade.

É uma teoria bem simples. E temos que reconhecer que ela ressoa em nosso duro individualismo e em nosso saudável ceticismo em relação a um excesso de governo. Isso está no DNA dos Estados Unidos. E é uma teoria que se adequa bem a um adesivo de carro. Mas eis o problema: ela não funciona. Nunca funcionou. Não funcionou quando foi experimentada na década anterior à Grande Depressão. Não foi o que levou aos incríveis *booms* econômicos do pós-guerra, nas décadas de 1950 e 1960. E não funcionou quando a experimentamos na última década. O que estou querendo dizer é que não faltaram tentativas e experiências com essa teoria.

Como sabemos, naqueles anos, em 2001 e 2003, o Congresso aprovou dois dos maiores cortes de impostos para os ricos em toda a história. E no que foi que isso resultou? No ritmo de aumento de empregos mais lento dos últimos 50 anos. Déficits enormes que tornaram muito mais difícil pagar pelos investimentos que construíram nosso país e proporcionaram a segurança básica que ajudou milhões de americanos a chegar à classe média e permanecer nela — coisas como educação e infraestrutura, ciência e tecnologia, assistência médica e segurança social.

Como sabemos, nesses mesmos anos, graças a alguns daqueles que hoje se candidatam ao Congresso, tínhamos uma regulação fraca da economia e pouca fiscalização, e no que foi que isso resultou? Companhias de seguros que elevavam os prêmios dos segurados impunemente e negavam atendimento a pacientes doentes, financiadores de hipotecas que induziam famílias a comprar casas pelas quais não podiam pagar, um setor financeiro em que a irresponsabilidade e a falta de fiscalização básica quase destruíram toda a nossa economia.

Nós simplesmente não podemos voltar a esse tipo de economia do "cada um por si" se quisermos de fato reconstruir a classe média em nosso país. Sabemos que ela não resulta em uma economia forte, e sim em uma economia que investe muito pouco em seu povo e em seu futuro. Sabemos que não resulta em uma prosperidade que beneficie a todos, e sim em uma prosperidade desfrutada por um número cada vez menor de cidadãos.

Vejam as estatísticas. Nas últimas décadas, a renda média do 1% mais rico subiu mais de 250%, chegando a 1,2 milhão de dólares por ano. Não estou me referindo a milionários, a pessoas que tenham um milhão de dólares. Estou falando de pessoas que ganham um milhão de dólares todo ano. No caso do centésimo desses 1% que está no alto da pirâmide, a renda média atual é de 27 milhões de dólares por ano. O típico CEO que costumava ganhar cerca de 30 vezes mais que seu trabalhador ganha hoje 110 vezes mais. E, no entanto, ao longo da última década, a renda da maioria dos americanos diminuiu cerca de 6%.

Esse tipo de desigualdade — em um nível que não vemos desde a Grande Depressão — prejudica a todos. Quando as famílias de classe média não têm mais como comprar os bens e serviços que as empresas vendem, quando as pessoas deixam de fazer parte da classe média, toda a economia é arrastada de alto a baixo. Os Estados Unidos foram construídos sobre a ideia de uma prosperidade amplamente disseminada, contando com consumidores fortes em todo o país. É por isso que um diretor de empresa como Henry Ford assumiu o compromisso de remunerar seus operários o suficiente para que pudessem comprar os carros que ele fabricava. Também por isso um estudo recente mostrou que os países com menores níveis de desigualdade tendem a apresentar um crescimento econômico mais forte e constante a longo prazo.

A desigualdade também distorce nossa democracia. Confere uma voz desproporcional aos poucos que podem pagar lobistas de alto custo e dar contribuições ilimitadas a campanhas políticas, o que acarreta o risco de que nossa democracia seja vendida a quem oferecer mais. E deixa todos os demais justificadamente desconfiados de que o sistema em Washington é manipulado contra eles, de que nossos representantes eleitos não estão cuidando dos interesses da maioria dos americanos.

Mas existe uma questão ainda mais fundamental em jogo. Esse tipo de desigualdade tão grande desmente a promessa que está no próprio cerne dos Estados Unidos: de que este é um lugar em que é possível conseguir quando se tenta. Nós dizemos a todos — dizemos aos nossos filhos — que neste país, mesmo quando se nasce sem nada, basta trabalhar duro que você entrará para a classe média. Dizemos que os filhos deles terão oportunidade de se sair ainda melhor que eles. É por isso que, historicamente, imigrantes de todo o mundo chegam a nossas terras.

No entanto, nas últimas décadas, os degraus da escada das oportunidades têm se tornado cada vez mais distantes uns dos outros, e a classe média encolheu. Como sabem, alguns anos depois da Segunda Guerra Mundial, uma criança que nascesse na pobreza tinha chances um pouco superiores a 50% de estar na classe média quando adulta. Em 1980, essas chances tinham caído para cerca de 40%. E se a tendência de desigualdade crescente das últimas décadas tiver prosseguimento, estima-se que uma criança nascida hoje terá apenas uma em três chances de entrar para a classe média — 33%.

Já é doloroso que haja em nosso país milhões de famílias de trabalhadores que são hoje forçadas a levar os filhos a bancos de alimentos para fazer uma refeição decente. Mas a ideia de que essas crianças talvez não tenham a chance de sair dessa situação e voltar à classe média, por mais que trabalhem? É imperdoável. Está errada. É contrária a tudo aquilo que defendemos.

Felizmente, esse não é um futuro que tenhamos que aceitar, pois existe outra visão sobre como construir uma classe média forte em nosso país — uma visão que está mais de acordo com nossa história, uma visão que foi abraçada no passado por pessoas de ambos os partidos, durante mais de 200 anos.

Não é uma visão segundo a qual deveríamos dar um jeito de fazer a tecnologia retroceder ou erguer muralhas ao redor dos Estados Unidos. Não é uma visão segundo a qual deveríamos punir o lucro ou o sucesso ou fingir que o governo é capaz de resolver todos os problemas da sociedade. É uma visão que afirma que, nos Estados Unidos, somos maiores quando juntos — quando todos jogam limpo e todo mundo tem oportunidades e cumpre seu dever.

Então, o que isso significa para o restabelecimento da segurança da classe média na economia atual? Bem, tudo começa pela garantia de que todos nos Estados Unidos tenham uma chance justa de alcançar o sucesso. A verdade é que jamais poderemos competir com outros países em matéria de permitir que as empresas paguem os impostos mais baixos, acabar com os sindicatos ou permitir que as companhias poluam quanto quiserem. Trata-se de uma corrida para o fundo que não podemos vencer, nem deveríamos desejar vencê-la. Esses países não têm uma classe média forte. Não têm nosso padrão de vida.

A corrida que queremos vencer, a corrida que podemos vencer, é uma corrida para o alto — a corrida por bons empregos que remunerem bem e ofereçam segurança à classe média. Os negócios criarão esses empregos nos países com os trabalhadores mais capacitados e com a melhor educação, com os meios de transporte e de comunicação mais avançados, com o compromisso mais sólido com a pesquisa e a tecnologia.

O mundo está mudando para uma economia da inovação, e ninguém inova melhor que os Estados Unidos. Ninguém o faz melhor. Ninguém tem faculdades melhores. Ninguém tem universidades melhores. Ninguém tem uma diversidade maior de talentos e criatividade. Ninguém tem trabalhadores ou empreendedores mais motivados ou ousados. As coisas que sempre foram o nosso forte se adequam perfeitamente às exigências do momento.

Mas nós temos que estar à altura do momento. Temos que apostar mais alto. Precisamos lembrar que só podemos fazer isso juntos. Tudo começa ao tornarmos a educação uma missão nacional. Governo e empresas, pais e cidadãos. Nesta economia, uma educação mais completa é o caminho mais certeiro para a classe média. O índice de desemprego dos americanos com nível superior ou além é de cerca de metade da média nacional. E sua renda é o dobro da renda daqueles que não têm um diploma de ensino médio. Isso significa que não deveríamos estar demitindo bons professores neste momento — deveríamos contratá-los. Não deveríamos esperar menos de nossas escolas — devemos exigir mais. Não deveríamos fazer com que seja mais difícil pagar pelo ensino superior — deveríamos ser um país em que todos tenham oportunidade de entrar e não precisem acumular uma dívida de 100 mil dólares só porque entraram.

Na atual economia da inovação, precisamos também de um compromisso de alto nível com a ciência e a pesquisa, a próxima geração das manufaturas de alta tecnologia. Nossas fábricas e nossos operários não deveriam ficar parados. Deveríamos dar a todos a chance de obter novas capacitações e formas de treinamento em faculdades comunitárias, para que possam aprender a fabricar turbinas eólicas, semicondutores e baterias de alta capacidade. E, por sinal, se não tivermos uma economia baseada em bolhas e especulação financeira, nossos melhores e mais inteligentes cidadãos não gravitarão para carreiras no mundo das finanças e dos bancos. Porque, se quisermos uma economia construída para durar, precisamos de mais desses jovens na ciência e na engenharia. Nosso país não deve ficar conhecido pelo endividamento perverso e pelos lucros de impostura. Devemos ser conhecidos por criar e vender em todo o mundo produtos que ostentem com orgulho estas três palavras: *Made in America*.

Hoje, os fabricantes e outras empresas estão montando seus negócios nos lugares com a melhor infraestrutura para transportar seus produtos e seus funcionários, para se comunicar com o restante do mundo. E é por isso que os mais de 1 milhão de operários da construção civil que perderam o emprego quando o mercado imobiliário desmoronou não deveriam estar em casa sem ter o que fazer. Deveriam estar empenhados na reconstrução de nossas estradas e pontes, na construção de ferrovias e redes de banda larga mais rápidas, na modernização de nossas escolas — tudo aquilo que outros países já estão fazendo para atrair bons empregos e empresas para seus territórios.

Sim, os negócios, e não o governo, serão sempre o principal gerador de bons empregos com rendas que levem as pessoas para a classe média e as mantenham nela. Entretanto, como nação, nós sempre nos unimos através do governo para ajudar a criar as condições necessárias para que tanto trabalhadores quanto empresas possam ter êxito. Historicamente, essa nunca foi uma ideia partidária. Franklin Roosevelt trabalhou com democratas e republicanos para dar aos veteranos da Segunda Guerra Mundial — entre eles meu avô, Stanley Dunham — a oportunidade de frequentar uma faculdade recorrendo à GI Bill. Foi um presidente republicano, Dwight Eisenhower, orgulhoso filho do Kansas, que deu início ao Sistema Interestadual de Rodovias e dobrou as apostas na ciência e na pesquisa para ficar à frente dos soviéticos.

Naturalmente, esses investimentos produtivos custam dinheiro. Não são gratuitos. Portanto, também pagamos por esses investimentos ao pedir que todos cumprissem seu dever. Se tivéssemos recursos ilimitados, ninguém jamais precisaria pagar impostos e nunca precisaríamos cortar gastos. Mas não temos recursos ilimitados. Por isso, precisamos estabelecer prioridades. Se quisermos uma classe média forte, nosso código fiscal deve refletir nossos valores. Temos que fazer escolhas.

Hoje essa escolha é bem clara. Para reduzir nosso déficit, já assinei uma lei cortando quase 1 trilhão de dólares de gastos e propus outros trilhões, incluindo reformas destinadas a diminuir o custo do Medicare e do Medicaid.*

Entretanto, para fechar estruturalmente o déficit e pôr em ordem nossa casa fiscal, temos que decidir quais são nossas prioridades. No momento, em caráter imediato, a curto prazo, precisamos estender um corte de impostos na folha de pagamentos que vai expirar no fim deste mês. Se não o fizermos, 160 milhões de americanos, entre eles a maioria das pessoas que aqui se encontram, terão seus impostos aumentados em uma média de mil

---

* Medicare: sistema de seguros de saúde gerido pelo governo federal americano para maiores de 65 anos, após contribuição mínima de dez anos. Medicaid: programa de saúde social para famílias e indivíduos de baixa renda. (*N. do T.*)

dólares a partir de janeiro, o que enfraqueceria terrivelmente nossa recuperação. Isso a curto prazo.

A longo prazo, precisamos repensar de modo mais fundamental nosso sistema de impostos. Temos que nos perguntar: queremos fazer os investimentos que precisamos fazer em coisas como educação, pesquisa e manufatura de alta tecnologia — todas essas coisas que contribuíram para nos tornar uma superpotência econômica? Ou queremos preservar as isenções fiscais para os americanos mais ricos? Porque não podemos fazer as duas coisas. Não se trata de política. É simplesmente uma questão matemática.

Até o momento, a maioria dos meus amigos republicanos em Washington tem se recusado, em quaisquer circunstâncias, a solicitar aos americanos mais ricos que se enquadrem na mesma alíquota de impostos que pagavam quando Bill Clinton era presidente. Vamos então fazer aqui uma pequena viagem pela memória.

Devemos ter em mente que, quando o presidente Clinton propôs inicialmente esses aumentos de impostos, o pessoal no Congresso previu que eles eliminariam empregos e levariam a outra recessão. Em vez disso, nossa economia criou quase 23 milhões de empregos e nós eliminamos o déficit. Hoje, os americanos mais ricos pagam os impostos mais baixos dos últimos 50 anos. Não é como no início da década de 1950, quando a alíquota máxima do imposto era superior a 90%. Não é sequer como no início da década de 1980, quando a alíquota máxima era de aproximadamente 70%. No governo do presidente Clinton, a alíquota máxima era de apenas 39%. Hoje, graças a brechas e artifícios fiscais, um quarto dos milionários paga alíquotas mais baixas que milhões de vocês, milhões de famílias de classe média. Alguns bilionários têm uma alíquota de impostos de nada mais que 1%. Um por cento.

É o máximo da injustiça. Está errado. Está errado que nos Estados Unidos da América um professor, uma enfermeira ou um operário da construção civil, ganhando talvez 50 mil dólares por ano, deva pagar em uma alíquota mais alta que alguém que fatura 50 milhões de dólares. Está errado que a secretária de Warren Buffet pague em uma alíquota mais alta que Warren Buffett. E, por sinal, Warren Buffet concorda comigo. Assim como a maioria dos americanos — democratas, independentes e republicanos. E eu sei que muitos de nossos cidadãos mais ricos concordariam em contribuir um pouco mais se isso significasse reduzir o déficit e fortalecer a economia que tornou seu sucesso possível.

Não estamos falando de guerra de classes. Estamos falando do bem-estar da nação. De fazer escolhas que beneficiem não apenas aqueles que se saíram fantasticamente bem nas últimas décadas, mas que beneficiem a classe média e aqueles que lutam para entrar na classe média, assim como a economia como um todo.

Por fim, uma classe média forte só pode existir em uma economia em que todos sigam as mesmas regras, de Wall Street aos cidadãos comuns. Por mais revoltante que isso tenha sido para todos nós, salvamos nossos grandes bancos do colapso, não apenas porque uma derrocada financeira completa nos mergulharia em uma segunda Depressão, mas também porque precisamos de um setor financeiro forte e saudável em nosso país.

Mas um dos fatores do acordo era que não voltaríamos aos negócios de sempre. Por isso, estabelecemos, no ano passado, novas regras, destinadas a fazer com que o setor financeiro se concentre naquele que deveria ser seu principal objetivo: fornecer capital aos empreendedores com as melhores ideias e financiar milhões de famílias que querem comprar uma casa ou mandar os filhos para a faculdade.

Ainda não chegamos ao fim desse caminho, e os bancos estão lutando contra nós a cada centímetro. Mas algumas dessas reformas já estão sendo aplicadas.

Os grandes bancos e as instituições financeiras de risco precisam, agora, redigir um "testamento em vida" detalhando exatamente como pagarão as contas se falirem, para que os contribuintes nunca mais paguem o pato pelos erros de Wall Street. Também foram estabelecidos limites para o tamanho dos bancos e novos meios para os reguladores fecharem uma empresa que está afundando. A nova lei impede os bancos de fazer apostas arriscadas com os depósitos dos clientes e impede diretores executivos que fracassaram de receberem grandes bônus e remunerações, ao mesmo tempo dando aos acionistas poder de voto sobre os salários dos executivos.

Esta é a lei que aprovamos. Estamos no processo da sua aplicação agora. Tudo isso está sendo providenciado neste momento. E, a não ser que seja uma instituição financeira cujo modelo foi construído sobre o desrespeito à lei, a trapaça contra os consumidores e as apostas arriscadas que possam prejudicar toda a economia, você não deve ter nada a temer em relação a essas novas regras.

Alguns de vocês talvez saibam que minha avó trabalhou em um banco quase a vida inteira — ela foi subindo na carreira, começando como secretária e acabando como vice-presidente do banco. E sei, através dela e de todas as pessoas com as quais tive contato, que a vasta maioria dos banqueiros e profissionais de serviços financeiros quer agir de modo correto em relação aos clientes. Eles querem ser pautados por regras que não os deixem em desvantagem por fazer a coisa certa. Mas, apesar disso, os republicanos vêm lutando tanto quanto possível no Congresso para impedir a aplicação dessas regras.

Vou lhes dar um exemplo específico. Pela primeira vez na história as reformas que aprovamos instituem um mecanismo de vigilância incumbido de impedir que os americanos comuns sejam prejudicados por fornecedores de hipotecas e de créditos consignados ou por cobradores de dívidas. E o homem que designamos para o cargo, Richard Cordray, é um ex-procurador-geral de Ohio que tem o apoio da maioria dos procuradores-gerais do país, sejam democratas ou republicanos. Ninguém alega que ele não seja qualificado para a função.

Mas os republicanos do Senado se recusam a confirmar sua designação para o cargo, não querem permitir que ele faça seu trabalho. Por quê? Alguém aqui acha que o problema que levou à nossa crise financeira decorreu de excesso de fiscalização em relação aos fornecedores de hipotecas ou aos cobradores de dívidas?

PÚBLICO: Não!

PRESIDENTE: Claro que não. Cada dia que passamos sem um organismo de fiscalização para os consumidores é mais um dia em que um estudante, um idoso ou um membro das nossas Forças Armadas — por ser muito vulnerável a alguns desses fatores — pode ser induzido, maliciosamente, a um empréstimo que não seja capaz de pagar, o que acontece o tempo todo. E o fato é que as instituições financeiras contam com muitos lobistas cuidando de seus interesses. Os consumidores merecem contar com alguém que tenha como função cuidar deles. Eu pretendo fazer com que isso aconteça. E quero que me ouçam, Kansas: vou vetar qualquer tentativa de adiar, privar de fundos ou desmantelar as novas regras que estabelecemos.

Não devemos enfraquecer os mecanismos de fiscalização e prestação de contas. Devemos fortalecê-los. Vou dar outro exemplo. Com muita frequência, temos visto empresas de Wall Street violando importantes leis contra a fraude porque as penalidades são muito fracas e não há um preço a pagar por infrações repetidas. Chega. Vou propor leis que façam com que essas penalidades realmente contem, de maneira que as empresas não encarem as punições por desrespeito às leis como apenas um preço a pagar no contexto dos negócios.

O fato é que esta crise deixou um déficit de confiança enorme entre o cidadão comum e Wall Street. E os grandes bancos que foram salvos pelos contribuintes têm o dever de dar um passo além no sentido de ajudar a acabar com esse déficit de confiança. No mínimo, deviam estar tratando de remediar abusos anteriores que, no terreno das hipotecas, levaram à crise financeira. Deveriam estar trabalhando para manter os proprietários responsáveis em suas casas. Vamos continuar a pressioná-los a dar mais tempo para que proprietários de imóveis desempregados busquem emprego sem terem que se preocupar com a eventual perda de sua casa imediatamente.

Os grandes bancos devem ampliar o acesso a oportunidades de refinanciamento nos casos de clientes que ainda não se beneficiaram dessas taxas de juros historicamente baixas. E os grandes bancos deviam reconhecer que, justamente porque são do interesse das famílias de classe média e da economia como um todo, essas medidas também serão de seu próprio interesse financeiro a longo prazo. O que for bom para os consumidores, será bom para os bancos a longo prazo.

Investir em coisas como educação, para dar a todos uma chance de êxito. Um código fiscal que assegure que todos paguem o que é justo. E leis que assegurem que todos sigam as regras. É isso que transformará nossa economia. É isso que aumentará de novo nossa classe média. No fim das contas, a reconstrução da economia com base no jogo limpo e na igualdade de oportunidades e de deveres vai exigir que todos percebamos que temos a ver uns com o sucesso dos outros. E vai exigir que todos nós aceitemos alguma responsabilidade.

Vai exigir que os pais se envolvam mais na educação dos filhos. Que os estudantes estudem com mais afinco. Que alguns trabalhadores comecem a estudar de novo. Que os proprietários de imóveis sejam mais responsáveis, para não assumir hipotecas que não podem honrar. Eles precisam ter em mente que, se algo parece bom demais para ser verdade, é provável que seja mesmo.

Vai exigir que nós, que estamos no serviço público, tornemos o governo mais eficiente e efetivo, mais atento aos interesses do consumidor, mais atento às necessidades das pessoas. É por isso que estamos cortando programas de que não precisamos para financiar aqueles de que precisamos. Por isso, promovemos centenas de reformas de regulamentação destinadas a economizar bilhões de dólares para as empresas. Por isso, não nos limitamos a destinar dinheiro à educação, mas desafiamos as escolas a propor as reformas mais inovadoras e os melhores resultados.

E vai exigir que os líderes empresariais americanos entendam que não têm obrigações apenas para com os acionistas. Andy Grove, o lendário CEO da Intel, foi quem expressou melhor isso. Ele disse: "Há uma outra obrigação que eu sinto pessoalmente, considerando-se que tudo que alcancei em minha carreira, e muito do que a Intel alcançou [...] tornou-se possível em um clima de democracia, em um clima econômico e em um clima de investimentos proporcionado pelos Estados Unidos."

Essa obrigação mais ampla pode assumir muitas formas. Em um momento em que o custo de contratar trabalhadores na China está aumentando depressa, deveríamos esperar que mais CEOs decidam que está na hora de trazer empregos de volta para os Estados Unidos — não apenas porque é bom para os negócios, mas porque é bom para o país que tornou seus negócios e seu sucesso pessoal possíveis.

Estou pensando nos Três Grandes* fabricantes de automóveis, que, em negociações recentes, concordaram em criar mais empregos e produzir mais carros aqui nos Estados Unidos e, então, resolveram conceder bônus não apenas a seus executivos, mas a todos os funcionários, para que todo mundo se envolvesse no sucesso da empresa.

Estou pensando em uma empresa sediada em Warroad, Minnesota. Chama-se Marvin Windows and Doors, uma fábrica de portas e janelas. Durante a recessão, os concorrentes da Marvin fecharam dezenas de fábricas, dispensando centenas de operários. Mas a Marvin não demitiu nenhum

---

* General Motors, Ford e Fiat Chrysler. (*N. do T.*)

dos seus aproximadamente 4 mil funcionários — nenhum. Na verdade, a empresa só demitiu trabalhadores uma vez, em mais de 100 anos. O avô do Sr. Marvin, inclusive, manteve seus oito funcionários durante a Grande Depressão.

O que acontece é que, na Marvin, quando a situação fica difícil, os trabalhadores aceitam abrir mão de certos benefícios e de parte do salário, e os proprietários fazem o mesmo. Como disse um desses proprietários: "Não dá para crescer cortando do próprio sangue — e o sangue são as capacitações e a experiência fornecidas pela força de trabalho." Para o diretor-executivo da Marvin, o que está em questão é a comunidade. Ele disse: "São pessoas que foram nossos colegas de escola. Nós vamos à igreja com elas. As encontramos nos mesmos restaurantes. Na verdade, muitos de nós nos casamos com moças e rapazes da cidade. Poderíamos estar em qualquer lugar, mas o fato é que estamos em Warroad."

Foi assim que os Estados Unidos foram construídos. É por isso que somos a maior nação do mundo. É isso que as nossas melhores empresas entendem. Nosso sucesso nunca foi apenas uma questão da sobrevivência do mais apto. A questão é construir uma nação em que todos possam se sair bem. Nos unimos. Nos dedicamos ao trabalho com afinco. Fazemos nossa parte. Acreditamos que trabalhar duro dá resultados, que a responsabilidade será recompensada e que nossos filhos herdarão uma nação em que esses valores continuem prevalecendo.

E foi essa convicção que levou milhares de americanos a Osawatomie — talvez até antepassados nossos — em um dia chuvoso há mais de um século. De trem, de carroça, de charrete, a pé, eles vieram tomar conhecimento da visão de um homem que amava este país e estava determinado a aperfeiçoá-lo.

"Somos todos americanos", disse-lhes Teddy Roosevelt naquele dia. "Nossos interesses comuns são tão vastos quanto o continente." Em seus últimos anos de vida, Roosevelt percorreu todo o país com essa mensagem, da minúscula Osawatomie ao coração de Nova York, convencido de que, aonde quer que fosse, não importando a quem estivesse falando, todos se beneficiariam com um país no qual todos tivessem uma chance justa.

E já em nosso terceiro século como nação, crescemos e mudamos sob muitos aspectos desde a época de Roosevelt. O mundo hoje é mais rápido, o terreno de ação é mais amplo e os desafios são mais complexos. Mas o que não mudou — o que não pode mudar nunca — são os valores que nos trouxeram até aqui. Continuamos tendo interesse no sucesso uns dos outros. Continuamos acreditando que este deve ser um lugar em que seja possível alcançar seus objetivos quando se tenta. E, nas palavras daquele que há tantos anos exortou a um Novo Nacionalismo, continuamos acreditando que "a regra fundamental de nossa vida nacional, a regra que serve de base a todas as outras é que, como um todo e a longo prazo, haveremos de subir ou cair juntos". E eu acredito que os Estados Unidos estão subindo.

Obrigado. Deus os abençoe. Deus abençoe os Estados Unidos da América.

"NEWTOWN, VOCÊ NÃO ESTÁ SOZINHA"

Pronunciamento na vigília inter-religiosa de oração Sandy Hook

Newtown, Connecticut, 16 de dezembro de 2012

Na sexta-feira, 14 de dezembro de 2012, Adam Lanza, de 20 anos, matou a mãe a tiros e foi para a escola de ensino fundamental Sandy Hook, em Newtown, Connecticut, onde assassinou vinte crianças e seis funcionários. Quando a polícia chegou, ele se suicidou. O massacre de Sandy Hook foi um dos atos de violência com armas de fogo mais mortíferos já cometidos na história dos Estados Unidos, desencadeando novo debate em Washington e em todo o país sobre o controle da posse de armas e a reforma do sistema de saúde mental. O presidente Obama viajou para Newtown no fim da semana posterior ao massacre para se encontrar com as famílias das vítimas, fazendo este pronunciamento em uma vigília inter-religiosa na escola de ensino médio local. Dias depois, Obama, que evitou a questão das armas antes da eleição, anunciou sua intenção de promover uma reforma nesse campo em nível federal por meio de iniciativas do Executivo e do Legislativo. Mas, no Legislativo, esse objetivo fugiria ao seu controle até o fim do mandato.

Obrigado, governador. A todas as famílias, aos socorristas, à comunidade de Newtown, religiosos, convidados, as Escrituras nos dizem: "Não percam o ânimo. Embora interiormente nos estejamos dissipando, interiormente somos renovados a cada dia.

"Pois os problemas leves e momentâneos realizam para nós uma glória eterna que em muito supera todos eles, de modo que não fixamos nosso olhar no que é visto, mas no que não é visto, pois o que é visto é temporário, mas o que não é visto é eterno.

"Pois sabemos que, se a tenda terrena em que vivemos vier a ser destruída, dispomos de uma construção de Deus, uma casa eterna no céu que não foi construída por mãos humanas."

Estamos aqui reunidos em memória de 20 lindas crianças e seis notáveis adultos. Eles perderam a vida em uma escola que poderia ser qualquer escola, em uma cidade tranquila, cheia de pessoas boas e honestas, que poderia ser qualquer cidade dos Estados Unidos.

Aqui em Newtown, venho oferecer o amor e as orações de uma nação. Sei perfeitamente que meras palavras não estão à altura da dor que sentem, nem seriam capazes de sarar a ferida de seus corações.

Posso apenas esperar que o fato de saberem que não estão sozinhos na sua dor, que o nosso mundo também foi dilacerado, que em toda esta nossa terra choramos com vocês, seja de alguma ajuda. Abraçamos nossos filhos com mais força.

E vocês precisam saber que qualquer medida de conforto que esteja ao nosso alcance, será tomada. Carregaremos com alegria qualquer parte dessa tristeza que possamos compartilhar com vocês para aliviar esse fardo tão pesado. Newtown, você não está sozinha.

No decorrer desses dias difíceis, vocês também nos inspiraram com histórias de força, determinação e sacrifício. Sabemos que, quando o perigo surgiu nos corredores da Escola Sandy Hook, a equipe não hesitou. Eles não vacilaram.

Dawn Hochsprung e Mary Sherlach, Vicky Soto, Lauren Rousseau, Rachel D'Avino e Anne Marie Murphy, todas elas reagiram como todos nós desejaríamos poder reagir em circunstâncias tão aterradoras, com coragem e amor, dando suas vidas para proteger as crianças aos seus cuidados.

Sabemos que outros professores se trancaram nas salas de aula, mantendo-se firmes o tempo todo e tranquilizando os alunos, dizendo: "Vamos esperar ajuda, eles estão vindo. Vamos, quero ver um sorriso."

E sabemos que a ajuda chegou, os socorristas que acorreram ao local, levando aqueles que corriam perigo à segurança e reconfortando os necessitados, deixando temporariamente de lado o próprio choque e o próprio trauma porque tinham um trabalho a fazer e havia pessoas que precisavam deles.

E houve também cenas de crianças pequenas ajudando umas as outras, oferecendo apoio, seguindo as instruções com cuidado — como as crianças pequenas fazem, às vezes. Uma delas chegou a tentar encorajar um adulto, dizendo: "Eu sei lutar caratê, então, está tudo bem, vou na frente."

Como comunidade, Newtown, vocês nos inspiraram. Frente a uma violência indescritível, frente a um mal absurdo, vocês foram capazes de cuidar uns dos outros. Preocuparam-se uns com os outros. E amaram uns aos outros. É assim que Newtown será lembrada, e, com o tempo e a graça de Deus, esse amor vai permitir que superem isso.

Mas nós, como nação, devemos agora enfrentar algumas questões muito sérias. Sabem, certa vez alguém se referiu à alegria e à angústia de ter filhos como algo equivalente a ter o coração fora do corpo o tempo todo, pelos caminhos da vida.

No primeiro choro deles, essas partes preciosas de nós mesmos, nossos filhos, são subitamente expostos ao mundo, à possibilidade do infortúnio ou da maldade, e todo pai e toda mãe sabe que não há nada que não sejamos capazes de fazer para proteger nossos filhos. No entanto, também sabemos que, já no primeiro passo desses filhos, e a cada passo que se seguir, eles se separarão de nós e nós nem sempre estaremos... não poderemos estar ao seu lado.

Eles enfrentarão doenças, reveses, corações partidos e decepções; e nós aprendemos que nossa tarefa mais importante é lhes dar aquilo de que precisam para se tornarem autoconfiantes, capazes e resistentes, prontos para enfrentar o mundo sem medo. E sabemos que não podemos fazer isso sozinhos.

É um choque quando nos damos conta de que, por mais que amemos esses filhos, não podemos criá-los sozinhos, que mantê-los seguros e lhes ensinar é algo que só podemos fazer juntos, com a ajuda de amigos e vizinhos, de uma comunidade e de uma nação.

E, dessa maneira, nos damos conta de que somos responsáveis por cada criança porque contamos com a ajuda de todos os outros para cuidar dos nossos filhos, de que somos todos pais, de que todos eles são nossos filhos.

Esta é a nossa primeira tarefa: cuidar dos nossos filhos. Nosso primeiro trabalho. Se não o fizermos bem, nada sairá bem. É dessa forma que seremos julgados como sociedade.

E, de acordo com esse padrão, será que podemos de fato dizer que, como nação, estamos cumprindo nossas obrigações?

Podemos honestamente dizer que estamos fazendo o necessário para manter nossos filhos, todos eles, a salvo?

Estamos em condições de alegar, como nação, que estamos todos juntos nessa tarefa, demonstrando-lhes como são amados e ensinando-lhes a amar também?

Podemos dizer que verdadeiramente estamos fazendo o necessário para dar a todas as crianças do nosso país a oportunidade que merecem de levar a vida felizes e com propósito?

Tenho pensado sobre isso nos últimos dias, e, se formos sinceros, a resposta é não. Não estamos fazendo o necessário. E precisaremos mudar. Desde que assumi a presidência, é a quarta vez que nos reunimos para reconfortar uma comunidade enlutada e dilacerada por massacres com armas de fogo, a quarta vez que abraçamos sobreviventes, a quarta vez que consolamos as famílias das vítimas.

E nos intervalos houve uma infindável série de tiroteios em todo o país, relatos quase diários de vítimas, muitas delas crianças, em cidades pequenas e grandes de toda a nação, vítimas que... quase sempre seu único erro era estar no lugar errado, no hora errada.

Não podemos mais tolerar isso. Essas tragédias têm que acabar. E para que elas cheguem ao fim, nós precisamos mudar.

Haverá quem diga que as causas desse tipo de violência são complexas, o que é verdade. Nenhuma lei, nenhum conjunto de leis, pode eliminar o mal do mundo ou prevenir todo e qualquer ato absurdo de violência na nossa sociedade, mas isso não é desculpa para não agirmos. Com certeza, podemos fazer melhor.

Se ainda houver uma única medida a ser tomada para salvar outro filho ou outro pai ou outra cidade da dor que se abateu sobre Tucson, Aurora, Oak Creek, Newtown e, antes disso, sobre comunidades que vão de Columbine a Blacksburg, temos a obrigação de tentar.

Nas próximas semanas, vou me valer dos poderes que estejam ao alcance deste cargo para mobilizar meus concidadãos, de policiais a profissionais de saúde mental, de pais a educadores, no esforço de evitar mais tragédias como esta, porque não temos outra escolha. Não podemos aceitar que acontecimentos assim se tornem rotineiros.

Estamos de fato dispostos a dizer que somos impotentes diante dessas carnificinas, que a política é difícil demais?

Estamos dispostos a dizer que essa violência que se abate sobre nossos filhos, ano após ano, após ano, é, de alguma forma, o preço da nossa liberdade?

Sabem, todas as religiões do mundo, tantas hoje aqui representadas, começam com uma pergunta simples.

Por que estamos aqui? Qual é o sentido da nossa vida? Qual é o propósito de nossos atos?

Temos consciência de que nosso tempo neste planeta é curto. Sabemos que cada um de nós terá seu quinhão de prazer e de dor, que mesmo tendo perseguido alguma meta terrena, seja riqueza, poder, fama ou simplesmente conforto, de alguma forma ficaremos aquém do que esperávamos. Sabemos que, por melhores que sejam nossas intenções, um dia todos tropeçaremos, de alguma forma.

Cometeremos erros, enfrentaremos dificuldades, e, mesmo tentando fazer o que é certo, sabemos que passaremos boa parte do nosso tempo tateando no escuro, muitas vezes incapazes de entender os planos de Deus.

Só podemos ter certeza de uma coisa: do amor que temos por nossos filhos, por nossas famílias, uns pelos outros. O calor do abraço de um filho pequeno, isto é verdadeiro.

As lembranças que temos deles, a alegria que nos trazem, o assombro que vemos em seus olhos, aquele amor forte e sem limites que sentimos por eles, um amor que nos tira de nós mesmos e nos prende a algo maior — sabemos que é isso que importa.

Sabemos que estamos sempre agindo certo quando cuidamos deles, quando lhes ensinamos, quando demonstramos atos de bondade. Não podemos errar quando agimos assim.

Disso podemos estar certos, e foi isso que vocês, os cidadãos de Newtown, nos lembraram. Foi assim que nos inspiraram. Vocês nos lembram aquilo que realmente importa. E é o que deve nos guiar em tudo o que fazemos enquanto Deus quiser manter-nos neste planeta.

"Vinde a mim as criancinhas", disse Jesus, "e não as impeçais, pois delas é o reino do céu."

Charlotte, Daniel, Olivia, Josephine, Ana, Dylan, Madeline, Catherine, Chase, Jesse, James, Grace, Emilie, Jack, Noah, Caroline, Jessica, Benjamin, Avielle, Allison — Deus os chamou para casa.

Nós, que aqui ficamos, precisamos encontrar forças para prosseguir e tornar nosso país digno da sua memória. Que Deus abençoe e mantenha em Sua celestial presença aqueles que perdemos. Que Ele conceda, àqueles que ainda temos, a graça de Seu sagrado conforto, e que abençoe e cuide dessa comunidade e dos Estados Unidos da América.

"NÓS, O POVO..."

Segundo discurso de posse
WASHINGTON DC, 21 DE JANEIRO DE 2013

Talvez nenhum segundo discurso de posse tenha ficado mais famoso que o pronunciamento do presidente Abraham Lincoln em 1865, com sua declaração sobre a "maldade contra ninguém e a caridade para todos" na exortação a "curar as feridas da nação" depois da Guerra Civil. Obama, antes de mais nada um estudante de história, parece ter estruturado seu segundo discurso de posse com um gesto em direção a Lincoln — uma celebração das possibilidades fundadoras dos Estados Unidos e de sua duradoura democracia, o que não deixa de ser intrigante, no caso de um presidente muitas vezes criticado por não parecer suficientemente apaixonado pelo próprio país. O discurso também reflete a expectativa do presidente recém-reeleito de que sua segunda vitória convencesse os republicanos a baixar as armas retóricas e trabalhar com ele. O que, como sabemos, não aconteceria.

VICE-PRESIDENTE BIDEN, SR. presidente da Suprema Corte, membros do Congresso dos Estados Unidos, ilustres convidados, meus concidadãos:

Toda vez que nos reunimos para a posse de um presidente, damos testemunho da força duradoura da nossa Constituição. Reafirmamos a promessa da nossa democracia. Lembramos que o que une nossa nação não são as cores da nossa pele, os dogmas da nossa fé ou as origens dos nossos nomes. O que nos torna excepcionais — o que nos torna americanos — é nossa fidelidade a uma ideia articulada em uma declaração feita há mais de dois séculos:

"Consideramos evidentes estas verdades, de que todos os homens são criados iguais e dotados pelo Criador de certos direitos inalienáveis, entre eles a vida, a liberdade e a busca da felicidade."

Hoje damos prosseguimento a uma jornada sem fim para ligar o significado dessas palavras às realidades de nosso tempo. Pois a história nos diz que, embora pareçam evidentes por si sós, essas verdades nunca foram capazes de se concretizar por conta própria; e que, embora seja um dom de Deus, a liberdade precisa ser garantida pelo Seu povo aqui na Terra. Os patriotas de 1776 não lutaram para substituir a tirania de um rei pelos privilégios de uns poucos ou o domínio da multidão. Eles nos deram uma república, um governo do povo, pelo povo e para o povo, incumbindo cada geração de manter intactas nossas convicções fundadoras.

E foi o que fizemos por mais de 200 anos.

Com o sangue derramado pelo chicote e o sangue derramado pela espada, aprendemos que nenhuma união baseada nos princípios da liberdade e da igualdade poderia sobreviver sendo meio escrava e meio livre. Nós nos reinventamos e assumimos o compromisso de avançar juntos.

Juntos, decidimos que uma economia moderna exige ferrovias e rodovias para acelerar as viagens e o comércio, escolas e faculdades para treinar nossos trabalhadores.

Juntos, descobrimos que um mercado livre só prospera quando existem regras para garantir a competição e a lisura.

Juntos, decidimos que uma grande nação precisa cuidar dos vulneráveis e proteger seu povo dos maiores riscos e das desgraças.

Ao longo de todo esse processo, jamais abrimos mão do nosso ceticismo em relação à autoridade central, nem sucumbimos à ficção de que todos os males da sociedade podem ser resolvidos exclusivamente pelo governo. Nossa celebração da iniciativa e do empreendimento, nossa insistência no trabalho duro e na responsabilidade pessoal são constantes em nosso caráter.

Mas sempre entendemos que, quando os tempos mudam, também precisamos mudar; que a fidelidade aos nossos princípios fundadores exige novas respostas, a novos desafios; que a preservação das nossas liberdades individuais requer, em última instância, ação coletiva. Pois o povo americano não pode mais atender às exigências do mundo de hoje agindo sozinho, assim como os soldados americanos não poderiam ter enfrentado as forças do fascismo ou do comunismo com mosquetes e milícias. Ninguém seria capaz de treinar sozinho todos os professores de matemática e ciências de que vamos precisar para preparar nossos filhos para o futuro, nem de construir as estradas, as redes de comunicações e os laboratórios de pesquisa que trarão novos empregos e empreendimentos para nossas terras. Hoje, mais que nunca, precisamos fazer essas coisas juntos, como uma nação e um povo.

Esta geração de americanos foi testada por crises que fortaleceram nossa determinação e provaram nossa resiliência. Uma década de guerra está chegando ao fim. Uma recuperação econômica teve início. As possibilidades dos Estados Unidos são ilimitadas, pois dispomos de todas as qualidades exigidas por este mundo sem fronteiras: a juventude e a garra; a diversidade e a abertura; uma infindável capacidade de assumir riscos e o dom da reinvenção. Meus concidadãos americanos, nós somos feitos para este momento, e vamos aproveitar essa chance — se fizermos isso juntos.

Pois nós, o povo, sabemos que nosso país não pode ter êxito quando uma minoria cada vez menor se sai muito bem e um número cada vez maior mal consegue sobreviver. Consideramos que a prosperidade dos Estados Unidos deve repousar nos ombros largos de uma classe média crescente. Sabemos que a nação prospera quando cada pessoa pode encontrar independência e orgulho em seu trabalho; quando os salários de um emprego honesto afastam as famílias do limiar da necessidade. Somos fiéis às nossas convicções quando uma menininha nascida na mais desoladora pobreza sabe que tem as mesmas chances de sucesso que qualquer outra pessoa por ser americana; ela é livre, ela é igual, não apenas aos olhos de Deus, mas também aos nossos olhos.

Sabemos que programas superados são inadequados para as necessidades da nossa época. Portanto, precisamos canalizar novas ideias e tecnologias para refazer nosso governo, reformular nosso código fiscal, reformar nossas escolas e dotar nossos cidadãos da capacidade de que precisam para trabalhar com mais afinco, aprender mais, chegar mais longe. Mas, embora os meios possam mudar, nosso propósito é o mesmo: uma nação que recompense o esforço e a determinação de cada americano. É o que o momento exige. É o que vai conferir um verdadeiro significado às nossas convicções.

Nós, o povo, ainda acreditamos que todo cidadão merece um nível básico de segurança e dignidade. Precisamos tomar as decisões difíceis para reduzir o custo da assistência de saúde e o tamanho do nosso déficit. Mas rejeitamos a crença de que os Estados Unidos precisam escolher entre cuidar da geração que construiu o país e investir na geração que vai construir seu futuro. Pois nos lembramos das lições do nosso passado, quando a velhice era vivida na pobreza e os pais de uma criança com uma deficiência não tinham para onde se voltar.

Não acreditamos que, neste país, a liberdade esteja reservada aos afortunados, ou a felicidade a uns poucos. Sabemos que, por mais que levemos a vida de maneira responsável, qualquer um de nós pode enfrentar a perda do emprego, uma doença inesperada ou uma casa destruída em uma terrível tempestade a qualquer momento. Os compromissos que assumimos uns com os outros por meio do Medicare, do Medicaid e da Previdência Social não são coisas que solapem nossa iniciativa, elas nos fortalecem. Não nos transformam em uma nação de pessoas que só querem receber; elas nos permitem assumir os riscos que tornam grande o nosso país.

Nós, o povo, ainda acreditamos que nossas obrigações como americanos não dizem respeito apenas a nós mesmos, mas a toda a posteridade. Vamos reagir à ameaça das mudanças climáticas, sabendo que deixar de fazê-lo significaria trair nossos filhos e as futuras gerações. Ainda pode haver quem negue as esmagadoras constatações da ciência, mas ninguém pode evitar o impacto devastador dos incêndios descontrolados, da seca paralisante e das tempestades cada vez mais destruidoras.

O caminho em direção às fontes sustentáveis de energia será longo e, às vezes, difícil. Mas os Estados Unidos não podem resistir a essa transição, nós temos que liderá-la. Não podemos transferir a outros países a tecnologia que será capaz de gerar novos empregos e novas indústrias, precisamos acolher plenamente suas possibilidades. É assim que vamos manter nossa vitalidade econômica e nosso tesouro nacional — nossas florestas e nossos rios, nossas terras aráveis e nossos picos cobertos de neve. É assim que vamos preservar nosso planeta, confiado por Deus aos nossos cuidados. É assim que vamos conferir significado às convicções outrora afirmadas por nossos pais.

Nós, o povo, ainda acreditamos que a segurança e a paz duradouras não exigem um perpétuo estado de guerra. Nossos valorosos homens e mulheres fardados, temperados pelo fogo da batalha, não têm equivalente em capacitação e coragem. Nossos cidadãos, chamuscados pela lembrança daqueles que perdemos, conhecem perfeitamente o preço pago pela liberdade. O seu sacrifício para sempre nos manterá vigilantes frente àqueles que acaso queiram nos causar mal. Mas também somos herdeiros daqueles que ganharam a paz, e não apenas a guerra; que transformaram inimigos jurados nos amigos mais fiéis — e precisamos fazer valer essas lições também em nossa época.

Defenderemos nosso povo e faremos valer nossos valores pela força das armas e o império da lei. Demonstraremos a coragem de tentar resolver nossas divergências com outros países de maneira pacífica — não por sermos ingênuos em relação aos perigos que enfrentamos, mas porque o engajamento é capaz de afastar o medo e as suspeitas de maneira mais duradoura.

Os Estados Unidos continuarão sendo a âncora das alianças fortes em todos os recantos do planeta. E renovaremos as instituições que ampliam nossa capacidade de gerir crises no exterior, pois ninguém tem mais interesse em um mundo pacífico que a nação mais poderosa. Apoiaremos a democracia da Ásia à África, das Américas ao Oriente Médio, pois nossos interesses e nossa consciência nos incitam a agir em nome daqueles que anseiam pela liberdade. E precisamos ser fonte de esperança para os pobres, os doentes, os marginalizados, as vítimas de preconceito — não por mera caridade, mas porque, em nossa época, a paz exige um avanço constante destes princípios afirmados em nossas convicções comuns: tolerância e oportunidade, dignidade humana e justiça.

Nós, o povo, declaramos hoje que a mais evidente das verdades — que todos nós somos criados iguais — é a estrela que continua a nos guiar; exatamente como guiou nossos antepassados em Seneca Falls, Selma e

Stonewall;* exatamente como guiou todos os homens e as mulheres, conhecidos e desconhecidos, que deixaram pegadas nesta grandiosa avenida, para ouvir um pregador dizer que não podemos caminhar sozinhos; para ouvir um rei** proclamar que nossa liberdade individual está inextricavelmente ligada à liberdade de cada alma no planeta.

Agora, a missão de nossa geração é levar adiante o que esses pioneiros iniciaram. Porque nossa jornada não estará completa até que nossas esposas, nossas mães e nossas filhas possam receber de acordo com seus esforços. Nossa jornada não estará completa até que nossos irmãos e irmãs gays sejam tratados como qualquer outra pessoa perante a lei — pois, se de fato somos criados iguais, sem dúvida o amor que dedicamos uns aos outros também precisa ser igual. Nossa jornada não estará completa até que nenhum cidadão tenha que esperar durante horas para exercer o direito de votar. Nossa jornada não estará completa enquanto não encontrarmos uma maneira melhor de dar as boas-vindas aos imigrantes esforçados e esperançosos que ainda veem os Estados Unidos como a terra da oportunidade — enquanto estudantes e engenheiros jovens e brilhantes não sejam integrados a nossa força de trabalho, em vez de serem expulsos do nosso país. Nossa jornada não estará completa enquanto todos os nossos filhos, das ruas de Detroit às colinas de Appalachia, passando pelas tranquilas alamedas de Newtown, não se sentirem cuidados, amados e sempre seguros.

Esta é a missão da nossa geração: tornar essas palavras, esses direitos, esses valores de vida, liberdade e busca da felicidade reais para cada americano. A fidelidade aos nossos documentos fundadores não exige que concordemos a cada passo da vida. Não significa que tenhamos todos que definir a liberdade exatamente da mesma maneira ou seguir com exatidão o mesmo caminho para a felicidade. O progresso não nos obriga a resolver para todo o sempre divergências seculares a respeito do papel do governo, mas exige ação em nossa própria época.

---

* A Convenção de Seneca Falls sobre os direitos da mulher, ocorrida em julho de 1848, nessa localidade do estado de Nova York, é considerada o evento fundador do movimento feminista nos Estados Unidos; a Rebelião de Stonewall foi uma série de manifestações de membros da comunidade LGBT provocada por uma invasão da polícia de Nova York em junho de 1969 ao bar Stonewall Inn, no bairro de Greenwich Village, Manhattan, também considerada um evento fundador do movimento de afirmação dos direitos das minorias. (N. do T.)

** Em inglês, *king*, referência a Martin Luther King. (N. do T..)

Pois agora se faz necessário tomar decisões, e não podemos nos dar o luxo de adiá-las. Não podemos confundir princípios com absolutismo nem substituir a política pelo espetáculo, ou tratar insultos como uma forma racional de debate. Precisamos agir, sabendo que nosso trabalho será imperfeito. Precisamos agir, sabendo que as vitórias de hoje serão apenas parciais e que caberá àqueles que aqui estiverem dentro de quatro anos, de 40 anos e de 400 anos levar adiante as ideias atemporais que um dia nos foram transmitidas em um salão modesto da Filadélfia.

Meus compatriotas, o juramento que prestei hoje diante de vocês, como o que é feito por outros que servem neste Capitólio, foi um juramento a Deus e ao país, e não a um partido ou uma facção. E precisaremos cumprir fielmente essa promessa ao longo de nosso mandato. Mas as palavras que pronunciei hoje não são tão diferentes do juramento feito toda vez que um soldado assume o compromisso de prestar seu dever ou uma imigrante realiza seu sonho. Meu juramento não é tão diferente da promessa que todos fazemos perante a bandeira que tremula no alto e enche nosso coração de orgulho.

São palavras de cidadãos e representam nossa maior esperança. Vocês e eu, como cidadãos, temos o poder de determinar o curso do nosso país. Vocês e eu, como cidadãos, temos a obrigação de conduzir os debates da nossa época — não só com os votos que depositamos na urna, mas com a voz que levantamos em defesa dos nossos valores mais antigos e dos nossos ideais mais perenes.

Vamos então, cada um de nós, abraçar com solene senso de dever e maravilhada alegria aquele que é nosso direito perene e inato. Com um esforço e um propósito conjuntos, com paixão e dedicação, respondamos ao chamado da história, levando ao futuro incerto essa preciosa luz da liberdade.

Obrigado. Deus os abençoe, e que Ele abençoe para sempre estes Estados Unidos da América.

"AGORA TEMOS QUE CONCLUIR O TRABALHO"

Discurso do Estado da União de 2013

Washington, DC, 12 de fevereiro de 2013

No seu segundo discurso de posse, Obama deixara claro que a mensagem progressista por ele apresentada na campanha de 2012 não seria abandonada no segundo mandato. Apesar da contundência retórica, suas observações na ocasião foram relativamente leves no que diz respeito a temas específicos das políticas públicas. Estes apareceriam no seu discurso sobre o Estado da União em 2013. A própria Casa Branca reconheceu a interligação entre os dois discursos; o secretário de Imprensa, Jay Carney, se referia a eles como "dois atos da mesma peça". Análises posteriores se voltariam para a posição mais agressiva assumida por Obama em relação ao obstrucionismo do Partido Republicano. No New York Times, *Richard Stevenson escreveu que Obama "continuou tentando definir uma versão do liberalismo para o século XXI que fosse capaz de se prolongar além do seu período no cargo e fazer pelos democratas o que Reagan fez pelos republicanos". Obama esperava que sua reeleição servisse para "baixar a febre" em Washington. Não foi o que aconteceu, o que deixa grande parte do ambicioso programa exposto aqui para um futuro presidente.*

S R. PRESIDENTE DA Casa, senhor vice-presidente, membros do Congresso, meus concidadãos:

Há 51 anos, John F. Kennedy declarou nesta assembleia que "a Constituição não nos torna rivais pelo poder, mas parceiros pelo progresso". "É meu dever", disse ele, "informar sobre o Estado da União — melhorá-lo é tarefa de todos nós."

Esta noite, graças à firmeza e à determinação do povo americano, grandes progressos podem ser informados. Depois de uma década de guerra opressiva, nossos valorosos homens e mulheres fardados estão voltando para casa. Depois de anos de uma recessão terrível, nossas empresas geraram mais de 6 milhões de novos empregos. Compramos mais carros americanos do que nos últimos cinco anos e menos petróleo estrangeiro do que em 20 anos. Nosso mercado habitacional está se curando, nossa Bolsa de Valores volta a se recuperar e os consumidores, pacientes e proprietários de imóveis desfrutam de proteções mais fortes que em qualquer outra época.

Desse modo, juntos, limpamos os escombros da crise e podemos afirmar, com confiança renovada, que o Estado da nossa União está mais forte.

Mas nos reunimos aqui sabendo que o trabalho árduo e a dedicação de milhões de americanos ainda não foram recompensados. Nossa economia está criando empregos — mas ainda é muito grande o número de pessoas que não encontram trabalho em tempo integral. Os lucros corporativos dispararam até alturas inéditas, mas há mais de uma década os salários praticamente não mudam.

Portanto, é missão da nossa geração reacender o verdadeiro motor do crescimento econômico dos Estados Unidos — uma classe média crescente e próspera.

É nossa missão inacabada restabelecer o contrato fundamental que construiu nosso país: a ideia de que aquele que trabalha duro e cumpre suas responsabilidades pode ir em frente, não importando de onde venha, nem sua aparência, nem quem seja o objeto do seu amor.

É nossa missão inacabada garantir que este governo trabalhe em nome da maioria, e não apenas de alguns poucos; que estimule o livre empreendimento, recompense a iniciativa individual e abra as portas da oportunidade para todas as crianças em nossa grande nação.

O povo americano não espera que o governo resolva todos os problemas. Não espera que nós que aqui estamos nesta Câmara concordemos em todas as questões. Mas espera, sim, que coloquemos os interesses da nação antes do nosso partido. Espera que forjemos compromissos razoáveis sempre que possível. Pois sabe que a nação só vai para a frente quando o fazemos juntos, e que a responsabilidade de aperfeiçoar essa união é de todos nós.

Nosso trabalho precisa começar com algumas decisões fundamentais sobre nosso orçamento — decisões que terão um impacto enorme na força da nossa recuperação.

Nos últimos anos, os dois partidos vêm trabalhando juntos para reduzir o déficit em mais de 2,5 trilhões de dólares — sobretudo mediante cortes de gastos, mas também elevando as alíquotas de impostos do 1% dos americanos mais ricos. Em consequência, já passamos da metade da meta de 4 trilhões de dólares de redução do déficit de que precisamos, segundo os economistas, para estabilizar nossas finanças.

Agora temos que concluir esse trabalho. E a pergunta é: como?

Em 2011, o Congresso aprovou uma lei dizendo que, se os dois partidos não chegassem a um acordo em torno de um plano para alcançar nossa meta em relação ao déficit, cortes orçamentários de aproximadamente 1 trilhão de dólares entrariam automaticamente em efeito este ano. Esses cortes repentinos, drásticos e arbitrários representariam uma ameaça para nossa pronta capacidade de mobilização militar. Seriam devastadores para prioridades como a educação, a energia e a pesquisa médica. Sem dúvida, contribuiriam para retardar nossa recuperação, custando-nos centenas de milhares de empregos. É por isto que democratas, republicamos, líderes empresariais e economistas já disseram que esses cortes, conhecidos aqui em Washington como confisco, são uma péssima ideia.

Houve no Congresso quem propusesse impedir apenas os cortes na defesa, promovendo cortes ainda maiores em setores como educação e treinamento profissional, Medicare e benefícios da Previdência Social. Mas esta ideia é ainda pior.

Sim, a principal causa da nossa dívida de longo prazo é o custo crescente da assistência de saúde para uma população que envelhece. E nós que damos profunda importância a programas como o Medicare precisamos entender a necessidade de certas reformas modestas — caso contrário, nossos programas de aposentadoria vão devorar os investimentos de que precisamos para nossos filhos, pondo em risco a promessa de uma aposentadoria segura para gerações futuras.

Mas não podemos pedir aos cidadãos idosos e às famílias de trabalhadores que carreguem todo o fardo da redução do déficit sem pedir nada aos mais ricos e poderosos. Não aumentaremos a classe média ao transferir o custo da assistência de saúde ou da faculdade para famílias que já enfrentam dificuldades, nem forçando comunidades a demitir mais professores, mais policiais e mais bombeiros. A maioria dos americanos — democratas, republicanos e independentes — entende que não podemos simplesmente sair cortando para alcançar a prosperidade. Sabem que um crescimento econômico assentado em bases amplas exige uma abordagem equilibrada da redução do déficit, com cortes de gastos e receitas, e todos empenhados em cumprir a parte que lhes cabe. E é esta abordagem que proponho esta noite.

Na questão do Medicare, estou disposto a promover reformas capazes de permitir, na assistência de saúde, até o início da próxima década, as mesmas economias que as reformas propostas pela comissão bipartidária Simpson-Bowles.

Já estamos obtendo uma diminuição dos custos da assistência de saúde graças à Lei de Acesso à Assistência.* E as reformas que estou propondo vão ainda mais longe. Reduziremos os subsídios dos contribuintes às empresas farmacêuticas e pediremos que os idosos mais abastados aumentem sua contribuição. Diminuiremos os custos mudando a maneira como nosso governo financia o Medicare, pois as contas médicas não devem se basear no número de exames solicitados ou nos dias passados no hospital; devem se basear na qualidade do atendimento recebido pelos nossos idosos. E estou aberto a novas reformas propostas por ambos os partidos, desde que não vão de encontro à garantia de uma aposentadoria segura. Nosso governo não deve fazer promessas que não sejamos capazes de cumprir — mas precisamos cumprir as promessas já feitas.

---

* A Patient Protection and Affordable Care Act (Lei de Proteção ao Paciente e Acesso à Assistência), que ficou conhecida como "Obamacare", foi sancionada pelo presidente Barack Obama em março de 2010, representando o maior projeto de mudança no sistema de saúde americano desde que os programas Medicare e Medicaid entraram em vigor, em 1965. (*N. do T.*)

Para alcançar o resto da nossa meta de redução do déficit, precisamos fazer o que líderes de ambos os partidos já sugeriram, economizando centenas de bilhões de dólares com a eliminação de brechas fiscais e deduções para os abastados e bem-relacionados. Afinal, por que escolheríamos promover cortes mais profundos na educação e no Medicare só para proteger brechas fiscais de clientelas especiais? De que forma isso seria justo? Por que a grande emergência que é a redução do déficit justificaria cortes em benefícios da Previdência Social, mas não a eliminação de certas brechas? Como seria possível promover o crescimento assim?

Temos, agora, nossa melhor oportunidade de uma abrangente reforma fiscal bipartidária que estimule a criação de empregos e contribua para diminuir o déficit. Podemos fazê-lo. O povo americano merece um código fiscal que ajude as pequenas empresas a passar menos tempo preenchendo formulários complicados e mais tempo se expandindo e contratando — um código fiscal pelo qual os bilionários com poderosos esquemas de contabilidade não sejam capazes de manipular o sistema e pagar uma alíquota menor que suas secretárias, que trabalham tanto; um código fiscal que diminua os incentivos para a transferência de empregos para o exterior e diminua as alíquotas de impostos de empresas e manufaturas que criam empregos aqui mesmo, nos Estados Unidos da América. É nisso que uma reforma fiscal pode resultar. É o que podemos fazer juntos.

Tenho consciência de que a reforma fiscal e a reforma dos direitos adquiridos não serão fáceis. O jogo político será difícil para os dois lados. Nenhum de nós conseguirá 100% do que pretende. Mas a alternativa vai nos custar empregos, prejudicar nossa economia, gerar dificuldades para milhões de americanos que trabalham duro. Vamos, portanto, deixar de lado os interesses partidários e trabalhar pela aprovação de um orçamento que substitua os cortes impiedosos por economias inteligentes e formas sábias de investimento no nosso futuro. E o façamos sem as práticas de confronto partidário que estressam os consumidores e assustam os investidores. A maior nação do planeta não pode continuar tratando de suas questões flutuando de uma crise fabricada a outra. Simplesmente, não podemos fazer isso.

Vamos concordar aqui e agora em manter o governo do povo aberto, pagar nossas contas no prazo e sempre preservar plenamente o crédito dos

Estados Unidos da América. O povo americano trabalhou duro demais, durante tempo demais, se reconstruindo a partir de uma crise para agora ver seus representantes eleitos causarem outra.

A maioria de nós concorda em que é preciso incluir em nossos planos um projeto para reduzir o déficit. Mas sejamos claros: a pura e simples redução do déficit não constitui um plano econômico. Uma economia em expansão que gere bons empregos para a classe média — esta deve ser a estrela a guiar nossos esforços. Todos os dias, devemos fazer três perguntas a nós mesmos, como nação: como atrair mais empregos para o nosso território? Como preparar nossa gente com as capacitações necessárias para obter esses empregos? E como nos assegurar de que o trabalho duro leve a um padrão decente de vida?

Há um ano e meio eu propus uma Lei dos Empregos Americanos que, segundo economistas independentes, criaria mais de 1 milhão de novos postos de trabalho. E agradeço ao Congresso anterior por ter aprovado parte desse programa. Exorto o atual Congresso a aprovar o restante. Mas esta noite farei propostas adicionais perfeitamente coerentes com o contexto orçamentário aprovado por ambos os partidos há apenas 18 meses. E quero reiterar: nada do que proponho esta noite aumentará em 1 centavo que seja o nosso déficit. Não é de um governo maior que precisamos, mas de um governo mais inteligente, que estabeleça prioridades e invista em um crescimento de bases sólidas. É isso que deveríamos estar buscando.

Nossa maior prioridade é transformar os Estados Unidos em um ímã de novos empregos e indústrias. Depois de eliminar postos de trabalho durante mais de uma década, nossos fabricantes criaram cerca de 500 mil nos últimos três anos. A Caterpillar está trazendo empregos de volta do Japão. A Ford está trazendo empregos de volta do México. E este ano a Apple voltará a produzir Macs nos Estados Unidos.

Existem coisas que podemos fazer neste exato momento para acelerar essa tendência. No ano passado, criamos nosso primeiro instituto de inovação industrial em Youngstown, Ohio. Um antigo depósito fechado foi transformado em um laboratório de última geração onde novos trabalhadores estão dominando o processo de impressão em 3-D que pode revolucionar a maneira como fabricamos quase tudo. Não existe motivo para que isso não aconteça em outras cidades.

Esta noite, portanto, anuncio o lançamento de mais três desses centros de inovação industrial, nos quais as empresas entrarão em parceria com o Departamento de Defesa e Energia para transformar regiões que ficaram para trás com a globalização em centros globais de empregos de alta tecnologia. E peço ao atual Congresso que ajude a criar uma rede de 15 desses centros para assegurar que a próxima revolução fabril seja promovida aqui mesmo nos Estados Unidos. Podemos fazer isso.

Mas, se quisermos fabricar os melhores produtos, também precisamos investir nas melhores ideias. Cada dólar que investimos para mapear o genoma humano representou o retorno de 140 dolares para nossa economia — cada um dos dólares investidos. Hoje, nossos cientistas estão mapeando o cérebro humano para encontrar as respostas para o Alzheimer. Estão desenvolvendo medicamentos para regenerar órgãos danificados e concebendo novos materiais para tornar as baterias dez vezes mais poderosas. Não é o momento de estrangular esses investimentos na ciência e na inovação que geram empregos. É o momento de alcançar um nível de pesquisa e desenvolvimento inédito desde o auge da Corrida Espacial. Precisamos fazer esses investimentos.

Hoje, nenhum terreno representa uma promessa maior que nossos investimentos na energia americana. Depois de anos falando a esse respeito, finalmente estamos em condições de controlar nosso futuro energético. Produzimos mais petróleo em casa do que nos últimos dez anos. Duplicamos a distância que nossos carros podem percorrer com 1 litro de gasolina, assim como a quantidade de energia renovável que geramos a partir de fontes como o vento e a luz solar — criando, com isso, dezenas de milhares de bons empregos americanos. Produzimos mais gás natural que nunca — e por este motivo a conta de energia de quase todo mundo está mais baixa. E nos últimos quatro anos nossas emissões da perigosa poluição de carbono, que ameaça nosso planeta, diminuíram.

No entanto, em nome dos nossos filhos e do nosso futuro, precisamos fazer mais para combater as mudanças climáticas. É verdade que um evento isolado não representa uma tendência. Mas o fato é que os 12 anos mais quentes já registrados ocorreram todos nos últimos 15 anos. Ondas de calor, secas, incêndios florestais, enchentes — hoje em dia, tudo isso é mais frequente e mais intenso. Podemos preferir acreditar que a supertempestade

Sandy, a seca mais prolongada em décadas e os piores incêndios florestais já ocorridos em certos estados não passaram de estranhas coincidências. Ou podemos optar por acreditar na avaliação unânime da ciência — e agir antes que seja tarde demais.

A boa notícia é que podemos alcançar significativos progressos na questão e, ao mesmo tempo, promover forte crescimento econômico. Exorto o atual Congresso a se unir para encontrar uma solução bipartidária para as mudanças climáticas que seja baseada no mercado, como aquela em que John McCain e Joe Lieberman trabalharam juntos alguns anos atrás. Mas, se o Congresso não agir com rapidez para proteger as futuras gerações, eu o farei. Pedirei ao meu Gabinete que apresente propostas de medidas a serem tomadas pelo Executivo, agora e no futuro, para reduzir a poluição, preparar nossas comunidades para as consequências das mudanças climáticas e acelerar a transição para fontes de energia mais sustentáveis.

Há quatro anos, outros países dominavam o mercado da energia limpa e os empregos por ela gerados. E nós começamos a mudar isso. No ano passado, a energia eólica representou um acréscimo de quase metade de toda a capacidade energética gerada nos Estados Unidos. Pois vamos, então, gerar ainda mais. A energia solar fica mais barata a cada ano — pois vamos, então, baixar ainda mais os custos. Enquanto países como a China continuarem apostando intensamente na energia limpa, nós também precisamos fazê-lo.

Enquanto isso, o boom do gás natural tem levado a uma energia mais limpa e a maior independência energética. Precisamos estimular essa tendência. Por isso, meu governo continuará reduzindo a burocracia e acelerando novas licenças de petróleo e gás. Isso precisa ser parte do plano do qual falei. Mas também quero trabalhar com o atual Congresso no estímulo à pesquisa e às tecnologias capazes de contribuir para tornar a queima de gás natural ainda mais limpa e proteger nosso ar e nossa água.

Na verdade, boa parte das novas formas de energia é extraída de terras e águas que nós, o público, temos como propriedade comum. Hoje, portanto, proponho que usemos parte das nossas receitas com petróleo e gás para financiar uma Fundação da Segurança Energética que promova novas pesquisas e tecnologias para que nossos carros e caminhões deixem de vez de depender do petróleo. Se uma coalizão apartidária de diretores de empresas e generais e almirantes reformados pode promover uma ideia assim, nós também podemos. Vamos seguir seu exemplo e livrar nossas famílias e nossas empresas dos dolorosos picos de preços de gasolina que já suportamos há tempo demais.

Também quero estabelecer uma nova meta para os Estados Unidos: nos próximos 20 anos, vamos cortar pela metade a energia desperdiçada em nossas casas e empresas. Trabalharemos com os estados nesse sentido. Os estados que apresentarem as melhores ideias para criar empregos e diminuir a conta de energia, construindo prédios mais eficientes, receberão apoio federal para ajudá-los a concretizar tais projetos.

O setor energético americano é apenas uma parte de uma infraestrutura já velha que precisa muito ser renovada. Basta perguntar a qualquer diretor de empresa onde ele prefere se instalar e contratar — em um país com rodovias e pontes em deterioração ou em um país com ferrovias e internet de alta velocidade; escolas de alta tecnologia, redes elétricas que se autorrenovam. O diretor executivo da Siemens America — empresa que trouxe centenas de novos empregos para a Carolina do Norte — disse que, se atualizarmos nossa infraestrutura, eles vão trazer ainda mais empregos. E é esta a atitude de muitas empresas em todo o mundo. Eu sei que vocês querem esses projetos que geram empregos nos seus distritos. Eu assisti a todas essas cerimônias de inauguração.

Esta noite, portanto, proponho um programa: "Consertar Primeiro", para botar as pessoas para trabalhar o mais rápido possível nas nossas reformas mais urgentes, como a das quase 70 mil pontes estruturalmente deficientes em todo o país. E para nos certificarmos de que os contribuintes não terão que carregar sozinhos o fardo, também proponho uma Parceria para Reconstruir os Estados Unidos, atraindo capital privado para aprimorar aquilo de que nossas empresas mais precisam: portos modernos para o escoamento dos nossos bens, oleodutos capazes de resistir a uma tempestade, escolas modernas, dignas dos nossos filhos. Vamos provar que não existe lugar melhor para fazer negócios do que aqui nos Estados Unidos da América, e vamos começar imediatamente. Somos capazes disso.

E parte do nosso esforço de reconstrução precisa envolver, também, o setor habitacional. A boa notícia é que o nosso mercado habitacional finalmente está se curando do colapso de 2007. Os preços de residências estão subindo no ritmo mais rápido em seis anos. As compras de casas aumentaram quase 50% e a construção voltou a se expandir.

Mas, apesar de as taxas hipotecárias estarem próximas do preço mais baixo em 50 anos, o número de famílias que não têm sido capazes de comprar uma casa apesar de dispor de créditos sólidos é muito grande. É muito grande o número de famílias que, apesar de nunca terem deixado de pagar uma prestação, recebem um não ao solicitar refinanciamento. Isso puxa para baixo toda a nossa economia. Precisamos resolver isso.

Neste exato momento, tramita no Congresso um projeto de lei que daria a todo proprietário de imóvel responsável nos Estados Unidos a oportunidade de economizar 3 mil dólares por ano obtendo um refinanciamento às taxas de hoje. O projeto já mereceu o apoio de democratas e republicanos, então, o que estamos esperando? Passem à votação e me mandem o projeto. Por que seríamos contrários a isso? Por que o esforço para ajudar as pessoas a obter refinanciamento deveria ser uma questão partidária? Neste exato momento, o choque de regulamentações diferentes impede que jovens famílias responsáveis comprem sua primeira casa. O que nos detém? Vamos agilizar o processo e ajudar nossa economia a crescer.

Essas iniciativas na produção industrial, na energia, na infraestrutura, na habitação — todas essas coisas ajudarão os empreendedores e os proprietários de pequenas empresas a se expandir e criar novos empregos. Mas nada disso adiantará se também não dotarmos nossos cidadãos das capacitações e do treinamento necessários para assumir esses empregos.

E isso precisa começar na mais tenra idade possível. Sucessivos estudos vêm demonstrando que, quanto mais cedo começa a aprender, melhor uma criança se sairá mais adiante. Mas hoje menos de três de cada grupo de dez crianças de 4 anos de idade estão matriculadas em um programa pré-escolar de alta qualidade. A maioria dos pais de classe média não pode pagar algumas centenas de dólares por semana por um pré-escolar particular. E no caso das crianças pobres, as que mais precisam de ajuda, essa falta de acesso à educação pré-escolar pode comprometê-las pelo resto da vida. Esta noite, portanto, eu me proponho a trabalhar com os estados para tornar o pré-escolar de alta qualidade disponível para cada criança nos Estados Unidos. É algo que deveríamos ser capazes de fazer.

Cada dólar que investimos em educação de alta qualidade na primeira infância pode economizar mais de dólares mais adiante, melhorando os índices de graduação, reduzindo a gravidez na adolescência e até reduzindo a criminalidade violenta. Nos estados que estabeleceram como prioridade educar nossas crianças menores, como Geórgia e Oklahoma, os estudos mostram que os alunos têm maior probabilidade de ler e fazer contas no ensino fundamental, chegar ao fim do ensino médio, conseguir emprego e formar famílias mais estáveis. Sabemos que isso funciona. Vamos, então, fazer o que funciona e garantir que nenhum dos nossos filhos já comece a corrida da vida em situação de desvantagem. Vamos dar essa chance aos nossos filhos.

Vamos, também, tratar de garantir que um diploma de ensino médio ponha nossos filhos no caminho para um bom emprego. Neste exato momento, países como a Alemanha se empenham em formar os alunos de ensino médio no equivalente a um curso técnico de uma de nossas faculdades comunitárias. Assim, esses adolescentes alemães estão preparados para um emprego quando concluem o ensino médio. Foram treinados para os empregos lá existentes. E em escolas como a P-Tech do Brooklyn, resultado da colaboração entre o sistema de escolas públicas de Nova York, a Universidade da Cidade de Nova York e a IBM, os alunos vão se formar com um diploma de ensino médio e uma formação em computação ou engenharia.

Precisamos dar oportunidades assim a todos os estudantes americanos.

Há quatro anos demos início à Corrida para o Alto — um concurso que convenceu quase todos os estados a desenvolver currículos mais inteligentes e padrões mais elevados, tudo por cerca de 1% do que gastamos com educação anualmente. Esta noite anuncio um novo desafio para reconfigurar o ensino médio americano, para que prepare melhor seus formandos para as exigências de uma economia de alta tecnologia. E vamos recompensar as escolas que desenvolverem novas parcerias com faculdades e empregadores, criando turmas voltadas para a ciência, a tecnologia, a engenharia e a matemática — as capacitações buscadas pelos empregadores para os postos de trabalho que já existem agora e que continuarão a existir no futuro.

No entanto, mesmo com um ensino médio melhor, a maioria dos jovens vai precisar de educação superior. É um fato perfeitamente constatado que, quanto mais educação se tem, maior a probabilidade de se conseguir um bom emprego e entrar para a classe média por meio do trabalho. Hoje, contudo, os custos proibitivos impedem o acesso de um número muito grande de jovens à educação superior, ou os sobrecarrega com dívidas insustentáveis.

Por meio de créditos fiscais, subvenções e empréstimos em melhores condições, já tornamos o ensino universitário mais acessível a milhões de estudantes e famílias nos últimos anos. Mas os contribuintes não podem continuar subsidiando custos cada vez mais altos para a educação superior. As faculdades precisam fazer sua parte, no sentido de manter os custos mais baixos, e cabe a nós garantir que assim o façam.

Esta noite, portanto, peço ao Congresso que altere a Lei da Educação Superior, fazendo com que fatores de acessibilidade e qualidade sejam levados em conta ao determinar que universidades recebem certos tipos de ajuda federal. E amanhã meu governo vai lançar um novo "Padrão de Avaliação Universitária", a ser usado por pais e alunos na comparação das faculdades com base em um critério simples: onde obter melhor retorno pelo valor investido na educação.

Para aumentar nossa classe média, nossos cidadãos precisam ter acesso à educação e ao treinamento exigidos pelos empregos atuais. Mas também temos que nos certificar de que os Estados Unidos continuem sendo um lugar onde todo aquele que deseje trabalhar duro tenha chances de progredir.

Nossa economia fica mais forte quando canalizamos os talentos e as habilidades de imigrantes esforçados e cheios de expectativas. E, neste exato momento, líderes das comunidades empresariais, trabalhistas, jurídicas e religiosas concordam em que chegou a hora de aprovar uma abrangente reforma da imigração. É agora o momento de fazê-lo. A hora de fazer isso é agora. A hora é agora.

Uma verdadeira reforma significa maior segurança nas fronteiras, e nós podemos avançar a partir dos progressos já alcançados pelo meu governo — colocando mais tropas na fronteira Sul do que em qualquer outro momento da nossa história e reduzindo as entradas ilegais aos níveis mais baixos em 40 anos.

Uma verdadeira reforma significa estabelecer um caminho responsável para a cidadania conquistada — um caminho que inclua se submeter à verificação de antecedentes, ao pagamento de impostos e a uma penalidade significativa, a aprender inglês e entrar no fim da fila, depois das pessoas que tentam entrar legalmente no país.

E uma verdadeira reforma significa reformar o sistema de imigração legal para diminuir os períodos de espera e atrair os empreendedores e engenheiros altamente especializados que nos ajudarão a criar empregos e expandir nossa economia.

Em outras palavras, sabemos o que precisa ser feito. E, neste momento, grupos bipartidários de ambas as Câmaras trabalham com afinco para redigir um projeto de lei, e eu aplaudo seus esforços. Pois vamos conseguir que isso seja concretizado. Mandem-me um projeto abrangente de reforma da imigração nos próximos meses e eu o assinarei imediatamente. Isso tornará os Estados Unidos melhores. Vamos fazer isso. Vamos fazer isso.

Mas não podemos parar por aí. Sabemos que nossa economia é mais forte quando nossas esposas, nossas mães e nossas filhas podem levar a vida livres de discriminação no trabalho e livres do medo de violência doméstica. Hoje, o Senado aprovou a Lei sobre a Violência contra Mulheres, originalmente redigida por Joe Biden, há quase 20 anos. E eu exorto a Câmara a fazer o mesmo. Bom trabalho, Joe. E peço ao atual Congresso que declare que as mulheres devem ter remuneração equivalente ao seu esforço, finalmente aprovando a Lei da Igualdade Salarial este ano.

Sabemos que nossa economia é mais forte quando recompensamos um dia de trabalho honesto com salários honestos. Mas, hoje, um trabalhador em tempo integral que ganha o salário mínimo recebe 14.500 dólares por ano. Mesmo com os abatimentos fiscais que estabelecemos, uma família com dois filhos que ganha o salário mínimo ainda vive abaixo da linha de pobreza. Isso é errado. E é por isso que, desde a última vez em que o atual Congresso aumentou o salário mínimo, 19 estados decidiram aumentar ainda mais os seus.

Esta noite vamos declarar que no país mais rico do planeta ninguém que trabalhe em tempo integral deva viver na pobreza e elevar o salário mínimo federal a 9 dólares por hora. Devemos ser capazes de conseguir fazer isso.

Esta simples medida elevaria a renda de milhões de famílias de trabalhadores. Ela pode significar a diferença entre o supermercado e os bancos de alimentos; o aluguel e a expulsão; arrastar-se ou finalmente ir em frente. Para empresas de todo o país, significaria clientes com mais dinheiro no bolso. E provavelmente muita gente precisaria de menos ajuda do governo. Na verdade, os trabalhadores não deveriam ter que esperar ano após ano pelo aumento do salário mínimo enquanto a remuneração dos diretores executivos nunca foi tão alta. Eis, portanto, uma ideia em torno da qual o governador Romney e eu, na verdade, concordamos no ano passado: vincular o salário mínimo ao custo de vida, para que, enfim, se transforme em um salário com o qual se possa viver.

Esta noite vamos reconhecer, também, que existem comunidades em nosso país nas quais, não importa o quanto se trabalhe, é praticamente impossível abrir caminho. Cidades industriais dizimadas por anos seguidos de transferências de fábricas. Incontornáveis bolsões de pobreza, urbanos e rurais, nos quais jovens adultos ainda estão lutando pelo primeiro emprego. Os Estados Unidos não são um lugar onde nosso destino deva ser decidido pelo acaso do nascimento ou das circunstâncias. É por isso que precisamos construir novos degraus de oportunidade de entrada na classe média para todos aqueles que se disponham a subi-los.

Vamos oferecer incentivos a empresas que contratem americanos com as capacitações necessárias para preencher esses postos de trabalho, mas que estão desempregados há tanto tempo que ninguém mais se dispõe a lhes dar uma chance. Vamos conduzir as pessoas de volta ao trabalho, reconstruindo casas desocupadas em bairros desvalorizados. E este ano meu governo iniciará parcerias com vinte das cidades mais duramente atingidas dos Estados Unidos para reerguer essas comunidades. Trabalharemos com líderes locais em busca de recursos nas áreas de segurança pública, educação e habitação.

Daremos novos créditos fiscais a empresas que contratam e investem. E trabalharemos para fortalecer as famílias, eliminando empecilhos financeiros para o casamento de casais de baixa renda, e faremos mais para estimular a paternidade — pois o que faz de alguém um homem não é a capacidade de conceber um filho, mas a coragem de criá-lo. E queremos estimular isto. Queremos ajudar nesse sentido.

Famílias mais fortes. Comunidades mais fortes. Uma nação mais forte. É este tipo de prosperidade — ampla, compartilhada, sobre as bases de uma classe média próspera — que sempre foi a fonte do nosso progresso. E é também o alicerce do nosso poder e da nossa influência em todo o mundo.

Esta noite saudamos, unidos, as tropas e os civis que se sacrificam todos os dias para nos proteger. Graças a eles podemos dizer com confiança que os Estados Unidos concluirão sua missão no Afeganistão e alcançarão nosso objetivo de derrotar o núcleo da Al-Qaeda.

Já trouxemos de volta para casa 33 mil dos nossos bravos soldados. Nesta primavera, nossas Forças passarão a desempenhar um papel de apoio, enquanto as forças de segurança afegãs assumem a liderança. Esta noite, posso anunciar que, ao longo do próximo ano, mais 34 mil militares americanos voltarão do Afeganistão. Essa retirada gradual terá prosseguimento, e até o fim do ano que vem nossa Guerra no Afeganistão terá terminado.

Depois de 2014 o compromisso dos Estados Unidos com um Afeganistão unificado e soberano persistirá, mas a natureza do nosso envolvimento vai mudar. Estamos negociando um acordo com o governo afegão para nos concentrarmos em duas missões: treinar e equipar as forças afegãs para que o país não mergulhe de novo no caos, paralelamente a esforços de contraterrorismo que nos permitam dar prosseguimento à perseguição aos remanescentes da Al-Qaeda e afiliados.

Hoje a organização que nos atacou no 11 de setembro não passa de uma sombra do que já foi. É verdade que surgiram diferentes organizações afiliadas da Al-Qaeda e outros grupos extremistas, da península Arábica à África. A ameaça representada por esses grupos vem aumentando. Mas para enfrentá-la não precisamos enviar dezenas de milhares dos nossos filhos e filhas para o exterior nem ocupar outros países. Em vez disso, teremos que ajudar nações como o Iêmen, a Líbia e a Somália a cuidar da própria segurança, além de apoiar aliados que conduzem a luta contra os terroristas, como fizemos no Mali. E sempre que necessário, continuaremos lançando mão de uma série recursos para agir diretamente contra os terroristas que representam a mais grave ameaça aos americanos.

Mas, ao mesmo tempo, precisamos nos manter alinhados com nossos valores nessa luta. Por isso, meu governo tem trabalhado incansavelmente no sentido de forjar uma estrutura jurídica e de políticas públicas duradoura para orientar nossos esforços de contraterrorismo. Nesse processo, o Congresso tem sido mantido plenamente informado do nosso empenho. Reconheço que, em nossa democracia, ninguém precisa simplesmente aceitar minha palavra de que estamos fazendo as coisas da maneira certa. Portanto, nos próximos meses, continuarei exortando o Congresso a assegurar não só que a perseguição, a detenção e o julgamento de terroristas continuem sendo feitos de acordo com nossas leis e nosso sistema de verificações e contrapesos, mas também que nossos esforços se tornem ainda mais transparentes para o povo americano e para o mundo.

Naturalmente, nossos desafios não acabam com a Al-Qaeda. Os Estados Unidos continuarão liderando os esforços no sentido de prevenir a disseminação das armas mais perigosas do mundo. O regime da Coreia do Norte precisa saber que só alcançará segurança e prosperidade cumprindo suas obrigações internacionais. Provocações como a que vimos na noite passada servirão apenas para isolá-lo ainda mais, à medida que nos alinharmos com nossos aliados, fortalecermos nossa defesa com mísseis e liderarmos o mundo em ações firmes de reação a tais ameaças.

Da mesma forma, os líderes do Irã precisam reconhecer que está na hora de uma solução diplomática, pois diante deles se posiciona uma coalizão unida que exige que cumpram suas obrigações, e nós faremos o necessário para impedi-los de conseguir uma arma nuclear.

Ao mesmo tempo, exortaremos a Rússia a buscar novas reduções dos nossos arsenais nucleares e continuaremos a liderar o empenho mundial de proteger materiais nucleares que possam cair em mãos erradas — pois nossa capacidade de influenciar os outros depende da nossa disposição de liderar e cumprir nossas obrigações.

Os Estados Unidos também precisam enfrentar a ameaça dos ataques cibernéticos, que vem aumentando com rapidez. Sabemos que os hackers roubam identidades e se infiltram em e-mails particulares. Sabemos que países e empresas estrangeiros se apoderaram de nossos segredos empresariais. Agora, nossos inimigos também tentam se capacitar a sabotar nossa rede de energia, nossas instituições financeiras e nossos sistemas de controle de tráfego. Daqui a alguns anos, não vamos querer olhar para trás e nos perguntar por que nada fizemos diante de ameaças bem concretas à nossa segurança e à nossa economia.

Foi por isso que assinei hoje uma nova ordem executiva para fortalecer nossas defesas cibernéticas, ampliando a partilha de informações e desenvolvendo padrões para proteger nossa segurança nacional, nossos empregos e nossa privacidade.

Mas, agora, o Congresso também precisa agir, aprovando uma legislação que confira ao nosso governo uma capacidade maior de garantir a segurança de nossas redes e impedir ataques. É algo que deveríamos ser capazes de conseguir realizar em bases bipartidárias.

Mesmo empenhados em proteger nosso povo, contudo, devemos lembrar que o mundo de hoje não apresenta apenas perigos e ameaças, mas também oportunidades. Para aumentar as exportações americanas, apoiar os empregos americanos e estabelecer condições justas de concorrência nos mercados crescentes da Ásia, pretendemos concluir negociações sobre uma Parceria Transpacífica. E esta noite anuncio que iniciaremos entendimentos para uma abrangente Parceria Transatlântica de Comércio e Investimento com a União Europeia — pois um comércio livre e justo no Atlântico serve de apoio a milhões de empregos americanos bem-remunerados.

Também sabemos que o progresso nas regiões mais pobres do nosso mundo enriquece a todos nós — não só por criar novos mercados e uma ordem mais estável em certas partes do mundo, mas também porque é a coisa certa a se fazer. Em muitos lugares, as pessoas vivem com pouco mais de 1 dólar por dia. Assim, os Estados Unidos vão se unir aos nossos aliados para erradicar essa pobreza extrema nas próximas duas décadas, ligando mais pessoas à economia global; conferindo poder às mulheres; dando a nossas mentes mais jovens e brilhantes novas oportunidades de servir e ajudando comunidades a se alimentar, dotar-se de poder e se educar; salvando as crianças do mundo de formas evitáveis de morte e concretizando a promessa de uma geração livre da Aids, o que está ao nosso alcance.

Como veem, os Estados Unidos precisam continuar sendo um farol para todos aqueles que buscam a liberdade neste período de mudanças históricas. Eu pude ver a força da esperança ano passado em Rangum, na Birmânia, quando Aung San Suu Kyi recebeu um presidente americano na casa onde foi mantida presa durante anos; quando milhares de birmaneses se perfilaram nas ruas acenando com bandeiras americanas, entre eles um homem que disse: "Existe justiça e lei nos Estados Unidos. Quero que nosso país seja assim."

Em defesa da liberdade, continuaremos sendo a âncora de alianças fortes, das Américas à África; da Europa à Ásia. No Oriente Médio, estaremos ao lado dos cidadãos que exigirem seus direitos universais e apoiaremos processos estáveis de transição para a democracia.

Sabemos que o processo será tumultuado, e não podemos pretender determinar o curso da mudança em países como o Egito, mas de fato somos capazes de insistir no respeito aos direitos fundamentais de todos os povos, e assim o faremos. Manteremos a pressão sobre um regime sírio que tem assassinado seu próprio povo e apoiaremos líderes oposicionistas que respeitem os direitos de todos os sírios. E estaremos, sempre, ao lado de Israel, na busca da segurança e de uma paz duradoura.

São estas as mensagens que transmitirei ao viajar para o Oriente Médio no mês que vem. E todo esse trabalho depende da coragem e do sacrifício daqueles que servem em lugares perigosos, correndo grande risco pessoal — nossos diplomatas, nossos funcionários de inteligência e os homens e as mulheres das Forças Armadas dos Estados Unidos. Enquanto eu for comandante-em-chefe, faremos o necessário para proteger aqueles que servem ao país no exterior, e manteremos as melhores Forças Armadas que o mundo já conheceu.

Investiremos em novos recursos, mesmo reduzindo o desperdício e os gastos em tempo de guerra. Garantiremos tratamento igual para todos os membros das Forças Armadas e benefícios iguais para suas famílias — sejam gays ou heterossexuais. Recorreremos à coragem e à capacidade de nossas irmãs, filhas e mães, pois as mulheres já mostraram, sob fogo, que estão preparadas para combater.

Cumpriremos o prometido a nossos veteranos, investindo em assistência médica da melhor qualidade, inclusive assistência de saúde mental, para nossos guerreiros feridos — apoiando nossas famílias militares; fornecendo a nossos veteranos os benefícios, a educação e as oportunidades de emprego que merecem. E quero agradecer a minha esposa, Michelle, e à Dra. Jill Biden pela constante dedicação em servir a nossas famílias militares tão bem quanto elas serviram a nós. Obrigado, querida. Obrigado, Jill.

Mas a defesa da nossa liberdade não é função apenas dos nossos militares. Precisamos, todos, fazer a nossa parte para garantir que os direitos que recebemos de Deus sejam protegidos aqui em casa. O que inclui um dos mais fundamentais direitos de uma democracia: o direito de voto. Quando esse direito é negado a qualquer americano, não importando onde viva nem qual seja seu partido, pelo simples fato de não poder esperar cinco, seis ou sete horas em uma fila para depositar seu voto, estamos traindo nossos ideais.

Esta noite, portanto, anuncio uma comissão não partidária destinada a melhorar a experiência do voto nos Estados Unidos. Que decididamente precisa ser melhorada. Solicitei a dois experientes especialistas nesse terreno — que por sinal atuaram recentemente como principais advogados da minha campanha e da campanha do governador Romney — que tomem a frente. Podemos resolver essa questão, e vamos resolvê-la. O povo americano exige isso, assim como nossa democracia.

Naturalmente, o que eu disse esta noite pouco importa se não nos unirmos para proteger nosso bem mais valioso: nossos filhos. Já se passaram dois meses desde Newtown. Sei que não é a primeira vez que nosso país debate maneiras de reduzir a violência com armas de fogo. Mas desta vez é diferente. Uma maioria esmagadora de americanos — americanos que acreditam na Segunda Emenda* — se uniu em torno da ideia de uma reforma de bom senso, envolvendo, por exemplo, verificações de histórico pessoal que dificultem que criminosos venham a pôr as mãos em uma arma. Senadores de ambos os partidos trabalham juntos em novas e rigorosas leis para impedir que qualquer pessoa compre armas para revendê-las a criminosos. Chefes de polícia pedem nossa ajuda para tirar armas de guerra e depósitos de munição das nossas ruas, pois estão cansados de ver os homens e mulheres de suas forças em situação de inferioridade.

Cada uma dessas propostas merece ser votada no Congresso. Se alguém quiser votar não, é a sua escolha. Mas essas propostas merecem ser levadas a votação. Pois nos dois meses transcorridos desde Newtown mais de mil festas de aniversário e formatura foram roubadas de nossas vidas pela bala de um revólver — mais de mil.

---

* Direito constitucional de portar armas de fogo. (*N. do T.*)

Entre aqueles que perdemos, estava uma jovem chamada Hadiya Pendleton. Ela tinha 15 anos. Gostava de biscoitos Fig Newtons e de usar batom. Era a malabarista da banda do colégio. Era tão boa com os amigos que todos achavam que eram seu melhor amigo. Há apenas três semanas, ela estava aqui em Washington, com os colegas de turma, apresentando-se a seu país na minha cerimônia de posse. E uma semana depois foi abatida a tiros em uma praça de Chicago, depois da escola, a pouco mais de um quilômetro da minha casa.

Os pais de Hadiya, Nate e Cleo, estão nesta assembleia esta noite, ao lado de mais de 20 americanos que tiveram suas vidas diaceradas pela violência das armas de fogo. Eles merecem uma votação. Gabby Giffords merece uma votação. As famílias de Newtown merecem uma votação. As famílias de Aurora merecem uma votação. As famílias de Oak Creek e Tucson e Blacksburg, assim como as inúmeras outras comunidades despedaçadas pela violência das armas de fogo. Todas merecem uma simples votação. Merecem uma simples votação.

Nossas iniciativas não impedirão todo e qualquer ato de violência absurda no país. Na verdade, nem as leis, nem as iniciativas, nem os atos administrativos poderão resolver à perfeição todos os desafios que enumerei esta noite. Mas não estamos aqui para ser perfeitos. Estamos aqui para fazer a diferença que pudermos, para dar segurança à nossa nação, expandir as oportunidades, responder por nossos ideais por meio do trabalho duro, não raro frustrante, mas absolutamente necessário, do autogoverno.

Estamos aqui para cuidar de nossos concidadãos americanos da mesma maneira como eles cuidam uns dos outros, a cada dia, em geral sem alarde, em todo o país. Devemos seguir o exemplo deles.

Devemos seguir o exemplo de uma enfermeira de Nova York chamada Menchu Sanchez. Quando o furacão Sandy mergulhou seu hospital na escuridão, ela não se preocupou em saber como estaria a própria casa. Sua mente estava voltada para os 20 recém-nascidos aos seus cuidados e para o plano de resgate que ela traçou e que os manteve em segurança.

Devemos seguir o exemplo de uma mulher do norte de Miami chamada Desiline Victor. Ao chegar a sua seção eleitoral, Desiline foi informada de que a espera na fila poderia durar seis horas. E enquanto o tempo passava, sua preocupação não estava voltada para o próprio corpo cansado ou os pés doendo, mas para a eventualidade de gente como ela não poder votar. E, hora após hora, uma verdadeira multidão se manteve em fila para apoiá-la — pois Desiline tem 102 anos. E todos aclamaram quando ela finalmente colou na roupa um adesivo dizendo: "Eu votei."

Devemos seguir o exemplo de um policial chamado Brian Murphy. Quando um atirador abriu fogo em um templo sikh em Wisconsin, Brian foi o primeiro a chegar e não se preocupou com a própria segurança. Resistiu até a chegada de ajuda e ordenou aos colegas que protegessem a segurança dos americanos que oravam lá dentro, embora tivesse sido ferido com 12 balas. E quando lhe perguntaram como foi que conseguiu fazer isso, Brian respondeu: "É assim que somos feitos."

É assim que somos feitos. Podemos ter empregos diferentes, usar uniformes diferentes e ter pontos de vista diferentes da pessoa ao nosso lado. Como americanos, no entanto, partilhamos com orgulho o mesmo título: somos cidadãos. É uma palavra que não remete apenas à nossa nacionalidade ou à nossa situação jurídica. Ela remete à maneira como somos feitos. Remete àquilo em que acreditamos. Contém a ideia perene de que nosso país só funciona quando aceitamos certas obrigações em relação uns aos outros e às gerações futuras, a ideia de que nossos direitos estão entrelaçados com os direitos dos outros; de que, já em nosso terceiro século como nação, continua sendo tarefa de todos nós, como cidadãos destes Estados Unidos, escrever o próximo grande capítulo da história americana.

Obrigado. Deus os abençoe, e Deus abençoe estes Estados Unidos da América.

"TRAYVON MARTIN [...] PODIA SER MEU FILHO"

Pronunciamento sobre Trayvon Martin

WASHINGTON DC, 19 DE JULHO DE 2013

A morte de Trayvon Martin* teve um profundo impacto pessoal para Barack Obama, levando-o a criar o programa My Brother's Keeper [Guardião do Meu Irmão] para estimular e inspirar meninos e adolescentes negros (e, eventualmente, meninas). Levou-o, também, a um dos pronunciamentos mais polêmicos e fortes da sua presidência, em março de 2012, quando Obama declarou, no Jardim das Rosas, que, se tivesse um filho, ele se pareceria com o jovem assassinado na Flórida. Um ano depois, após a libertação do assassino de Martin, Obama fez estes comentários mais extensos sobre o caso, os problemas que teve quando ele próprio crescia e as duras realidades enfrentadas por jovens de minorias étnicas nos Estados Unidos.

---

* O adolescente negro Trayvon Martin, de 17 anos, foi assassinado a tiros pelo vigia George Zimmerman em uma noite de fevereiro de 2012, em um bairro de Sanford, Flórida, quando voltava para a casa da namorada do pai depois de fazer compras em uma loja próxima. O vigia, que denunciara sua presença à polícia, alegou legítima defesa, escorando-se em uma lei local que autoriza qualquer tipo de reação, inclusive com arma de fogo, quando uma pessoa se sente ameaçada. A repercussão nacional do caso, contudo, levou ao seu julgamento. Zimmerman foi absolvido em julho do ano seguinte. (*N. do T.*)

E U QUIS VIR aqui, antes de tudo, para lhes dizer que Jay está preparado para suas perguntas e ansioso para participar da sessão. A segunda coisa é que quero que saibam que, nas duas próximas semanas, haverá, naturalmente toda uma série de questões — imigração, economia etc. —, e tentaremos providenciar uma entrevista coletiva mais ampla para responder a suas perguntas sobre esses temas.

Mas o motivo pelo qual eu de fato quis vir aqui hoje não foi para responder perguntas, mas para falar sobre uma questão que, evidentemente, recebeu muita atenção ao longo da última semana — a questão da sentença no caso Trayvon Martin. Fiz uma declaração preliminar logo depois da sentença no domingo. Mas, acompanhando o debate ao longo da última semana, achei que poderia ser útil expandir um pouco minhas considerações.

Em primeiro lugar, não quero deixar de, mais uma vez, enviar meus pensamentos e orações, assim como os de Michelle, à família de Trayvon Martin, e registrar a incrível elegância e dignidade com que eles têm lidado com a situação. Só posso imaginar aquilo por que estão passando, e é realmente notável a maneira como têm enfrentado tudo isso.

A segunda coisa que quero dizer é reiterar o que disse no domingo, isto é, que haverá muitas discussões sobre as questões legais envolvidas no caso — questões que deixarei para os analistas jurídicos e os comentaristas de sempre. O juiz conduziu o processo de maneira profissional. A promotoria e a defesa sustentaram seus argumentos. Os jurados foram devidamente informados de que, em um caso dessa natureza, a dúvida razoável era relevante, e deram seu veredito. E uma vez que o júri tenha-se manifestado, é assim que o nosso sistema funciona. Mas eu queria mesmo falar um pouco do contexto e da maneira como as pessoas reagiram ao resultado e da maneira com as pessoas estão se sentindo.

Como sabem, quando Trayvon Martin foi morto, eu disse que ele podia ser meu filho. Outra forma de dizer a mesma coisa é que Trayvon Martin podia ter sido eu 35 anos atrás. E quando tentamos entender por que há tanta dor na comunidade afro-americana em torno do que aconteceu aqui, acho importante reconhecer que a comunidade afro-americana encara essa questão por mei de um conjunto de experiências e de uma história que se recusa a ir embora.

São poucos os homens negros em nosso país que não tiveram a experiência de ser seguidos ao fazer compras em uma loja de departamentos. E isso me inclui. São poucos os homens negros que não tiveram a experiência de percorrer uma rua e ouvir as trancas serem acionadas nas portas dos carros. É o que acontecia comigo — pelo menos até eu ser eleito senador. São poucos os negros que não tiveram a experiência de entrar em um elevador e ver uma mulher agarrando a própria bolsa, nervosa, ou contendo a respiração até poder sair dali. Isso acontece com frequência.

Não quero exagerar, mas todas essas experiências informam a maneira como a comunidade afro-americana interpreta o que aconteceu certa noite na Flórida. E é inevitável que essas experiências se reflitam no julgamento das pessoas. A comunidade afro-americana também sabe que existe uma história de disparidades raciais na aplicação das nossas leis penais — desde a pena de morte até a aplicação da legislação sobre drogas. E isso acaba tendo um impacto no modo como as pessoas interpretam o caso.

Isso não quer dizer que a comunidade afro-americana seja ingênua em relação ao fato de jovens afro-americanos do sexo masculino estarem desproporcionalmente envolvidos no sistema penal; ao fato de serem desproporcionalmente, ao mesmo tempo, vítimas e responsáveis pela violência. Não se trata de encontrar desculpas para esse fato — embora os negros interpretem os motivos para isso por meio de um contexto histórico. Eles sabem que, em certa medida, a violência nos bairros negros pobres de todo o país decorre de um passado muito violento de nossa nação e que a pobreza e as perturbações a que assistimos nessas comunidades remontam a uma história muito difícil.

E, assim, o fato de isso, às vezes, não ser reconhecido, aumenta a frustração. Além do fato de muitos meninos afro-americanos serem apresentados em termos genéricos, e está dada a desculpa, quer dizer, existem todas essas estatísticas mostrando que os meninos afro-americanos são mais violentos — e usar isso como desculpa para ver seus filhos serem tratados de maneira diferente é algo que causa dor.

Acho que a comunidade afro-americana tampouco é ingênua na compreensão de que, estatisticamente, alguém como Trayvon Martin tinha maior probabilidade estatística de ser abatido a tiros por alguém como ele próprio do que por outra pessoa qualquer. Então, a comunidade entende os desafios que se apresentam aos meninos negros. No entanto, os membros dessa comunidade ficam frustrados, penso eu, quando sentem que não existe um contexto para tal e que esse contexto está sendo negado. E acredito que tudo isso contribui para a sensação de que, se um adolescente branco do sexo masculino estivesse envolvido no mesmo tipo de situação, em quaisquer circunstâncias, tanto o resultado quanto os desdobramentos poderiam ser diferentes.

No entanto, pelo menos para mim, e acho que também para muita gente, a questão é saber o que fazemos com isso. Como aprender certas lições com isso e seguir em uma direção positiva? Acho compreensível o fato de ter havido manifestações, vigílias e protestos, e, em certa medida, esse tipo de coisa terá mesmo que prosseguir, desde que continue de maneira não violenta. Se eu vir alguma violência, lembrarei ao pessoal que isso desonra o que aconteceu com Trayvon Martin e sua família. Mas, à parte protestos ou vigílias, a questão é saber se existem coisas concretas que possamos fazer.

Sei que Eric Holder* está examinando o que aconteceu, mas considero importante que as pessoas tenham expectativas claras. Tradicionalmente, essas são questões de Estado e de governo local, do código penal. E, tradicionalmente, a manutenção da ordem pública é feita em nível estadual e local, e não em nível federal.

Mas isso não significa que, como nação, não possamos fazer certas coisas que acredito que seriam produtivas. Quero, então, expor certos elementos que ainda estou examinando com minha equipe, nada que se pareça com um plano detalhado, mas apenas certas áreas nas quais creio que todos nós poderíamos nos concentrar.

Número um, justamente porque a manutenção da ordem pública muitas vezes é determinada em nível estadual e local, acho que seria produtivo que o Departamento de Justiça, os governadores e os prefeitos trabalhassem com os responsáveis pela ordem pública no treinamento em nível estadual e local, para reduzir certa desconfiança em relação ao sistema que ainda se manifesta.

Quando estava em Illinois, fiz aprovar uma legislação sobre preconceito racial no policiamento que, na verdade, fez apenas duas coisas bem simples. Primeiro, permitiu recolher dados sobre interpelações no trânsito e a raça da pessoa interpelada. Mas outra coisa foi que essa lei nos deu elementos para treinar os departamentos de polícia de todo o estado sobre maneiras de encarar possíveis preconceitos raciais e de profissionalizar ainda mais o que eles estavam fazendo.

---

* Procurador-geral dos Estados Unidos, o primeiro negro no cargo, nomeado por Obama. (*N. do T.*)

De início, os departamentos de polícia do estado se mostraram relutantes, mas, por fim, acabaram reconhecendo que, se isso fosse feito de maneira justa e clara, eles poderiam fazer seu trabalho melhor e as comunidades teriam mais confiança neles, e, por sua vez, se mostrariam mais colaborativas na aplicação da lei. E é claro que a manutenção da ordem pública é um trabalho muito duro.

Esta é, portanto, uma área em que considero que há muitos recursos e práticas aperfeiçoadas a que podemos recorrer se os governos estaduais e locais se mostrarem receptivos. E acho que muitos deles de fato o seriam. Vamos então tentar ver se existem maneiras de estimular esse tipo de treinamento.

No mesmo sentido, acho que seria útil examinarmos certas leis estaduais e locais para ver se estão redigidas de maneira que talvez estimulem os tipos de altercações, confrontos e tragédias que vimos no caso da Flórida, em vez de dissipar possíveis altercações.

Sei que houve comentários a respeito do fato de as leis sobre o direito de defesa na Flórida não terem sido usadas como defesa nesse caso. Por outro lado, se mandarmos a nossas comunidades a mensagem, como sociedade, de que uma pessoa armada talvez tenha o direito de usar essas armas de fogo mesmo se houver um jeito de sair da situação, será que isso realmente vai contribuir para o tipo de paz, segurança e ordem que gostaríamos de ter?

E àqueles que resistem à ideia de que devemos pensar sobre essas leis de legítima defesa, eu pediria, apenas, que se perguntem: se Trayvon Martin fosse maior de idade e estivesse armado, não poderia também ter invocado o direito de legítima defesa naquele momento? E será que de fato consideramos que ele teria o direito de atirar no sr. Zimmerman, que o tinha seguido de carro, por se sentir ameaçado? E se a resposta a esta pergunta for pelo menos ambígua, parece-me que é mesmo do nosso interesse rever esse tipo de leis.

Número três, e aqui falamos de um projeto de longo prazo: precisamos dedicar algum tempo a imaginar como apoiar e estimular nossos meninos afro-americanos. Michelle e eu conversamos muito sobre isso. Existem por aí muitas crianças que precisam de ajuda, mas estão recebendo muitos estímulos negativos. E será que não haveria algo mais que pudéssemos fazer para dar a eles a sensação de que seu país se importa com eles, dá valor a eles e está disposto a investir neles?

Não sou ingênuo quanto às perspectivas de algum programa federal grandioso ser criado com esta finalidade. Nem estou certo de que estejamos falando desse tipo de coisa aqui. Mas reconheço que, como presidente, tenho algum poder de mobilização, e nesse terreno existem, em todo o país, muitos bons programas sendo aplicados. E se pudermos reunir líderes empresariais, políticos locais, sacerdotes, celebridades e atletas para descobrir maneiras melhores de ajudar os jovens afro-americanos a sentir que são de pleno direito parte da nossa sociedade e que dispõem de portas e caminhos para o sucesso — acho que esse seria um excelente resultado de uma situação evidentemente trágica. E vamos passar algum tempo trabalhando nisso e pensando a esse respeito.

Finalmente, acho que será importante para todos nós fazer um exame de consciência. Tem se falado da eventual necessidade de convocarmos um diálogo sobre raça. Não tenho considerado particularmente produtivo quando políticos tentam organizar debates. Eles acabam se revelando artificiais e politizados, e cada um fica preso na posição que já assumia. Por outro lado, nas famílias, nas igrejas e nos locais de trabalho existe a possibilidade de as pessoas se mostrarem um pouco mais sinceras, e pelo menos cada um se pergunta se está de fato tentando se livrar dos próprios preconceitos. Será que, tanto quanto possível, estou avaliando as pessoas não pela cor da pele, mas pelo caráter? Acho que esse seria um bom exercício após essa tragédia.

E gostaria de me despedir com o lembrete de que, por mais difícil e desafiador que todo esse episódio tenha sido para tantas pessoas, não quero que percamos de vista que as coisas estão melhorando. Cada geração parece estar fazendo progressos na mudança de atitude quando se trata de raça. Não quer dizer que estejamos em uma sociedade pós-racial. Não quer dizer que o racismo tenha sido eliminado. Mas quando converso com Malia e Sasha, quando ouço seus amigos e os vejo interagindo, eles se mostram melhores que nós — melhores do que éramos — nessas questões. O que se aplica a cada comunidade que tenho visitado em todo o país.

Portanto, temos que ser vigilantes e temos que trabalhar nessas questões. E nós que estamos em posição de autoridade devemos fazer o possível para estimular os melhores anjos da nossa natureza, em vez de usar tais episódios para agravar as divisões. Mas também devemos confiar em que hoje em dia a garotada, na minha opinião, tem mais bom senso que nós naquela época, e, sem dúvida, mais que nossos pais ou nossos avós; e saber que, nessa jornada longa e difícil, estamos aperfeiçoando nossa união — não temos ainda uma união perfeita, mas temos uma união aperfeiçoada.

"TENHAM AMOR"

Pronunciamento no Café da Manhã da Oração Nacional

Washington DC, 5 de fevereiro de 2015

O Café da Manhã da Oração Nacional é um evento anual em Washington que reúne milhares de religiosos de todo o mundo, entre eles líderes de várias denominações. O discurso de Obama no desjejum de 2015 talvez tenha sido o seu mais memorável, e o mais debatido. O presidente começou manifestando a preocupação de que a religião estivesse "sendo deturpada e distorcida, usada como cunha — ou, pior ainda, usada, às vezes, como arma". Esses comentários, em si mesmos, não mereceram muita atenção, mas foi o que Obama disse em seguida que levou seus adversários políticos à histeria. Reconhecendo os vínculos históricos profundos entre religião e violência, Obama advertiu para o risco da arrogância, citando especificamente as Cruzadas, a escravidão e Jim Crow como exemplos de uso de interpretações radicais do cristianismo para justificar a opressão. Seus comentários desencadearam um debate nacional sobre a religião nos Estados Unidos e em todo o mundo, além de um exame do papel da violência no cristianismo e no islamismo.

Q UE DEUS SEJA louvado e honrado. É maravilhoso estar de volta aqui com vocês. Quero agradecer aos dois presidentes, Bob e Roger. Eles nem sempre concordam no Senado, mas, ao se unirem e ao unirem todos nós em oração, encarnam o espírito da nossa assembleia de hoje.

Quero também agradecer a todos que contribuíram para a organização deste Café da Manhã. É maravilhoso ver tantos amigos, líderes religiosos e dignitários. Michelle e eu estamos realmente honrados de nos juntar a vocês aqui hoje.

Quero dar boas-vindas especiais a um grande amigo, Sua Santidade o Dalai Lama — um exemplo poderoso do que significa praticar a compaixão, que nos inspira a nos pronunciar em favor da liberdade e da dignidade de todos os seres humanos. Tive o prazer de recebê-lo na Casa Branca em muitas oportunidades, e somos gratos pelo fato de ele ter se juntado a nós aqui.

Não são muitas as oportunidades de reunir Sua Santidade e a Nascar* sob o mesmo teto. Esta talvez seja a primeira. Mas os caminhos de Deus são misteriosos. E também quero agradecer a Darrell [Waltrip] pela maravilhosa apresentação. Darrell sabe que, quando estamos a 300 quilômetros por hora, uma pequena oração não faz mal algum. Desconfio de que, mais de uma vez, Darrell tenha tido o mesmo pensamento que muitos de nós: Jesus, assuma o comando. Muito embora eu espere que você tenha mantido as mãos no volante ao pensar isso.

Ele e eu, evidentemente, temos em comum o fato de termos melhorado de condição com o casamento. E somos muito gratos a Stevie pelo incrível trabalho que eles fizeram juntos na construção de um ministério onde os pilotos mais rápidos podem diminuir um pouco a velocidade e passar algum tempo em oração, reflexão e ação de graças. Além disso, queremos, sem dúvida, desejar a Darrell um feliz aniversário. Feliz aniversário.

Mas quero registrar, Darrell, que quando você estava lendo a lista das coisas que dizem a seu respeito, fiquei pensando: mas é só isso mesmo? Quer dizer... se quiser uma lista de verdade, venha falar comigo. Porque aquilo não é nada. Aquilo é o melhor que conseguem fazer na Nascar?

---

* National Association for Stock Car Auto Racing (Associação Nacional de Automobilismo de Carros de Marca). (*N. do T.*)

Diminuir o ritmo e fazer uma pausa para a comunhão e a oração, é disso que este Café da Manhã se trata. Acho que se pode dizer que Washington anda muito mais devagar que a Nascar. Sem dúvida, é o que acontece às vezes com a minha agenda. Mas, ainda assim, é mais fácil ser apanhado na correria da nossa vida, e nas idas e vindas políticas que podem tomar conta desta cidade. Nós nos desviamos do rumo por causa das distrações, tanto grandes quanto pequenas. Não conseguimos passar dez minutos sem verificar o celular — e, no caso da minha equipe, são mesmo dez segundos. Assim, há 63 anos esta tradição de orações nos tem reunido, dando-nos a oportunidade de estar juntos em humildade diante do Todo-Poderoso e de nos lembrarmos daquilo que compartilhamos como filhos de Deus.

Para mim, com certeza, esta é sempre uma oportunidade de refletir sobre minha própria jornada de fé. Muitas vezes, como presidente, lembrei-me de um trecho de oração de que Eleanor Roosevelt gostava muito. Ela dizia: "Mantenha-nos empenhados em tarefas tão difíceis para nós que sejamos compelidos a buscá-Lo para ter forças." Mantenha-nos empenhados em tarefas tão difíceis para nós que sejamos compelidos a buscá-Lo para ter forças. Algumas vezes me perguntei se Deus não estaria atendendo um pouco literalmente demais a esse pedido. Mas, seja qual for o desafio, Ele tem estado presente para todos nós. Sem dúvida me fortaleceu "com o poder do Seu Espírito", pois tenho buscado Sua orientação não apenas na minha vida particular, mas também na vida da nossa nação.

Nos últimos meses, enfrentamos alguns desafios — e certamente nos seis últimos anos. Mas parte do que quero tratar hoje é até que ponto temos visto profissões de fé usadas como instrumento para fazer muito bem, mas também distorcidas e desvirtuadas em nome do mal.

Neste exato momento podemos ver, em todo o mundo, a fé inspirando pessoas a estimular umas às outras — alimentando os famintos e cuidando dos pobres, reconfortando os aflitos e fazendo a paz onde há conflito. Soubemos do excelente trabalho realizado por aquela freira na Filadélfia e do incrível trabalho que o Dr. Brantly[*] e seus colegas fazem. Vemos que a fé é capaz de nos levar a fazer o que é certo.

---

[*] Kent Brantly, médico e missionário americano que, tratando de vítimas do ebola na África, contraiu o vírus e veio a se curar. (*N. do T.*)

Mas também vemos a fé sendo deturpada e distorcida, usada como cunha — ou, pior ainda, usada, às vezes, como arma. De uma escola no Paquistão às ruas de Paris, vimos violência e terror sendo cometidos por aqueles que afirmam se posicionar em nome da fé, da sua fé, afirmando agir em nome do Islã, mas, na verdade, traindo-o. Vemos o Estado Islâmico, um culto brutal, perverso e mortífero que, em nome da religião, promove inomináveis atos de barbárie — aterrorizando minorias religiosas como os iazidis, submetendo mulheres ao estupro como arma de guerra e reivindicando o manto da autoridade religiosa para tais atos.

Vemos uma guerra sectária na Síria, o assassinato de muçulmanos e cristãos na Nigéria, uma guerra religiosa na República Centro-Africana, uma crescente onda de antissemitismo e crimes de ódio na Europa, tantas vezes cometidos em nome da religião.

Como é, então, que nós, como pessoas de fé, podemos conciliar essas realidades — o profundo bem, a força, a tenacidade, a compaixão e o amor que podem fluir de todas as nossas crenças, funcionando paralelamente àqueles que querem sequestrar o religioso para suas finalidades assassinas?

A humanidade vem enfrentando essas questões ao longo de toda a sua história. E para não nos armarmos de nossa arrogância e acharmos que isso ocorre apenas em outras partes do mundo, cabe lembrar que durante as Cruzadas e a Inquisição eram cometidos atos terríveis em nome de Cristo. Em nosso país, a escravidão e Jim Crow eram justificados com demasiada frequência em nome de Cristo. Michelle e eu voltamos da Índia — um país lindo e incrível, de uma diversidade magnífica —, mas um lugar onde, nos últimos anos, fés religiosas de todos os tipos têm sido alvo de ataques de outros que creem em outras religiões, simplesmente em virtude de sua herança e de suas crenças — atos de intolerância que teriam chocado Gandhi, o homem que contribuiu para a libertação do país.

De modo que essas coisas não são exclusivas de determinado grupo ou determinada religião. Existe em nós certa tendência, uma tendência pecaminosa, capaz de perverter e distorcer nossa fé. No mundo de hoje, quando grupos que promovem o ódio têm suas contas de Twitter e o fanatismo religioso pode contaminar as pessoas a partir de lugares ocultos no espaço cibernético, pode ser ainda mais difícil neutralizar essa intolerância. Mas Deus nos exorta a tentar. E, nesta missão, acredito que há alguns princípios que podem nos guiar, em especial àqueles entre nós que se declaram pessoas de fé.

Em primeiro lugar, devemos começar com uma humildade básica. Eu considero que o ponto de partida da fé é alguma medida de dúvida — não ser tão cheio de si e tão convicto de estar certo e de que Deus fala apenas a nós, e não aos outros, de que Deus só se importa conosco e não se importa com os outros, de que, de certa forma, somos os donos da verdade.

Nossa tarefa não é pedir que Deus atenda ao nosso conceito de verdade — nossa tarefa é sermos fiéis a Ele, a Sua palavra, a Seus mandamentos. E devemos aceitar humildemente que estamos confusos e nem sempre sabemos o que fazemos, tropeçando e cambaleando em direção a Ele, e demonstrar nossa humildade nesse processo. Isso significa que devemos nos pronunciar contra aqueles que abusam do Seu nome para justificar a opressão, ou a violência, ou o ódio, com encarniçada certeza. Nenhum Deus tolera o terrorismo. Nenhum ressentimento ou injustiça justifica acabar com vidas inocentes ou oprimir aqueles que são mais fracos ou menos numerosos.

Assim, como homens de fé, somos convocados a rechaçar aqueles que tentam distorcer nossa religião — qualquer religião — para suas finalidades niilistas. Seja aqui em casa ou em todo o mundo, reafirmaremos constantemente essa liberdade fundamental — a liberdade religiosa —, o direito de praticar nossa fé como quisermos, de mudarmos de fé se quisermos, de não ter nenhuma fé se preferirmos, e de fazer tudo isso livres de perseguição, medo e discriminação.

Foi sábio da parte dos nossos fundadores inscrever nos documentos que contribuíram para a fundação desta nação o conceito de liberdade religiosa, pois eles entendiam a necessidade de humildade. Sabiam, também, da necessidade de afirmar a liberdade de expressão, da conexão entre liberdade de expressão e liberdade religiosa. Pois o desrespeito a um desses direitos, a pretexto de proteger o outro, é uma traição de ambos.

Mas faz parte da humildade reconhecer, também, que em sociedades modernas, complexas e diversificadas o funcionamento desses direitos e a preocupação com a proteção desses direitos requer que cada um de nós pratique a civilidade, a moderação e o discernimento. Na verdade, se defendemos o direito legal de uma pessoa insultar a religião de outra, somos igualmente obrigados a nos valer da liberdade de expressão para condenar tais insultos — e estender a mão a comunidades religiosas, em especial as minoritárias, que são alvo desses ataques. Só porque alguém tem o direito de dizer algo não significa que devamos nos abster de questionar os que insultam em nome da liberdade de expressão. Pois sabemos que nossas nações são mais fortes quando homens e mulheres de todas as religiões se sentem acolhidos, sentem que são membros iguais e de pleno direito dos nossos países.

Creio, portanto, que a humildade é necessária. E a segunda coisa de que precisamos é preservar a distinção entre nossa fé e nossos governos. Entre Igreja e Estado. Os Estados Unidos são um dos países mais religiosos do mundo — muito mais religiosos que a maioria dos países ocidentais desenvolvidos. Um dos motivos para isso é o fato de nossos fundadores terem tido a sabedoria de adotar a separação entre Igreja e Estado. Nosso governo não patrocina nenhuma religião nem pressiona ninguém a praticar determinada fé, ou qualquer fé que seja. E o resultado disso é uma cultura em que gente de todas as origens e crenças pode cultuar livremente e se orgulhar da sua crença, sem medo nem coerção — de tal maneira que, quando ouvimos Darrell falando da sua jornada de fé, sabemos que ela é real. Sabemos que ele não está falando aquilo porque o ajuda de alguma maneira ou porque alguém lhe disse que o fizesse. Vem do coração.

Não é o que acontece em teocracias, que restringem o direito de escolha da fé. Não é o que acontece em governos autoritários, que elevam um líder individual ou um partido político acima do povo, ou, em certos casos, acima do próprio conceito de Deus. Portanto, a liberdade religiosa é um valor que continuaremos a proteger aqui em casa e pelo qual nos posicionaremos em todo o mundo, um valor que preservamos de modo vigilante aqui nos Estados Unidos.

No ano passado, nós nos reunimos para orar pela libertação do missionário cristão Kenneth Bae, que foi detido na Coreia do Norte durante dois anos. E hoje damos graças por Kenneth finalmente estar de volta onde deveria estar — em casa, com sua família.

No ano passado oramos juntos pelo pastor Saeed Abedini, detido no Irã desde 2012. E eu estive recentemente em Boise, Idaho, e tive a oportunidade de encontrar a linda esposa do pastor Abedini e seus maravilhosos filhos e de lhes comunicar que nosso país não esqueceu o irmão Saeed, que estamos fazendo todo o possível para trazê-lo de volta para casa. E então recebi uma carta extraordinária do pastor Abedini. Nela, ele descreve o cativeiro, manifestando sua gratidão por minha visita a sua família e agradecendo a todos nós pela solidariedade com ele durante o cativeiro.

O pastor Abedini escreveu: "Nada é mais valioso para o Corpo de Cristo do que ver que o Senhor está no controle, indo adiante dos países e das lideranças por meio da oração em união." Ele encerrava a carta dizendo-se "um prisioneiro por Cristo, que se orgulha de fazer parte dessa grande nação dos Estados Unidos da América, que se preocupa com a liberdade religiosa no mundo".

Nós vamos levar adiante esse trabalho — pelo pastor Abedini e por todos aqueles que são detidos ou perseguidos de modo injusto por causa de sua fé em qualquer parte do mundo. E somos gratos ao nosso novo embaixador plenipotenciário para a Liberdade Religiosa Internacional, o rabino David Saperstein — que imediatamente pôs mãos à massa e dentro de alguns dias viaja para o Iraque para ajudar certas comunidades religiosas a enfrentar alguns desses desafios. Onde está o David? Sei que ele está em algum lugar aqui. Obrigado, David, pelo excelente trabalho que vem fazendo.

Humildade; certa desconfiança de qualquer tentativa do governo de se colocar entre nós e nossa fé, ou de ditar a nossa fé, ou de elevar uma fé sobre outra. E, por fim, cabe lembrar que, se existe uma lei que, com certeza, parece unir pessoas de todas as religiões, além de pessoas que ainda tentam encontrar o caminho para a própria fé, mas já trazem um senso de ética e moral, essa lei é a Regra de Ouro segundo a qual devemos tratar os outros como gostaríamos de ser tratados. Diz a Torá: "Ama teu próximo como a ti mesmo." No Islã há um hádice que afirma: "Nenhum de vocês acredita verdadeiramente até amar o irmão como ama a si mesmo." A Bíblia Sagrada nos diz: "Tenham amor, pois o amor tudo une, em perfeita harmonia." Tenham amor.

Quaisquer que sejam nossas crenças ou nossas tradições, devemos buscar ser instrumentos da paz e levar luz onde haja trevas, semeando amor onde houver ódio. Esta é a mensagem de amor de Sua Santidade o papa Francisco. E como tantas pessoas em todo o mundo, eu fui tocado por sua exortação a aliviar o sofrimento e mostrar justiça, misericórdia e compaixão aos mais vulneráveis; a caminhar com o Senhor e perguntar: "Quem sou eu para julgar?" Ele nos desafia a seguir com o que chama de nossa "marcha da esperança viva". E como milhões de americanos, estou ansioso por dar as boas-vindas ao papa Francisco aos Estados Unidos ainda este ano.

Sua Santidade manifesta esta lei fundamental: tratar o próximo como a si mesmo. O Dalai Lama — qualquer um que tenha tido a oportunidade de estar com ele sente esse mesmo espírito. Kent Brantly expressa esse mesmo espírito. Kent estava com a organização Samaritan's Purse tratando pacientes de ebola na Libéria quando contraiu o vírus. E com cuidados médicos da melhor categoria e uma profunda ligação com a fé, com a ajuda de Deus, Kent sobreviveu.

Em seguida, ao doar seu plasma, ele ajudou outros a sobreviverem também. E continua defendendo uma reação global na África Ocidental, lembrando que "nossos esforços precisam ser centrados no amor aos que lá se encontram". Eu não poderia ter me sentido mais orgulhoso de receber Kent e sua maravilhosa esposa, Amber, no Salão Oval. É uma bênção tê-lo hoje aqui conosco — pois ele nos lembra do que significa de fato "amar o próximo como a si mesmo". Não apenas palavras, mas atos.

Cada um de nós desempenha um papel na realização do nosso propósito comum e maior: não apenas galgar posições altas, mas mergulhar mais fundo para encontrar forças para amar de modo mais pleno. Talvez este seja o nosso maior desafio: ver nosso próprio reflexo uns nos outros; ser os guardiões do nosso irmão e da nossa irmã e ter confiança uns nos outros. Como filhos de Deus, façamos deste o nosso trabalho, juntos.

Como filhos de Deus, vamos trabalhar para acabar com a injustiça — a injustiça da pobreza e da fome. Ninguém deveria sofrer desse tipo de carência em meio a tanta abundância. Como filhos de Deus, vamos trabalhar para eliminar o flagelo da falta de teto, pois, como diz a irmã Mary,* "nenhum de nós está em casa até que todos estejamos em casa". Nenhum de nós está em casa até que todos estejamos em casa.

Como filhos de Deus, vamos nos posicionar pela dignidade e pelo valor de toda mulher, todo homem e toda criança, pois somos todos iguais aos Seus olhos, e vamos trabalhar para acabar com o flagelo e o pecado da escravidão e do tráfico de seres humanos no mundo moderno, para "libertar os oprimidos".

---

* Mary Ignatius Davies (1921-2003), freira jamaicana da Ordem das Irmãs da Misericórdia, que se destacou por seu trabalho com a música. (*N. do T.*)

Se nos mostrarmos realmente humildes, se, às vezes, ficarmos de joelhos, reconheceremos que nunca conhecemos por inteiro os desígnios de Deus. Jamais seremos capazes de entender plenamente Sua sublime graça. "Agora vemos em espelho, de maneira confusa"* — tentando lidar com o alcance de Seu assombroso amor. Mesmo dentro de nossos limites, contudo, podemos estar atentos ao que é necessário: fazer justiça, amar a bondade e caminhar humildemente com nosso Deus.

E eu rezo para que o façamos. Enquanto caminhamos juntos nesta "marcha da esperança viva", rezo para que, em Seu nome, possamos correr sem nos cansar e caminhar sem desfalecer, dando ouvidos a essas palavras e cuidando de "ter amor".

Que o Senhor os abençoe e os guarde, e que Ele abençoe nosso precioso país, que tanto amamos.

---

* Coríntios, 13:12. (*N. do T.*)

"POIS SOMOS FILHOS DA MUDANÇA"

Pronunciamento no 50º aniversário do "Domingo Sangrento"
Selma, Alabama, 7 de março de 2015

O discurso de Obama na ponte Edmund Pettus, no 50º aniversário do "Domingo Sangrento" não foi seu primeiro pronunciamento em Selma. Sete anos antes, ele e Hillary Clinton tinham travado um duelo oratório na cidade, cujas cenas de brutalidade racista contribuíram para a aprovação da Lei dos Direitos de Voto em 1965. Mas o discurso de Obama em 2015 está entre os seus mais belos pronunciamentos. É uma elegia americana, repleta de odes às batalhas heroicas da época dos direitos civis, comparadas por Obama às grandes batalhas das guerras americanas. É um discurso poético, citando tanto James Baldwin quanto a Bíblia. É um discurso de esperança. E foi pronunciado quando mal se havia dissipado o clamor da revolta em Ferguson, Missouri, depois de mais uma morte, mais uma absolvição de um policial e novas provas das imperfeições da união americana.

Membro do público: Nós amamos você, presidente Obama!
presidente: Bem, vocês sabem que eu também amo vocês.

É uma rara honra nesta vida seguir um dos nossos heróis. E John Lewis* é um dos meus heróis.

Mas cabe supor que, quando um John Lewis ainda jovem acordou naquela manhã, 50 anos atrás, e se dirigiu para a capela Brown, não estava pensando em heroísmo. Um dia como esse não estava em seus pensamentos. Jovens com mochilas e sacos de dormir passavam por ele. Veteranos do movimento treinavam novatos nas práticas da não violência; a melhor maneira de se defender em caso de ataque. Um médico descrevia o que o gás lacrimogêneo causa no corpo, enquanto manifestantes anotavam instruções sobre como entrar em contato com entes queridos. O clima era de dúvida, expectativa e medo. E eles se reconfortavam com o versículo final do último hino que cantaram:

"Qualquer que seja o teste, Deus cuidará de você; Repousa, você que está exausto; no Seu peito, Deus cuidará de você."

E, então, levando na mochila uma maçã, uma escova de dentes e um livro sobre a arte de governar — tudo o que seria necessário para uma noite atrás das grades —, John Lewis tomou a frente deles para sair da igreja e cumprir a missão de mudar os Estados Unidos.

Presidente e Sra. Bush, governador Bentley, prefeito Evans, Sewell, reverendo Strong, membros do Congresso, representantes eleitos, soldados de infantaria, amigos, concidadãos americanos:

Como John observou, há lugares e momentos nos Estados Unidos em que o destino da nossa nação foi decidido. Muitos são cenários de guerra: Concord e Lexington, Appomattox, Gettysburg. Outros, são lugares que simbolizam a audácia do temperamento americano: Independence Hall e Seneca Falls, Kitty Hawk e cabo Canaveral.

Selma é um desses lugares. Certa tarde, há 50 anos, uma parte muito grande da nossa turbulenta história — a mancha da escravidão e a angústia da guerra civil; o jugo da segregação e a tirania de Jim Crow; a morte de quatro menininhas em Birmingham e o sonho de um pregador batista — marcou encontro nesta ponte.

---

* Político democrata nascido em 1940, deputado federal pelo estado da Geórgia, líder do movimento pelos direitos civis dos negros e combate à segregação racial, foi um dos organizadores, em 1963, da Marcha sobre Washington. (*N. do T.*)

Não foi um confronto de exércitos, mas um confronto de vontades; uma disputa para determinar o verdadeiro significado dos Estados Unidos. E por causa de homens e mulheres como John Lewis, Joseph Lowery, Hosea Williams, Amelia Boynton, Diane Nash, Ralph Abernathy, C. T. Vivian, Andrew Young, Fred Shuttlesworth, o Dr. Martin Luther King Jr. e tantos outros, a ideia de uma nação justa, inclusiva e generosa acabou triunfando.

Como acontece em toda a paisagem da história americana, não podemos examinar esse momento isoladamente. A marcha sobre Selma fazia parte de uma campanha mais ampla que abarcava gerações; os líderes desse dia eram parte de uma longa linhagem de heróis.

Estamos aqui reunidos para homenageá-los. Estamos aqui reunidos para honrar a coragem de americanos comuns dispostos a enfrentar cassetetes e espancamentos; gás lacrimogêneo e patas de cavalos; homens e mulheres que, não obstante o sangue derramado e os ossos quebrados, dispunham-se a se manter fiéis à sua Estrela Guia e a continuar marchando em direção à justiça.

Eles fizeram como prescrito nas Escrituras: "Alegrai-vos na esperança, sede pacientes na tribulação, constantes na oração." E nos dias que se seguiram, continuaram voltando outras e outras vezes. Quando soou a convocação para novas adesões, as pessoas vieram — negros e brancos, jovens e idosos, cristãos e judeus, acenando com a bandeira americana e cantando os mesmos hinos cheios de fé e esperança. Um jornalista branco, Bill Plante, que cobriu as marchas na época e hoje está aqui conosco, brincou dizendo que o crescente número de brancos baixava a qualidade do canto. Para aqueles que marchavam, contudo, aqueles velhos cantos evangélicos nunca devem ter soado tão maravilhosos.

Com o tempo, seu coro cresceria, chegando ao presidente Johnson. E ele enviou-lhes proteção e falou à nação, fazendo ressoar seu apelo para que os Estados Unidos e o mundo o ouvissem: "Nós venceremos." Que fé impressionante tinham esses homens e essas mulheres. Fé em Deus, mas também fé nos Estados Unidos.

Os americanos que atravessaram esta ponte não eram fisicamente impressionantes. Mas deram coragem a milhões. Não tinham cargos eletivos. Mas lideraram uma nação. Marcharam como americanos que haviam suportado centenas de anos de violência brutal e inúmeras humilhações diárias, mas não buscavam nenhum tratamento especial, apenas o tratamento igual que lhes fora prometido quase um século antes.

O que fizeram aqui vai reverberar pelas eras que virão pela frente. Não porque a mudança que conquistaram estivesse predeterminada, não porque sua vitória fosse completa, mas porque provaram que a mudança não violenta é possível, que o amor e a esperança podem prevalecer sobre o ódio.

No momento em que comemoramos essa conquista, convém lembrar que, na época das marchas, muitos dos que estavam no poder as condenavam, em vez de apoiá-las. Na época, os integrantes do movimento eram chamados de comunistas, mestiços, agitadores externos, degenerados sexuais e morais ou, pior ainda — eram chamados de tudo, menos pelo nome que receberam dos pais. Sua fé era questionada. Suas vidas, ameaçadas. Seu patriotismo, posto em dúvida.

No entanto, o que poderia ser mais americano que o que aconteceu neste lugar? O que poderia reafirmar mais profundamente a ideia dos Estados Unidos que essas pessoas comuns e humildes — anônimos, oprimidos, sonhadores sem posições altas, não tendo nascido na riqueza nem no privilégio, pertencentes não a uma tradição religiosa, mas a muitas, unindo-se para determinar o curso do seu país?

Que maior manifestação de fé na experiência americana poderia haver, que maior forma de patriotismo, que a crença em que os Estados Unidos ainda não estão prontos e acabados, a convicção de que ainda somos fortes o suficiente para ter autocrítica, de que cada sucessiva geração pode olhar para nossas imperfeições e decidir que está ao nosso alcance refazer nossa nação para que se alinhe melhor com nossos ideais mais elevados?

É por isso que Selma não é algo discrepante na experiência americana. É por isso que não é um museu nem um monumento estático a ser contemplado ao longe. É, isto sim, a manifestação de um credo inscrito nos nossos documentos fundadores: "Nós, o povo [...] para formar uma união perfeita, [...] consideramos evidente a verdade de que todos os homens são criados iguais."

Não são apenas palavras. São algo vivo, um chamamento à ação, um mapa da cidadania e uma insistência na capacidade de homens e mulheres livres de moldar nosso próprio destino. Para fundadores como Franklin e Jefferson, para líderes como Lincoln e Franklin Roosevelt, o sucesso da nossa experiência de autogoverno repousava no empenho de todos os nossos cidadãos para a realização dessa obra. E é o que comemoramos aqui em Selma. Era disto que se tratava todo esse movimento: um passo em nossa longa jornada para a liberdade.

O instinto americano que levou esses jovens a empunhar a tocha e atravessar a ponte é o mesmo instinto que levou patriotas a optar pela revolução contra a tirania. O mesmo instinto que atraiu imigrantes de além-mar e da outra margem do rio Grande; o mesmo instinto que levou mulheres a lutar pelo direito de voto, trabalhadores a se organizar contra um *status quo* injusto; o mesmo instinto que nos levou a fincar uma bandeira em Iwo Jima e na superfície da Lua.

É a ideia sustentada por gerações de cidadãos que acreditavam que os Estados Unidos são uma obra em constante progresso; que acreditavam que amar nosso país não é apenas uma questão de lhe entoar louvores ou evitar verdades incômodas. Também se trata de eventuais divisões, da disposição de se manifestar pelo que é certo, de sacudir o *status quo*. É isso que os Estados Unidos são.

É o que nos torna únicos. É o que solidifica nossa reputação como um farol de oportunidades. Jovens que estavam atrás da Cortina de Ferro puderam ver Selma e, em algum momento, derrubar aquele muro. Jovens em Soweto puderam ouvir Bob Kennedy falar de pequenas ondas de esperança e acabar com o flagelo do Apartheid. Jovens na Birmânia preferiram ir para a prisão do que se submeter ao domínio militar. Viram o que John Lewis tinha feito. Das ruas de Túnis ao Maidan na Ucrânia, esta geração de jovens pode extrair força deste lugar, onde os sem-poder foram capazes de mudar a maior potência do mundo e forçar seus dirigentes a ampliar as fronteiras da liberdade.

Eles viram essa ideia ser transformada em direitos concretos aqui em Selma, Alabama. Viram essa ideia se manifestar aqui nos Estados Unidos.

Por causa de campanhas como essa, uma Lei dos Direitos de Voto foi aprovada. Barreiras políticas, econômicas e sociais foram derrubadas. E as mudanças promovidas por esses homens e essas mulheres é visível aqui, hoje, na presença de afro-americanos que dirigem conselhos de administração, presidem tribunais, exercem mandatos eleitorais em cidades pequenas e grandes, da bancada negra do Congresso até o Salão Oval.

Em virtude do que eles fizeram, as portas da oportunidade se abriram não apenas para pessoas negras, mas para todos os americanos. Mulheres passaram por essas portas. Latinos passaram por essas portas. Americanos de origem asiática, americanos gays, americanos com deficiências — todos eles passaram por essas portas. Seus esforços deram a todo o Sul a oportunidade de se erguer de novo, não reafirmando o passado, mas transcendendo-o.

"Que coisa mais gloriosa", talvez o Dr. King dissesse. E que dívida solene nós temos para com eles. O que nos faz perguntar: de que maneira poderíamos pagá-la?

Para começar, devemos reconhecer que um dia de comemoração, por mais especial que seja, não basta. Se Selma nos ensinou algo, é que nosso trabalho nunca está concluído. A experiência americana de autogoverno representa trabalho e propósito para cada geração.

Selma também nos ensina que a ação exige que deixemos de lado nossa descrença. Pois, quando se trata da busca da justiça, não podemos nos dar o luxo de complacência nem desespero.

Esta semana mesmo me perguntaram se eu achava que o relatório do Departamento de Estado sobre Ferguson demonstra que, na questão racial, pouco mudou no país. E eu entendi a pergunta; o que o relatório continha era tristemente conhecido. Mencionava o tipo de abuso e desrespeito pelos cidadãos que levou ao Movimento dos Direitos Civis. Mas não aceito a ideia de que nada mudou. O que aconteceu em Ferguson pode não ser um fenômeno isolado, mas não é mais algo endêmico. Não é mais aprovado pela lei ou pelo costume. E, antes do Movimento dos Direitos Civis, certamente o era.

Estamos prestando um desserviço à causa da justiça ao presumir que o preconceito e a discriminação são imutáveis, que a divisão racial é algo inerente aos Estados Unidos. Se você acha que nada mudou nos últimos 50 anos, pergunte a alguém que estava presente em Selma, em Chicago ou na Los Angeles da década de 1950. Pergunte à diretora executiva, que antes só podia estar na mesa das secretárias, se nada mudou. Pergunte a um amigo gay se é mais fácil sair do armário e se orgulhar nos Estados Unidos hoje do que 30 anos atrás. Negar esses avanços, esses progressos duramente conquistados — o nosso progresso — seria privar-nos da nossa capacidade de ação, da nossa responsabilidade de fazer o que podemos para tornar os Estados Unidos melhores.

É claro que um erro mais comum consiste em considerar que Ferguson é um incidente isolado, que o racismo acabou, que a missão que levou homens e mulheres a Selma está concluída e que as tensões raciais que ainda perduram são consequência daqueles que tentam jogar a "carta racial" para conquistar seus próprios objetivos. Não precisamos ler o relatório sobre Ferguson para saber que isso não é verdade. Precisamos apenas abrir os olhos, os ouvidos e o coração para saber que a história racial do nosso país ainda projeta sua enorme sombra sobre nós.

Sabemos que a marcha ainda não chegou ao fim. Sabemos que a corrida ainda não está ganha. Sabemos que chegar àquele destino abençoado em que somos julgados, todos nós, pelo conteúdo do nosso caráter exige admitir essa limitação: enfrentar a verdade. "Somos capazes de suportar uma carga muito pesada", escreveu James Baldwin certa vez, "quando descobrimos que a carga é a realidade e chegamos aonde a realidade está."

Não há nada que esteja fora do alcance dos Estados Unidos se de fato encararmos o problema de frente. E isso é tarefa de todos os americanos, e não apenas de alguns. Não apenas dos brancos. Não apenas dos negros. Se quisermos honrar a coragem dos que marcharam naquele dia, somos todos chamados a nos dotar da imaginação moral deles. Todos precisaremos sentir como eles a brutal urgência do agora. Todos temos que reconhecer, como eles, que a mudança depende dos nossos atos, das nossas atitudes, daquilo que ensinamos aos nossos filhos. E se fizermos esse esforço, por mais difícil que, às vezes possa parecer, leis podem ser aprovadas, consciências podem ser incitadas e um consenso pode ser alcançado.

Com esse esforço, podemos nos certificar de que nossa justiça penal sirva a todos, e não apenas a alguns. Juntos, podemos elevar o nível da confiança recíproca sobre a qual o policiamento se constrói — a ideia de que os policiais são membros da comunidade para cuja proteção arriscam a vida; cidadãos de Ferguson, Nova York e Cleveland que querem exatamente a mesma coisa pela qual os jovens daqui marcharam há 50 anos: a proteção da lei. Juntos, podemos enfrentar a questão das sentenças injustas e das prisões superlotadas, assim como as circunstâncias desfavoráveis que privam um número demasiadamente grande de meninos da oportunidade de se tornar homens, privam a nação de um número demasiadamente grande de homens que poderiam ser bons pais, bons trabalhadores e bons vizinhos.

Com empenho, podemos fazer a pobreza e os obstáculos para as oportunidades recuarem. Nós, americanos, não aceitamos privilégios para ninguém e tampouco acreditamos na igualdade de resultados. Mas esperamos oportunidades iguais. E se realmente pensamos assim, se não estamos apenas falando da boca para fora, mas se, de fato, pensamos assim e estamos dispostos a nos sacrificar por isso, neste caso, sim, podemos garantir que cada criança receba uma educação de acordo com este novo século, uma educação que expanda a imaginação, permita enxergar longe e forneça a essas crianças as capacitações de que precisam. Podemos assegurar que toda pessoa disposta a trabalhar tenha a dignidade de um emprego, um salário justo e voz de fato, além de degraus mais sólidos na escada para a classe média.

Com esforço, podemos proteger a pedra fundamental da nossa democracia, pela qual tantos marcharam nesta ponte: o direito de voto. Neste exato momento, em 2015, 50 anos depois de Selma, existem no país leis destinadas a dificultar o exercício do voto. Neste exato momento, novas leis estão sendo propostas nesse sentido. Enquanto isso, a Lei dos Direitos de Voto, o resultado de tanto sangue, tantas lágrimas e tanto suor, o produto de tanto sacrifício frente à violência, é enfraquecida, seu futuro, sujeito à animosidade política.

Como isso é possível? A Lei dos Direitos de Voto foi uma das conquistas supremas da nossa democracia, resultado de esforços republicanos e democratas. O presidente Reagan assinou sua renovação quando estava no cargo. O presidente George W. Bush assinou sua renovação quando estava no cargo. Uma centena de membros do Congresso veio hoje aqui para homenagear pessoas que se dispuseram a morrer pelo direito de protegê-la. Se quisermos honrar esse dia, que esses 100 voltem a Washington e obtenham a adesão de outros 400, e que possam, juntos, assumir o compromisso de restabelecer essa lei este ano. É assim que podemos honrar os que passaram por esta ponte.

Naturalmente, nossa democracia não é tarefa apenas do Congresso, dos tribunais ou mesmo do presidente. Ainda que todas as leis para dificultar o exercício do voto fossem abolidas hoje, ainda teríamos aqui nos Estados Unidos um dos mais baixos índices de comparecimento eleitoral entre os povos livres. Há 50 anos, registrar-se para votar aqui em Selma e em boa parte do Sul era o mesmo que adivinhar o número de balas em uma jarra, o número de bolhas em uma barra de sabão. Significava arriscar a própria dignidade e, às vezes, até a vida.

Qual a nossa desculpa para não votar hoje? Como é que descartamos com tanta facilidade um direito pelo qual tantos lutaram? Como é que abrimos mão tão plenamente do nosso poder, da nossa voz na determinação do futuro dos Estados Unidos? Por que apontamos um dedo acusador para alguém quando podíamos simplesmente nos dar o trabalho de comparecer às sessões eleitorais? Estamos abrindo mão do nosso poder.

Companheiros de marcha, muita coisa mudou em 50 anos. Enfrentamos a guerra e concebemos a paz. Testemunhamos maravilhas tecnológicas que afetam cada aspecto da nossa vida. Já nem sequer damos atenção a facilidades que nossos pais dificilmente poderiam ter imaginado. Mas o que não mudou foi o imperativo da cidadania; a disposição de um diácono de 26 anos, ou de um ministro unitário, ou de uma jovem mãe de cinco filhos de decidir que amavam tanto o nosso país que seriam capazes de pôr tudo em risco para cumprir sua promessa.

É isso que amar os Estados Unidos significa. É isso que acreditar nos Estados Unidos significa. É isso que estamos querendo dizer quando afirmamos que os Estados Unidos são excepcionais.

Pois somos filhos da mudança. Acabamos com as velhas aristocracias, declarando-nos merecedores não pelo sangue, mas dotados por nosso Criador de certos direitos inalienáveis. Garantimos nossos direitos e nossas responsabilidades por meio de um sistema de autogoverno, do povo, pelo povo e para o povo. Por isso, discutimos e lutamos com tanta paixão e convicção — pois sabemos que nossos esforços são importantes. Sabemos que os Estados Unidos são o que fazemos deles.

Examinemos nossa história. Nós somos Lewis e Clark e Sacajawea, pioneiros que enfrentaram o desconhecido, seguidos por caravanas de fazendeiros e mineradores, empreendedores e mascates. É esse o nosso espírito. É o que somos.

Nós somos Sojourner Truth e Fannie Lou Hamer, mulheres capazes de fazer tanto quanto qualquer homem, e ainda mais. E somos Susan B. Anthony, que sacudiu o sistema até que a lei refletisse essa verdade. É esse o nosso temperamento.

Somos os imigrantes que se escondiam em navios para chegar a nossas terras, as massas ansiosas por respirar em liberdade — sobreviventes do Holocausto, dissidentes soviéticos, os Meninos Perdidos do Sudão. Somos os lutadores cheios de esperança que atravessam o rio Grande porque queremos que nossos filhos tenham uma vida melhor. Foi assim que nos tornamos o que somos.

Somos os escravos que construíram a Casa Branca e a economia do Sul. Somos os peões e caubóis que desbravaram o Oeste, os incontáveis operários que lançaram trilhos, ergueram arranha-céus e se organizaram pelos direitos dos trabalhadores.

Somos os soldados no frescor da idade que lutaram para libertar um continente. Somos os combatentes negros, indígenas e japoneses que lutaram pelo país muito embora sua própria liberdade tivesse sido negada.

Somos os bombeiros que entraram naqueles prédios no 11 de Setembro, os voluntários que se apresentaram para combater no Afeganistão e no Iraque. Somos os americanos gays cujo sangue foi derramado nas ruas de San Francisco e Nova York, exatamente como o sangue rolou nesta ponte.

Somos os narradores, escritores, poetas e artistas que abominam a injustiça e desprezam a hipocrisia, que dão voz aos que não têm voz e dizem verdades que precisam ser ditas.

Somos os inventores do gospel, do jazz e do blues, da música bluegrass e country, do hip-hop e do rock and roll, do nosso som próprio, com toda a sua doce melancolia e a sua incontida alegria da liberdade.

Somos Jackie Robinson, suportando sarcasmo e agressões e, ainda assim, concluindo brilhantemente suas jogadas no campeonato da World Series.

Somos o povo sobre o qual Langston Hughes escreveu, esse povo que "construiu nossos templos para o amanhã, fortes como só nós sabemos". Somos o povo sobre o qual Emerson escreveu, esse povo que, "pela verdade e pela honra, persiste e suporta muito"; esse povo que "nunca se cansa, enquanto pudermos enxergar ao longe".

Eis o que são os Estados Unidos. Não fotos retocadas ou história enfeitada, nem tentativas débeis de definir alguns de nós como mais americanos que outros. Nós respeitamos o passado, mas não nos apegamos a ele. Não tememos o futuro: o agarramos. Os Estados Unidos não são algo frágil. Nós somos grandes, nas palavras de Whitman, contendo multidões. Somos turbulentos, diversos e cheios de energia, de espírito eternamente jovem. É por isso que alguém como John Lewis foi capaz de liderar uma marcha tão poderosa com apenas 25 anos.

E é isso que os jovens aqui hoje e que estão ouvindo em todo o país devem guardar deste dia. Vocês são os Estados Unidos. Não estão limitados pelos hábitos e pelas convenções. Desimpedidos do que é, pois estão prontos para agarrar o que deveria ser.

Pois, em todos os cantos de nosso país, há primeiros passos que precisam ser dados, novos terrenos que devem ser cobertos, outras pontes que precisam ser atravessadas. E são vocês, jovens e de coração destemido, a geração mais diversificada e educada da nossa história, que a nação espera seguir.

Porque Selma nos mostra que os Estados Unidos não são o projeto de uma só pessoa. Porque a palavra mais poderosa da nossa democracia é "nós". "Nós, o povo." "Nós venceremos." "Sim, nós podemos." Essa palavra não é propriedade de ninguém. Pertence a todos. Ah, que gloriosa tarefa nos é confiada, tentar constantemente melhorar esta nossa grande nação.

Cinquenta anos depois do "Domingo Sangrento", nossa marcha ainda não terminou, mas estamos nos aproximando do destino dela. Duzentos e trinta e nove anos após a fundação da nação, nossa união ainda não é perfeita, mas estamos chegando mais perto. Nossa tarefa é mais fácil porque alguém nos ajudou a percorrer o primeiro quilômetro. Alguém já nos fez atravessar esta ponte. Quando o caminho parecer difícil demais, quando a tocha que nos entregaram parecer pesada demais, recordaremos esses primeiros viajantes, extraindo força do seu exemplo, e nos agarraremos às palavras do profeta Isaías: "Aqueles que esperam no Senhor terão sua força renovada. Haverão de planar com suas asas como águias. Correrão sem se cansar. Caminharão sem desfalecer."

Nós honramos aqueles que caminharam para que pudéssemos correr. Precisamos correr para que nossos filhos voem. E não nos cansaremos. Pois acreditamos na força de um Deus incrível e na promessa sagrada deste país.

Que Ele abençoe esses guerreiros da justiça que não estão mais conosco e abençoe os Estados Unidos da América.

"SUBLIME GRAÇA"

Elogio fúnebre do ilustre reverendo Clementa Pinckney
Charleston, Carolina do Sul, 26 de junho de 2015

A oração fúnebre do presidente Obama em homenagem ao reverendo Clementa Pinckney — com quem Obama fez amizade durante sua campanha das primárias na Carolina do Sul em 2008, e que foi assassinado, junto com oito dos seus paroquianos, no interior da histórica igreja episcopal metodista americana de Mother Emanuel, no verão de 2015 — não ficou tão conhecida pelo texto quanto pelo momento em que o presidente dele se afastou, liderando espontaneamente a congregação enlutada em um coro de "Amazing Grace". Mas o discurso em si mesmo é notável pelo seu alcance e nobreza. Não é apenas um tributo aos mártires, que ficaram conhecidos como "Os Nove de Charleston", mas ao espírito inquebrantável do país liderado por Obama.

Todo o nosso louvor e honra a Deus.

A Bíblia nos exorta a ter esperança. A perseverar e ter fé em coisas que não vemos.

"Eles ainda viviam na fé quando morreram", dizem-nos as Escrituras. "Eles não receberam as coisas prometidas; puderam vê-las e dar-lhes as boas vindas apenas à distância, reconhecendo que eram estrangeiros e estranhos na Terra."

Estamos hoje aqui para recordar um homem de Deus que viveu na fé. Um homem que acreditava em coisas que não são vistas. Um homem que acreditava que haveria melhores dias pela frente, ao longe. Um homem de serviço que perseverou, sabendo perfeitamente que não receberia todas as coisas que lhe haviam sido prometidas, pois acreditava que seus esforços proporcionariam uma vida melhor aos viessem depois.

A Jennifer, sua amada esposa; a Eliana e Malana, suas lindas e maravilhosas filhas; à família de Mother Emanuel e ao povo de Charleston, o povo da Carolina do Sul.

Não posso dizer que tive a sorte de conhecer bem o reverendo Pinckney. Mas de fato tive o prazer de conhecê-lo e encontrá-lo aqui na Carolina do Sul, quando ambos éramos um pouco mais jovens. Quando eu ainda não tinha cabelos brancos. A primeira coisa que me chamou a atenção foi sua afabilidade, seu sorriso, a voz acolhedora de barítono, o senso de humor enganoso — qualidades que o ajudavam a carregar sem esforço um pesado fardo de expectativas.

Amigos dele observaram esta semana que, quando Clementa Pinckney entrava em um ambiente, era como se o futuro chegasse; que, mesmo quando ainda jovem, as pessoas sabiam que ele era especial. Abençoado. Descendia de uma longa linhagem de fiéis — uma família de pregadores que espalhavam a palavra de Deus, uma família de gente que protestava e semeava a mudança para ampliar os direitos de voto e acabar com a segregação no Sul. Clem ouviu suas orientações e não renegou seu ensinamento.

Já estava no púlpito aos treze anos, foi pastor aos dezoito, servidor público aos vinte e três. Não demonstrava a arrogância típica da juventude, nem suas inseguranças; pelo contrário, deu um exemplo digno da sua posição, de uma sensatez que não era da sua idade, na fala, no comportamento, no amor, na fé, na pureza.

Como senador, representava uma enorme extensão do Lowcountry da Carolina do Sul, região que há muito é uma das mais abandonadas dos Estados Unidos. Uma região ainda castigada pela pobreza e escolas inadequadas; uma região em que as crianças ainda passam fome e os doentes podem ficar sem tratamento. Uma região que precisava de alguém como Clem.

Sua posição no partido minoritário significava que muitas vezes as chances de conseguir mais recursos para seus eleitores podiam levar tempo.

Seus apelos de maior justiça com demasiada frequência ficavam ignorados, os votos que depositava, não raro eram solitários. Mas ele não desistia. Mantinha-se fiel a suas convicções. Não desanimava. Depois de um dia inteiro no Congresso, entrava no carro e ia para a igreja buscar forças na família, no ministério, na comunidade que o amava e precisava dele. Lá, fortalecia sua fé e imaginava o que podia ser.

O reverendo Pinckney encarnava uma política que não era mesquinha nem pequena. Comportava-se com discrição, bondade e diligência. Não estimulava o progresso apenas apregoando suas ideias, mas buscando as ideias de vocês, fazendo parceria com vocês para fazer com que as coisas acontecessem. Era um homem cheio de empatia e sentimento de fraternidade, capaz de se colocar no lugar dos outros e ver pelos seus olhos. Não surpreende que um dos seus colegas no Senado se tenha recordado do senador Pinckney como "o mais gentil de nós — o melhor de nós".

Muitas vezes perguntavam a Clem por que decidiu tornar-se pastor e servidor público. Mas é provável que a pessoa que perguntava não conhecesse a história da igreja metodista episcopal africana. Como sabem nossos irmãos e irmãs nessa igreja, nós não fazemos essas distinções. "Nosso chamado", disse Clem certa vez, "não se dá apenas entre as paredes da congregação, mas [...] também na vida e na comunidade em que reside nossa congregação."

Ele encarnava a ideia de que nossa fé cristã requer atos, e não apenas palavras; de que "a doce hora da oração" na verdade dura a semana inteira — de que transformar nossa fé em atos não é apenas uma questão da nossa salvação individual, mas da nossa salvação coletiva; de que alimentar os famintos e vestir os nus e dar abrigo aos sem-teto não é apenas um chamamento para a caridade isolada, mas o imperativo de uma sociedade justa.

Que homem bom! Às vezes penso que esta é a melhor coisa pela qual se pode esperar quando se recebe um elogio fúnebre — depois de tantas palavras e recitações e resumos serem lidos, simplesmente dizer que alguém foi um homem bom.

Não é necessário ocupar uma posição alta para ser um homem bom. Pregador aos treze anos. Pastor aos dezoito. Servidor público aos vinte e três. Que vida, a de Clementa Pinckney! Que exemplo ele deixou! Que modelo para a sua fé! E acontecer de o perdermos aos quarenta e um anos —

morto em seu santuário ao lado de um oito maravilhosos membros do seu rebanho, cada um deles em uma etapa diferente da vida, mas todos unidos por um compromisso comum com Deus.

Cynthia Hurd. Susie Jackson. Ethel Lance. DePayne Middleton-Doctor. Tywanza Sanders. Daniel L. Simmons. Sharonda Coleman-Singleton. Myra Thompson. Pessoas boas. Pessoas decentes. Pessoas tementes a Deus. Pessoas tão cheias de vida e tão cheias de bondade. Pessoas que trilhavam o caminho, perseveravam. Pessoas de grande fé.

Às famílias dos que tombaram, digo que a nação compartilha a sua dor. Nossa dor é tanto mais funda por ter acontecido em uma igreja. A igreja sempre foi o centro da vida afro-americana — um lugar que podemos considerar nosso em um mundo com tanta frequência hostil, um santuário frente a tantas provações.

Durante séculos, as igrejas negras foram os esconderijos onde os escravos podiam cultuar em segurança; as casas de oração onde seus descendentes livres podiam reunir-se e gritar aleluia; lugares de repouso para os exaustos na militância clandestina; bunkers para os soldados de infantaria do Movimento dos Direitos Civis. Elas têm sido e continuam sendo centros comunitários onde nos organizamos na busca de empregos e justiça; lugares de estudo e contato; lugares onde as crianças são amadas e alimentadas e mantidas em segurança, ouvindo que são belas e inteligentes, aprendendo que são importantes. É isto que acontece na igreja.

É isto que significa a igreja negra. Nosso coração pulsante. O lugar onde nossa dignidade como pessoas é inviolável. E não há melhor exemplo dessa tradição que a Mother Emanuel — uma igreja construída por negros que buscavam a liberdade, incendiada e destruída porque seu fundador queria acabar com a escravidão, para em seguida surgir de novo, como uma Fênix saída das cinzas.

Quando havia leis proibindo reuniões em igrejas só de negros, os serviços eram promovidos nela assim mesmo, desafiando leis injustas. Quando surgiu um justificado movimento para acabar com as leis de Jim Crow, o Dr. Martin Luther King Jr. pregava do seu púlpito, e dos seus degraus partiam marchas de protesto. Um lugar sagrado, esta igreja. Não apenas para os negros, não apenas para os cristãos, mas para todo americano que se importa com a constante expansão dos direitos humanos e da dignidade humana em nosso país; uma pedra fundamental da liberdade e da justiça para todos. Eis o que significava a igreja.

Não sabemos se o assassino do reverendo Pinckney e oito outras pessoas conhecia toda essa história. Mas sem dúvida percebia o significado do seu ato de violência. Um ato que decorria de uma longa história de bombas e incêndios criminosos e tiros disparados contra igrejas, não ao acaso, mas como uma forma de controle, uma maneira de aterrorizar e oprimir. Um ato que, imaginava ele, incitaria ao medo e à recriminação; à violência e à desconfiança. Um ato que, presumiu, aprofundaria divisões que remontam ao pecado original da nossa nação.

Ah, mas Deus age por caminhos misteriosos. Deus tem ideias diferentes.

Ele não sabia que estava sendo usado por Deus. Cegado pelo ódio, esse assassino não foi capaz de ver a graça que cercava o reverendo Pinckney e aquele grupo de estudos bíblicos — a luz do amor que resplandecia quando abriram as portas da igreja e convidaram um estranho a aderir ao seu círculo de orações. Esse assassino jamais poderia ter previsto a maneira como as famílias dos tombados reagiriam ao vê-lo no tribunal — em meio a uma dor indizível, com palavras de perdão. Ele não podia imaginá-lo.

Esse assassino não podia imaginar de que maneira a cidade de Charleston, sob a sábia e boa liderança do prefeito Riley — de que maneira o estado da Carolina do Sul, de que maneira os Estados Unidos dos Estados Unidos reagiriam — não apenas com repulsa ao seu ato perverso, mas com generosidade e, sobretudo, com uma ponderada introspecção e um autoexame que é tão raro vermos na vida pública.

Cegado pelo ódio, ele não foi capaz de entender o que o reverendo Pinckney entendida tão bem: a força da graça de Deus.

Durante toda esta semana, tenho refletido sobre essa ideia da graça. A graça das famílias que perderam entes queridos. A graça que o reverendo Pinckney pregava nos seus sermões. A graça descrita em um dos meus hinários favoritos — aquele que tão bem conhecemos: Sublime graça, como é doce o som que salvou um desventurado como eu. Eu andava perdido, mas me encontrei; eu estava cego, mas agora vejo.

Segundo a tradição cristã, a graça não é conquistada. A graça não é merecida. Não é algo a que façamos jus. A graça é uma concessão livre e benevolente de Deus, manifestada na salvação dos pecadores e na distribuição de bênçãos. Graça.

Como nação, depois dessa terrível tragédia, Deus nos concedeu a graça, pois nos permitiu ver onde estávamos cegos. Deu-nos a chance, onde estávamos perdidos, de encontrar nosso melhor eu. Talvez não a tenhamos merecido, essa graça, com nosso rancor e nossa complacência, nossa visão curta e nosso medo uns dos outros — mas ainda assim a recebemos. Ele a concedeu assim mesmo. Mais uma vez nos concedeu a graça. Mas agora cabe a nós aproveitá-la ao máximo, recebê-la com gratidão e mostrar-nos dignos desse dom.

Durante muito tempo nos mantivemos cegos à dor que a bandeira dos Confederados causava em um número muito grande dos nossos cidadãos. Claro que uma bandeira não causou esses assassinatos. Mas como reconhecem hoje pessoas de todas as camadas da sociedade, republicanos e democratas — entre elas o governador Haley, cuja eloquência recente nessa questão é digna de elogio —, como todos nós temos de reconhecer, a bandeira sempre representou mais que apenas um orgulho ancestral. Para muitos, negros e brancos, essa bandeira era um lembrete de uma opressão sistêmica e da subjugação racial. É o que vemos agora.

Retirar a bandeira da assembleia estadual não seria um ato de correção política; não seria um insulto ao heroísmo dos soldados confederados. Seria simplesmente o reconhecimento de que a causa pela qual lutaram — a causa da escravidão — era equivocada, de que a imposição de Jim Crow depois da Guerra Civil e a resistência aos direitos civis para todos eram coisas equivocadas. Seria um passo para um relato honesto da história dos Estados Unidos; um bálsamo modesto mas significativo para tantas feridas ainda abertas. Seria uma expressão das incríveis mudanças que transformaram este estado e este país para melhor, em virtude da ação de tantas pessoas de boa vontade, pessoas de todas as raças lutando para formar uma união mais perfeita. Retirando essa bandeira, nós manifestamos a graça de Deus.

Mas não creio que Deus queira que paremos por aí. Durante muito tempo nos mantivemos cegos à maneira como injustiças do passado continuam a moldar o presente. Talvez o vejamos agora. Talvez essa tragédia nos leve a fazer algumas perguntas difíceis sobre a maneira como permitimos que tantos dos nossos filhos sofram com a miséria, ou frequentem escolas em mau estado, ou cresçam sem perspectivas de emprego ou carreira.

Talvez ela nos faça examinar o que estamos fazendo para levar alguns dos nossos filhos a odiar. Talvez sirva para amolecer corações em relação a esses jovens perdidos, dezenas e dezenas de milhares caídos nas malhas da justiça penal, levando-nos a tomar providências para que esse sistema não seja contaminado por preconceitos; para que aceitemos mudanças na maneira como treinamos e equipamos nossa polícia, assim fazendo com que os laços de confiança entre os agentes da ordem pública e as comunidades a que servem contribuam para nos tornar mais seguros.

Talvez agora percebamos que o preconceito racial pode nos contaminar mesmo sem que nos demos conta, para que possamos nos proteger não só contra insultos raciais, mas também contra o sutil impulso de oferecer um emprego a Johnny mas não a Jamal. Para que consultemos o coração ao contemplar leis que dificultem para alguns dos nossos concidadãos o exercício do direito de votar. Ao reconhecer nossa humanidade comum, tratando toda criança como alguém importante, independentemente da cor da pele ou da condição social em que nasceu, e ao fazer o necessário para tornar as oportunidades reais para cada americano — ao fazê-lo, estamos expressando a graça de Deus.

Durante muito tempo...

PÚBLICO: Tempo demais!

PRESIDENTE: Durante muito tempo, estivemos cegos ao inacreditável caos que a violência das armas de fogo impõe ao nosso país. Às vezes, nossos olhos se abrem: quando oito dos nossos irmãos e irmãs são abatidos no porão de uma igreja, doze outros em um cinema, vinte e seis em uma escola elementar. Mas espero que também vejamos as trinta vidas preciosas eliminadas todos os dias pela violência das armas de fogo em nosso país; as inúmeras outras pessoas cujas vidas são mudadas para sempre: os sobreviventes aleijados, as crianças traumatizadas e com medo de ir para a escola diariamente, o marido que nunca mais voltará a sentir o toque caloroso da esposa, as comunidades inteiras cuja dor extravasa toda vez que veem acontecer em algum outro lugar o que já lhes aconteceu.

A vasta maioria dos americanos — a maioria dos proprietários de armas de fogo — quer fazer algo a respeito. É o que vemos agora. E estou convencido de que, reconhecendo a dor e a perda dos outros, mesmo respeitando as tradições e modos de vida que constituem nosso amado país — ao fazer a escolha moral de mudar, estamos expressando a graça de Deus.

Nós não fazemos por merecer a graça. Somos todos pecadores. Não a merecemos. Mas Deus a confere assim mesmo. E nós escolhemos como recebê-la. A maneira como vamos honrá-la é decisão nossa.

Nenhum de nós pode nem deveria esperar uma transformação da noite para o dia nas relações raciais. Toda vez que algo assim acontece, alguém diz que precisamos ter uma conversa sobre as questões raciais. Nos falamos muito de raça. Não existem atalhos. E não precisamos falar mais. Nenhum de nós pode acreditar que um punhado de medidas sobre segurança no uso de armas de fogo vai impedir toda e qualquer tragédia. Não vai. As pessoas de boa vontade continuarão a debater os méritos de diferentes políticas, como requer a nossa democracia — vivemos mesmo em um lugar muito barulhento, os Estados Unidos. E existem pessoas de bem em ambos os lados desses debates. Quaisquer que sejam as soluções que venhamos a encontrar, serão necessariamente incompletas.

Mas creio que seria uma traição de tudo aquilo em que o reverendo Pinckney acreditava se nos permitíssemos resvalar de novo para um confortável silêncio. Depois de feitos os elogios fúnebres, quando as câmeras de televisão já se foram, voltar à rotina de sempre como se nada tivesse acontecido — é isto que tantas vezes fazemos para evitar as verdades incômodas sobre o preconceito que ainda contamina nossa sociedade. Contentar-se com gestos simbólicos que não sejam seguidos do trabalho árduo por uma mudança mais duradoura — é assim que nos perdemos de novo.

Seria uma negação do perdão manifestado por aquelas famílias se simplesmente caíssemos de novo nos velhos hábitos, considerando não apenas errados, mas maus, aqueles que discordam de nós; gritando em vez de ouvir; nos entrincheirando por trás de conceitos preconcebidos ou de um bem azeitado cinismo.

O reverendo Pinckney disse certa vez: "Em todo o Sul, temos um profundo reconhecimento da história — nem sempre tivemos um profundo reconhecimento da história uns dos outros." O que é verdade no Sul é verdade nos Estados Unidos. Clem sabia que a justiça decorre do reconhecimento de nós mesmos no outro. Que a minha liberdade depende de que você também seja livre. Que história não pode ser uma espada para justificar a injustiça, nem um escudo contra o progresso, mas deve ser um manual para aprender a evitar a repetição dos erros do passado — para romper os círculos viciosos. Uma estrada para um mundo melhor. Ele sabia que o caminho da graça requer mente aberta — mas sobretudo coração aberto.

Eis o que tenho sentido esta semana — um coração aberto. Mais que qualquer política ou análise, é isto o necessário agora, creio eu — o que uma amiga minha, a escritora Marilyn Robinson, chama de "esse reservatório de bondade que está além, que é de um outro tipo, que somos capazes de fazer uns aos outros, no desenrolar comum das coisas".

Esse reservatório de bondade. Se formos capazes de encontrar essa graça, tudo é possível. Se pudermos nos abeberar nessa graça, tudo pode mudar.

Sublime graça. Sublime graça.

[Começa a cantar] Sublime graça, como é doce o som que salvou um desventurado como eu. Eu andava perdido, mas me encontrei; eu estava cego, mas agora vejo.

Clementa Pinckney encontrou essa graça.

Cynthia Hurd encontrou essa graça.

Susie Jackson encontrou essa graça.

Ethel Lance encontrou essa graça.

De Payne Middleton-Doctor encontrou essa graça.

Tywanza Sanders encontrou essa graça.

Daniel L. Simmons Sr. encontrou essa graça.

Sharonda Coleman-Singleton encontrou essa graça.

Myra Thompson encontrou essa graça.

Pelo exemplo de suas vidas, eles agora a transmitiram a nós. Que nos mostremos dignos desse precioso e extraordinário dom enquanto vivermos. Que a graça agora os conduza para casa. Que Deus continue a derramar Sua graça nos Estados Unidos dos Estados Unidos.

"UM MUNDO DIGNO DOS NOSSOS FILHOS"

Pronunciamento na primeira sessão da COP21

Paris, França, 30 de novembro de 2015

Dentre as iniciativas que formarão parte do legado de Obama, seu empenho no sentido de enfrentar a questão das mudanças climáticas pode ser a mais duradoura — muito embora o Congresso lhe tenha negado a legislação que propôs. Desde os primeiros dias no cargo, Obama apresentou um plano abrangente de proteção ambiental e promoção de energia sustentável que se distanciava radicalmente das políticas da era Bush, contrastando de modo profundo com os pontos de vista conservadores em Capitol Hill. E, embora Obama tenha obtido alguns progressos importantes na política interna (quase inteiramente por iniciativa do executivo e dos estados), seus avanços mais importantes foram internacionais, em especial o histórico acordo com a China, em 2014, para cortar as emissões de carbono. No ano seguinte, os Estados Unidos se juntaram a centenas de outros países na Conferência das Nações Unidas sobre Mudanças Climáticas em Paris, para desenvolver uma nova estrutura de políticas ambientais. Na abertura do encontro, Obama fez este discurso, sustentando que uma maior cooperação internacional era necessária para reagir a uma crise que afetaria toda a humanidade durante gerações. A conferência acabou gerando o Acordo *de Paris, que apesar de certas críticas foi amplamente anunciado como uma virada decisiva na luta para conter o aquecimento global.**

Presidente Hollande, sr. secretário-geral, ilustres líderes. Nós viemos a Paris mostrar nossa determinação.

Apresentamos nossas condolências ao povo da França pelos atentados bárbaros cometidos nesta linda cidade. Estamos unidos em solidariedade não só para fazer justiça à rede terrorista responsável por esses atentados mas também para proteger nosso povo e defender os valores perenes que nos mantêm fortes e nos mantêm livres. E saudamos o povo de Paris por insistir em que esta crucial conferência tivesse prosseguimento — um ato de resistência que mostra que nada nos impedirá de construir o futuro que queremos para nossos filhos. Que maior manifestação de repulsa poderia haver àqueles que desejariam destruir nosso mundo do que unir nossos melhores esforços para salvá-lo?

Quase duzentos países reuniram-se aqui esta semana — uma evidente demonstração de que, não obstante os desafios que enfrentamos, a crescente ameaça das mudanças climáticas poderia definir os contornos deste século de maneira mais dramática que qualquer outra. O que deveria nos dar esperança de que se trata de uma virada decisiva, de que é este o momento em que finalmente nos decidimos a salvar o planeta, é o fato de que nossos países compartilham o sentimento de urgência a respeito desse desafio e a crescente consciência de que está ao nosso alcance fazer algo a respeito.

Nossa consciência das maneiras como os seres humanos desequilibram o clima avança dia a dia. Quatorze dos quinze anos mais quentes jamais registrados ocorreram desde o ano 2000 — e 2015 está para se revelar o mais quente de todos os anos. Nenhum país — grande ou pequeno, rico ou pobre — está isento do que isto significa.

---

* O acordo seria denunciado pelo sucessor de Obama, Donald Trump, em junho de 2017. (N. T.)

Neste verão, pude ver os efeitos das mudanças climáticas em primeira mão no nosso estado mais setentrional, o Alasca, onde o mar está engolindo aldeias e desgastando litorais; onde as camadas de terra congelada estão descongelando e a tundra queima; onde as geleiras derretem em velocidade inédita nos tempos modernos. E isto era uma prévia de um futuro possível — um vislumbre do destino dos nossos filhos se o clima continuar mudando mais rápido que nossas tentativas de enfrentar a questão. Países submersos. Cidades abandonadas. Campos em que as plantações não crescem mais. Perturbações políticas desencadeando novos conflitos, e até mesmo mais ondas de pessoas desesperadas buscando proteção em países que não são os seus.

Esse futuro não é um futuro de economias fortes, nem um futuro no qual Estados frágeis possam encontrar alguma base de sustentação. Esse futuro é um futuro que podemos mudar. Aqui mesmo. Agora mesmo. Mas apenas se nos mostrarmos à altura deste momento. Como disse um dos governadores dos Estados Unidos, "Somos a primeira geração a sentir o impacto das mudanças climáticas, e a última que pode fazer algo a respeito."

Eu vim aqui pessoalmente, como líder da maior economia do mundo e do segundo maior emissor, para dizer que os Estados Unidos dos Estados Unidos não só reconhecem nosso papel na criação do problema como assumimos nossa responsabilidade de fazer algo a respeito.

Nos sete últimos anos, fizemos ambiciosos investimentos na energia limpa e promovemos ambiciosas reduções nas nossas emissões de carbono. Multiplicamos por três a geração de energia eólica, e mais de vinte vezes a produção de energia solar, contribuindo para que, em partes dos Estados Unidos, essas fontes de energia limpa sejam enfim mais baratas que as energias convencionais e mais poluentes. Investimos em eficiência energética de todas as maneiras imagináveis. Dissemos não a infraestruturas de retirada de combustíveis fósseis de alto teor de carbono da terra, e dissemos sim ao primeiro conjunto de padrões nacionais jamais estabelecido para limitar a quantidade de poluição por carbono jogado no ar pelas nossas fábricas.

Os progressos que fizemos contribuíram para elevar nossa produção econômica a níveis nunca antes atingidos, reduzindo a poluição de carbono aos níveis mais baixos em quase duas décadas.

Mas a boa notícia é que não se trata apenas de uma tendência americana. No ano passado, a economia global cresceu, enquanto as emissões globais de carbono decorrentes da queima de combustíveis fósseis mantinham-se estagnadas. E o que isto significa não poderia ser exagerado. Neutralizamos os velhos argumentos em favor da inação. Provamos que um crescimento econômico forte e um ambiente mais seguro não precisam mais entrar em conflito; podem agir de maneira convergente.

O que nos deveria dar esperanças. Um dos inimigos que teremos de combater nesta conferência é a descrença, a ideia de que nada podemos fazer a respeito das mudanças climáticas. Nossos avanços devem dar-nos esperança nessas duas semanas — a esperança que se enraíza na ação coletiva.

No início deste mês, em Dubai, depois de anos de adiamentos, o mundo concordou em trabalhar em conjunto para cortar os superpoluentes conhecidos como HFCs. É um progresso. Antes de Paris, mais de 180 países, representando quase 95% das emissões globais, já estabeleceram suas próprias metas climáticas. É um progresso. De nossa parte, os Estados Unidos está em vias de atingir as metas por mim estabelecidas seis anos atrás em Copenhague: até 2020, reduziremos nossas emissões de carbono na faixa de 17% abaixo dos níveis de 2005. Por isto é que, no ano passado, eu estabeleci uma nova meta: os Estados Unidos reduzirá nossas emissões entre 26 e 28% abaixo dos níveis de 2005 dentro de dez anos a contar de agora.

Nossa tarefa aqui em Paris, portanto, é transformar essas realizações em uma estrutura permanente para o progresso humano — não uma solução tapa-buraco, mas uma estratégia de longo prazo que dê ao mundo confiança em um futuro de baixos níveis de carbono.

Aqui em Paris, vamos garantir um acordo que eleve nosso nível de ambição, no qual o progresso abra caminho para metas atualizadas periodicamente — metas que não sejam estabelecidas para cada um de nós, mas por cada um de nós, levando em consideração as diferenças enfrentadas por cada país.

Aqui em Paris, vamos entrar em acordo por um sistema forte de transparência que dê a cada um de nós a confiança de que todos estamos cumprindo nossos compromissos. E tratemos de assegurar que os países que ainda não tenham plena capacidade de informar sobre suas metas recebam o apoio de que precisam.

Aqui em Paris, vamos reafirmar o compromisso de que haja disponibilidade de recursos para os países dispostos a fazer sua parte no sentido de queimar a etapa da fase poluente do desenvolvimento. Reconheço que não será fácil. Serão necessários compromisso com a inovação e capitais para continuar reduzindo o custo da energia limpa. Por isto é que, esta tarde, estarei anunciando com muitos de vocês um histórico esforço conjunto para acelerar a inovação pública e privada no campo da energia limpa em escala global.

Aqui em Paris, vamos também garantir que esses recursos sejam encaminhados aos países que precisam de ajuda para se preparar para os impactos das mudanças climáticas que não podemos mais evitar. Bem sabemos que muitos países que pouco contribuíram para as mudanças climáticas serão os primeiros a sentir seus efeitos mais destrutivos. No caso de alguns, em especial os países insulares — com cujos dirigentes vou me encontrar amanhã —, as mudanças climáticas representam uma ameaça à sua própria existência. Por isto é que hoje, em entendimento com outros países, os Estados Unidos confirma nosso forte e constante compromisso com o Fundo dos Países Menos Desenvolvidos. E amanhã vamos nos comprometer com novas contribuições para iniciativas de seguro de riscos que ajudem populações vulneráveis a promover a reconstrução de maneira mais forte depois de catástrofes relacionadas ao clima.

E por fim, aqui em Paris, vamos mostrar às empresas e aos investidores que a economia global está em um caminho sólido em direção a um futuro de baixos níveis de carbono. Se estabelecermos as regras e os incentivos certos, vamos liberar o poder criativo dos nossos melhores cientistas e engenheiros e empreendedores para o desenvolvimento de tecnologias de energia limpa, e os novos empregos e novas oportunidades que elas geram em todo o mundo. Existe disponibilidade de centenas de bilhões de dólares a serem encaminhados a países de todo o mundo, se receberem um sinal de que desta vez estamos falando sério. Pois vamos enviar esse sinal.

É o que buscamos nestas duas semanas. Não apenas um acordo para diminuir a poluição que lançamos nos nossos céus, mas um acordo que nos ajude a tirar pessoas da pobreza sem condenar a próxima geração a um planeta que não esteja mais ao seu alcance consertar. Aqui em Paris, podemos mostrar ao mundo o que é possível quando nos unimos, em um esforço comum e por um propósito comum.

E que não haja dúvida, a próxima geração está observando o que fazemos. Uma semana atrás, eu estava na Malásia, onde participei de uma reunião com jovens, e a primeira pergunta que me foi feita partiu de uma jovem indonésia. E ela não se referia ao terrorismo, não se referia à economia, não se referia aos direitos humanos. Ela se referia às mudanças climáticas. E perguntava se eu estava otimista quanto ao que podemos alcançar aqui em Paris, e o que jovens como ela podem fazer para ajudar.

Quero que nossos atos mostrem a ela que estamos ouvindo. Quero que nossos atos tenham alcance suficiente para atrair todos os talentos — homens e mulheres, ricos e pobres —, quero mostrar a essa jovem geração apaixonada e idealista que estamos preocupados com seu futuro.

Pois acredito, nas palavras do Dr. Martin Luther King Jr., que de fato existe a possibilidade de ser tarde demais. E em matéria de mudanças climáticas, essa hora já está quase chegando. Mas se agirmos aqui, se agirmos agora, se pusermos nossos interesses de curto prazo atrás do ar que nossos jovens vão respirar, dos alimentos que vão comer e da água que vão beber, das esperanças e dos sonhos que sustentam suas vidas, neste caso não teremos deixado ficar tarde demais para eles.

E, meus companheiros de liderança, aceitar esse desafio não vai nos premiar com momentos de vitória clara ou imediata. O nosso progresso será medido de outra maneira — no sofrimento evitado, em um planeta preservado. E é o que sempre tornou isto tão difícil. É possível que nossa geração nem chegue a viver para ver a plena realização do que fizermos aqui. Mas a consciência de que a próxima geração estará em melhor situação pelo que fizermos aqui — acaso poderíamos imaginar uma recompensa mais valiosa? Transmitir isto aos nossos filhos e netos, para que, ao verem em retrospecto o que fizemos aqui em Paris, possam se orgulhar do nosso avanço.

Que seja este o propósito comum aqui em Paris. Um mundo digno dos nossos filhos. Um mundo que não seja marcado pelo conflito, mas pela cooperação; não pelo sofrimento humano, mas pelo progresso humano. Um mundo mais seguro, mais próspero e mais livre que aquele que herdamos.

Vamos ao trabalho.

"COMO VEEM, NÃO BASTA UMA JUSTIFICADA INDIGNAÇÃO PARA MUDAR"

Pronunciamento na cerimônia de formatura da Universidade Howard

WASHINGTON DC, 7 DE MAIO DE 2016

Embora tenha se afirmado como um político à vontade para falar de questões raciais, Obama às vezes era criticado por eminentes autores e comentaristas negros por uma atitude que consideravam condescendente em relação aos jovens afro-americanos. Aproximando-se da segunda metade do segundo mandato, Obama começou a falar mais vigorosamente das desigualdades que persistiam entre americanos negros e brancos, voltando a um tema que já explorara no passado: a importância da identidade racial nos Estados Unidos. Seu pronunciamento em maio de 2016 na cerimônia de formatura da Universidade de Howard foi um excelente exemplo dessa mudança no discurso racial, associando profundo orgulho pela história e a identidade afro-americanas ao enaltecimento de jovens líderes negros e comedidas recomendações para um efetivo avanço da justiça social. Ele também refletia sua constante preocupação com um diálogo inter-racial e sua impaciência com aqueles que pediam mudanças mas não se dispunham a se envolver no confuso e não raro frustrante trabalho da política.

O BRIGADO! OLÁ, HOWARD! H-U!
PÚBLICO: Você sabe!
PRESIDENTE: H-U!
PÚBLICO: Você sabe!
PRESIDENTE: Muito obrigado a todos. Por favor, por favor, sentem-se. Ó, agora estou me sentindo importante. Recebi um diploma da Howard. Cicely Tyson intercedeu por mim.
MEMBRO DO PÚBLICO: Eu te amo, presidente!
PRESIDENTE: Eu amo vocês também.
Ao presidente Frederick, ao conselho de administração, aos membros do corpo docente e da equipe, aos demais contemplados com títulos honoríficos, obrigado pela honra de passar este dia com vocês. E parabéns à Turma de 2016! Há quatro anos, quando vocês eram calouros, sei que muitos vieram à minha casa na noite em que fui reeleito. Decidi então retribuir o favor e vir à de vocês.

Aos pais, avós, tias, tios, irmãos, irmãs, todas as famílias e amigos que apoiaram esta turma, a animaram, a ajudaram a chegar aqui hoje — hoje é o dia de vocês também. Vamos dar-lhes também uma grande salva de palmas.

Não estou querendo insuflar rivalidades; quero apenas ver quem está na casa. Estamos com Quad aqui? Annex. Drew. Carver. Slow. Towers. E Meridian. Descanse em paz, Meridian. Descanse em paz.

Sei que todos vocês estão muito felizes hoje. Talvez também estejam um pouco cansados. Alguns passaram a noite em claro para deixar seus créditos perfeitamente em ordem. Alguns ficaram acordados até tarde e acabaram no HoChi às duas da manhã. E ainda estão com os dedos sujos de ketchup.

Mas chegaram aqui. E todos trabalharam duro para chegar a este dia. Alternaram entre o constante desafio das aulas e o companheirismo universitário. Dirigiram clubes, tocaram um instrumento ou praticaram um esporte. Trabalharam como voluntários, fizeram estágios e residências. Mantiveram um, dois, talvez até três empregos. Fizeram amigos pelo resto da vida e descobriram do que exatamente são feitos. O "Agito de Howard" fortaleceu seu senso de propósito e ambição.

O que significa que fazem parte de uma longa linhagem de formandos de Howard. Alguns estão aqui neste palco hoje. Alguns, na plateia. Esse espírito de realização e responsabilidade especial define este campus desde que o Freedman's Bureau criou Howard quatro anos apenas depois da Proclamação de Emancipação; apenas dois anos depois do fim da Guerra Civil. Eles criaram esta universidade com uma visão — uma visão de exaltação; uma visão de um país em que nosso destino não fosse determinado pela raça, o gênero, a religião e ou as convicções, mas na qual fôssemos livres — em todos os sentidos — para buscar a realização de nossos sonhos individuais e coletivos.

Esse espírito é que transformou Howard em um elemento central da vida intelectual afro-americana, uma parte central de nossa história americana mais ampla. Esta instituição tem sido origem de muitos acontecimentos inéditos: o primeiro negro a ganhar o Prêmio Nobel da paz; o primeiro membro negro da Suprema Corte. Mas sua missão tem sido garantir que esse pioneirismo não pare por aí. Inúmeros estudiosos, profissionais, artistas e líderes de todos os campos foram treinados aqui. As gerações de homens e mulheres que passaram por este pátio contribuíram para reformar nosso governo, curar doenças, fomentar uma classe média negra, promover os direitos civis, moldar nossa cultura. As sementes da mudança — para todos os americanos — foram plantadas aqui. E é disto que quero falar hoje.

Ao preparar estas observações, dei-me conta de que ao ser eleito presidente pela primeira vez, a maioria de vocês — a Turma de 2016 — ainda estava entrando para o ensino secundário. Hoje, estão-se formando na universidade. Eu costumava brincar dizendo que já estou velho. Pois agora me dou conta de que estou velho. Não é mais uma piada.

Mas vê-los aqui hoje me dá uma certa perspectiva. Leva-me a refletir sobre as mudanças que tenho visto na vida. Quero então começar com uma afirmação que pode parecer polêmica — uma tirada arriscada.

Tendo em vista o atual estado da nossa retórica e do nosso debate políticos, quero dizer algo que pode parecer polêmico, e que é o seguinte: os Estados Unidos é hoje um lugar melhor do que era quando me formei na faculdade. Vou repetir: em quase todos os sentidos, os Estados Unidos é melhor hoje do que era quando me formei na universidade. E acontece que também está se saindo melhor do que quando assumi o cargo mas — esta é uma história mais longa. Uma discussão diferente, para outro discurso.

Mas pensem bem. Eu me formei em 1983. Nova York, a maior cidade dos Estados Unidos, onde eu vivia na época, tinha passado por uma década marcada pelo crime e a deterioração, quase chegando a falir. E muitas outras cidades estavam nas mesmas condições. Nosso país tinha passado por anos de estagnação econômica, a dependência do petróleo externo, uma recessão em que o desemprego quase chegou a 11%. A indústria automobilística estava sendo trucidada pela concorrência estrangeira. E nem me obriguem a falar das roupas e dos penteados. Tentei dar cabo de todas as minhas fotos dessa época. Eu achava que estava arrasando. Nem me falem.

Desde esse ano — desde o ano em que me formei — os índices de pobreza diminuíram. Já o índice de americanos com diploma universitário subiu. Os índices de criminalidade caíram. As cidades dos Estados Unidos passaram por um renascimento. Há mais mulheres na força de trabalho. E elas ganham mais. Reduzimos à metade a gravidez entre adolescentes. Cortamos em quase 60% a taxa de evasão escolar entre os afro-americanos, e agora todos vocês têm no bolso um computador que lhes deixa o mundo ao alcance de um botão. Em 1983, eu estava entre os menos de 10% de afro-americanos que se formavam como bacharéis. Hoje, vocês fazem parte dos mais de 20% que assim se formam. E mais da metade dos negros considera que estamos em melhor situação que nossos pais quando tinham nossa idade de hoje — e que os nossos filhos também estarão em melhor situação.

Os Estados Unidos, portanto, estão melhores. E o mundo também está melhor. Um muro foi derrubado em Berlim. Uma Cortina de Ferro foi rasgada. A obscenidade do apartheid chegou ao fim. Uma nova geração cresceu em Belfast e Londres sem ter que se preocupar com bombas do IRA. Só nos últimos dezesseis anos, passamos de um mundo sem igualdade no casamento para um mundo em que ela é uma realidade em quase duas dúzias de países. Em todo o mundo, é maior o número de pessoas que vivem em democracias. Tiramos mais de um bilhão de pessoas da pobreza extrema. Reduzimos em mais da metade os índices mundiais de mortalidade infantil.

Os Estados Unidos estão melhores. O mundo está melhor. E prestem atenção agora: as relações raciais estão melhores desde que eu me formei. Essa é a verdade. Não, a minha eleição não criou uma sociedade pós-racial. Não sei quem andou espalhando essa ideia. Não partiu de mim. Mas a eleição propriamente... assim como a seguinte... pois na primeira, é possível que as pessoas se tivessem enganado. Na segunda, elas já sabiam o que esperar. A eleição em si mesma foi apenas um indicador da maneira como as atitudes tinham mudado.

No meu discurso de posse, observei que não mais que sessenta anos antes meu pai talvez não fosse atendido em um restaurante da capital do país — não, pelo menos, em alguns deles. Não havia diretores executivos negros na lista das 500 maiores empresas da Fortune. Muito poucos juízes negros. Como lembrou Larry Wilmore semana passada, muita gente nem achava que os negros pudessem jogar futebol na zaga. Hoje, o ex-Bull Michael Jordan não é apenas o maior jogador de basquete de todos os tempos — é simplesmente o dono do time. Quando estava me formando, o principal herói negro da TV era Mr. T. Rap e o hip hop era contracultura, underground. Hoje, Shonda Rhimes é a dona das noites de quinta-feira e Beyoncé domina o mundo. Não somos mais apenas artistas que se apresentam, mas produtores, executivos de estúdios. Não mais donos de pequenos negócios — somos diretores-executivos, prefeitos, deputados, presidentes dos Estados Unidos.

Não estou dizendo que não haja mais disparidades. Claro que existem. O racismo perdura. A desigualdade perdura. Não se preocupem — vou chegar lá. Mas eu queria começar, Turma de 2016, abrindo seus olhos para o momento em que se encontram. Se tivessem de escolher um momento da história para nascer, sem saber antecipadamente quem viriam a ser — a nacionalidade, o gênero, a raça, se seriam ricos ou pobres, gays ou héteros, quais seriam as convicções religiosas da sua família —, não escolheriam nascer cem anos atrás. Não escolheriam a década de 50, nem a de 60 ou a de 70. Escolheriam este exato momento. Se tivessem de escolher uma época para ser, nas palavras de Lorraine Hansberry, "jovens, talentosos e negros" nos Estados Unidos, vocês escolheriam exatamente agora.

Digo-lhes tudo isto porque é importante registrar os avanços. Pois negar aonde chegamos seria um desserviço à causa da justiça, às legiões de soldados; não só aos indivíduos incrivelmente talentosos já mencionados como aos pais e mães de vocês, aos avós e bisavós, que marcharam e trabalharam e sofreram e superaram para tornar possível este dia. Digo-lhes isto não para induzi-los à condescendência, mas para incitá-los à ação — pois ainda há tanto trabalho a ser feito, tantos quilômetros a percorrer. E os Estados Unidos precisa que vocês assumam esse trabalho com alegria, com disposição. Todos vocês têm algum trabalho a fazer. De modo que aproveitem a festa, pois estarão bem ocupados.

Sim, nossa economia saiu da crise mais forte que praticamente qualquer outra no mundo. Mas ainda há gente de todas as raças sofrendo — gente que ainda não consegue encontrar trabalho com remuneração suficiente para sustentar uma casa, que ainda não consegue economizar para a aposentadoria. Ainda temos uma grande disparidade racial nas oportunidades econômicas. O índice geral de desemprego é de 5%, mas entre os negros é de quase nove. Ainda temos uma disparidade em matéria de conclusão de estudos quando os rapazes e moças negros concluem o ensino secundário e a faculdade em índices mais baixos que os rapazes e moças brancos. Harriet Tubman* pode ir para a nota de vinte, mas ainda temos uma defasagem de gênero quando uma mulher negra trabalhando em tempo integral continua ganhando apenas 66% do que é pago a um homem branco.

Temos uma disparidade de justiça quando um número grande demais de meninos e meninas negros vão direto de escolas carentes de recursos para prisões superlotadas. Esta é uma área em que as coisas pioraram. Quando eu frequentava a faculdade, cerca de meio milhão de pessoas estava atrás das grades nos Estados Unidos. Hoje, são cerca de 2,2 milhões. Os homens negros têm uma probabilidade cerca de seis vezes maior de estar na prisão neste exato momento que os homens brancos.

Em todo o mundo, ainda devemos enfrentar desafios que ameaçam todo mundo no século XXI — velhos flagelos como a doença e os conflitos, mas também desafios novos como o terrorismo e as mudanças climáticas.

De modo que não se iluda, Turma de 2016: vocês têm muito a fazer. Mas por complicados e às vezes intratáveis que esses desafios possam parecer, a verdade é que a geração de vocês está em melhores condições que qualquer outra antes para enfrentá-los, para mudar o script.

---

* Harriet Tubman (c. 1822—1913), mulher negra militante do abolicionismo e dos direitos dos negros. Na época deste discurso de Obama, estava em curso uma campanha para substituir por sua efígie, na nota de vinte dólares, a do ex-presidente Andrew Jackson (1829-1837). (N. do T.)

Claro que caberá a vocês em última análise decidir como fazê-lo, como enfrentar esses desafios, como promover a mudança. A minha geração, como todas as gerações, está por demais limitada por sua própria experiência, por demais impregnada das próprias tendências, por demais presa a seus hábitos para ajudar muito com o novo tipo de pensamento que será necessário. Mas nós, os veteranos, aprendemos algumas coisas que podem ser úteis na sua jornada. De modo que no tempo que me resta gostaria de fazer algumas sugestões sobre como jovens líderes como vocês podem cumprir seu destino e moldar nosso futuro coletivo — conduzi-lo na direção da justiça e da igualdade e da liberdade.

Para começar — e isto não deve ser um problema para este grupo —, tenham confiança no legado que receberam. Tenham confiança na sua negritude. Uma das grandes mudanças ocorridas em nosso país desde que eu tinha a idade de vocês é a conscientização de que não existe apenas uma maneira de ser negro. Podem acreditar no que está dizendo alguém que entendeu bem ambos os lados do debate para saber se eu sou negro o suficiente. Nos dois últimos meses, eu almocei com a rainha da Inglaterra e recebi Kendrick Lamar no Salão Oval. Não existe nenhuma camisa de força, não há barreiras, nenhum teste de autenticidade.

Vejam o caso de Howard. Uma coisa que a maioria das pessoas não sabe a respeito de Howard é a sua diversidade. Ao chegarem aqui, alguns de vocês se espantaram — ué, existem negros em Iowa? Mas é verdade: esta turma vem de cidades grandes e comunidades rurais, e alguns vocês atravessaram oceanos para estudar aqui. Vocês sacodem os estereótipos. Alguns vêm de uma longa linhagem de Bison. Alguns são os primeiros da família a se formar em uma universidade. Todos vocês falam diferente, todos se vestem diferente. São torcedores dos Lakers, dos Celtics, alguns até talvez gostem de hóquei.

E por causa dos que vieram antes de vocês, têm modelos a seguir. Podem trabalhar para uma empresa ou abrir a sua própria. Podem entrar para a política ou dirigir uma organização que fiscalize os políticos. Podem escrever um livro que ganhe o National Book Award ou escrever a nova série do Pantera Negra. Ou então, como um dos ex-alunos daqui, Ta-Nehisi Coates, podem ir em frente e fazer as duas coisas. Podem criar seu próprio estilo, estabelecer seu próprio padrão de beleza, abraçar sua própria sexualidade. Pensem em um ícone que acabamos de perder: Prince. Ele acabou com as categorias. As pessoas não sabiam o que Prince estava fazendo. E todo mundo o amava exatamente por isto.

Vocês precisam ter a mesma confiança. Ou, como me dizem minhas filhas o tempo todo: "Você tem que ser você, papai." Às vezes Sasha opta o por uma variante: "Faça o que você faz, papai." E como você é um negro fazendo o que quer que esteja fazendo, isto se torna algo negro. Sintam-se confiantes.

Em segundo lugar, mesmo tratando cada um de nós de abraçar nossa linda, única e válida versão da nossa negritude, lembrem-se do vínculo que de fato nos une como afro-americanos: nossa consciência muito especial da justiça e da luta. O que significa que não podemos andar como sonâmbulos pela vida. Não podemos ser ignorantes da história. Não podemos encarar o mundo com um sentimento de direitos adquiridos. Não podemos passar por um sem-teto sem nos perguntar por que uma sociedade rica como a nossa permite que coisas assim aconteçam. Não podemos simplesmente trancafiar um pequeno traficante sem perguntar por que esse menino, mal tendo saído da infância, achou que não tinha outras alternativas. Temos primos e tios e irmãos e irmãs que lembramos terem sido tão inteligentes e justos e talentosos quanto nós, mas que por algum motivo foram derrubados por estruturas injustas.

E isto significa que temos não só de questionar o mundo tal como é, e nos posicionar pelos afro-americanos que não tiveram a mesma sorte — sim, exatamente, vocês trabalharam muito, mas também tiveram sorte. É uma provocação que gosto muito de fazer: pessoas que tiveram sucesso e não se dão conta do quanto tiveram sorte. De que podem ter sido abençoadas por Deus; não foi nada que fizeram. De modo que não devem se sentir convencidos. Mas precisamos ampliar nossa imaginação moral para entender e nos solidarizar com todas as pessoas que lutam, não apenas os negros que lutam — os refugiados, os imigrantes, os pobres do meio rural, as pessoas transgênero e, sim, o sujeito branco de meia-idade que você pode achar que tem todas as vantagens, mas nas últimas décadas viu seu mundo virar de ponta-cabeça por causa das mudanças econômicas e culturais e tecnológicas, e se sente totalmente impotente para conter isso. É preciso entrar na cabeça dele também.

Número três: vocês precisam avançar na vida com algo mais que apenas a paixão da mudança; precisam de uma estratégia. Vou repetir. Quero que tenham paixão, mas vocês precisam ter uma estratégia. Não apenas consciência, mas ação. Não apenas hashtags, mas votos.

Como veem, uma justificada indignação não é suficiente para mudar. É necessário um programa, é necessário se organizar. Na Convenção Democrata de 1964, Fannie Lou Hamer — do alto do seu metro e sessenta — fez um inflamado discurso para todo o país. Mas depois voltou para o Mississipi e organizou os colhedores de algodão. E não dispunha das ferramentas e da tecnologia que hoje permitem mobilizar um movimento em questão de minutos. Tinha de bater de porta em porta. E eu me orgulho muito da nova guarda de líderes negros dos direitos civis que entendem isto. Foi em grande medida graças à militância de jovens como muitos de vocês, do Black Twitter ao Black Lives Matter, que os olhos dos Estados Unidos se abriram — brancos, negros, democratas, republicanos — para os verdadeiros problemas, por exemplo, do nosso judiciário.

Mas, para promover mudanças estruturais, mudanças duradouras, não basta ter consciência. São necessárias mudanças na lei, mudanças nos hábitos. Se vocês estão preocupados com os encarceramentos em massa, eu pergunto: de que maneira estão pressionando os membros do Congresso a aprovar o projeto de lei de reforma da justiça penal que agora têm em suas mesas? Se estão preocupados com um policiamento melhor, por acaso sabem quem é o promotor da sua jurisdição? Por acaso sabem quem é o secretário de Justiça do seu estado? Sabem qual a diferença entre um e outro? Sabem quem nomeia o chefe de polícia e quem redige o manual de treinamento dos policiais? Descubram quem são eles, quais são suas responsabilidades. Mobilizem a comunidade, apresentem-lhes um plano, trabalhem com eles para promover mudanças, cobrem se não cumprirem. A paixão é fundamental, mas vocês precisam ter uma estratégia.

E é melhor que o ato de votar faça parte do plano de vocês — não apenas algumas vezes, mas sempre. É verdade que, cinquenta anos depois da Lei dos Direitos de Voto, ainda existem no país muitas barreiras para votar. Não falta quem tente erguer novas barreiras ao direito de votar. Somos a única democracia avançada do planeta que se dá ao trabalho de dificultar o direito de voto. E há um motivo para isto. Existe aí um legado.

Mas quero dizer o seguinte: ainda que acabássemos com todas as barreiras ao direito de voto, isto por si só não mudaria o fato de que os Estados Unidos tem um dos mais baixos índices de comparecimento eleitoral do mundo livre. Em 2014, apenas 36% dos americanos compareceram às cabines de votação nas eleições do meio do mandato presidencial — o segundo mais baixo índice de participação jamais registrado. O comparecimento dos jovens — no caso, vocês — foi inferior a 20%. Menos de 20%. Quatro de cada cinco não votaram. Em 2012, quase dois de cada três afro-americanos compareceram. Mas, em 2014, apenas dois de cada cinco compareceram. Vocês não acham que isto terá feito uma diferença em termos do Congresso com o qual eu tenho de lidar? E depois as pessoas ficam se perguntando por que é que o Obama não conseguiu fazer isto ou aquilo. Por que foi que ele não fez? Vocês não acham que isso fez uma diferença? Que teria acontecido se os índices de comparecimento em todo o país tivessem sido de 50, 60, 70%? As pessoas tentam tornar essa coisa da política muito complicada. Por exemplo, de que reformas estamos precisando? E como devemos providenciá-las? Mas sabem o que mais? Simplesmente votem. É pura matemática. Se tiver mais votos que o outro sujeito, você conseguirá fazer o que quer. Não é tão complicado assim.

E vocês não têm desculpas. Não é preciso adivinhar o número de balas em um jarro ou de bolhas em uma barra de sabão para fazer seu registro eleitoral. Vocês não precisam arriscar a vida para depositar um voto. Outras pessoas já o fizeram por vocês. Seus avós, seus bisavós poderiam estar aqui hoje se estivessem trabalhando nisso. Qual a desculpa de vocês? Quem não vota abre mão do seu poder, perde seus direitos civis — exatamente quando precisamos usar o poder de que dispomos; exatamente quando precisamos do poder de vocês para impedir que outros privem de voto e de direitos os mais vulneráveis que vocês — os idosos e os pobres, os que cumpriram pena e tentam uma segunda chance.

De modo que vocês precisam votar sempre, não apenas quando for legal, não apenas quando estiver na hora de eleger um presidente, não apenas quando se sentirem inspirados. É um dever. Quando estiver na hora de eleger um membro do Congresso ou um vereador, um integrante da direção da escola ou um chefe de polícia. É assim que mudamos nossa política — elegendo em todos os níveis pessoas que sejam representativas e nos prestem contas. Não é tão complicado assim. Não tornem a coisa complicada.

E por fim, para mudar é preciso mais que dizer o que se pensa — é preciso ouvir também. Em particular, é necessário ouvir aqueles de quem discordamos e estar dispostos a entrar em acordo. Quando era senador estadual, eu contribuí para a aprovação da primeira lei contra a discriminação racial por parte dos policiais no Illinois, e uma das primeiras leis do país a exigir a gravação em vídeo de confissões em casos de pena de morte. E tivemos êxito porque desde o início eu mobilizei os agentes da lei nesse processo. Não fui dizer-lhes, puxa, você são tão racistas, precisam fazer algo. Eu sabia, como muitos de vocês sabem, que a esmagadora maioria dos policiais são homens bons, honestos, corajosos e justos que amam a comunidade que servem.

E nós sabíamos que havia algumas maçãs podres, e que até bons policiais com as melhores intenções — inclusive, por sinal, policiais afro-americanos — podiam ter preconceitos inconscientes, como todos nós. De modo que procuramos conversar e ouvir, e continuamos trabalhando até chegar a um consenso. E por nos termos dado ao trabalho de ouvir propusemos uma legislação que foi boa para a polícia — pois aumentou a confiança e a cooperação da comunidade — e também foi boa para as comunidades, que tinham agora menor probabilidade de ser tratadas de maneira injusta. E posso dizê-lo sem qualquer sombra de dúvida: sem contar pelo menos com a aceitação das organizações policiais do Illinois, eu jamais teria conseguido a aprovação desses projetos. Muito simples. Elas teriam bloqueado.

O fato é que precisamos de aliados em uma democracia. Simplesmente é assim que funciona. Pode ser frustrante e também demorado. Mas a história nos ensina que a alternativa para a democracia é sempre pior. Simplesmente não se aplica no nosso país. Não é uma história de preto ou branco. Qualquer país onde o toma-lá-dá-cá da democracia tenha sido substituído pelo domínio de um partido só, posso lhes mostrar que é um país que não funciona.

E a democracia requer acomodações, mesmo quando se está 100% certo. O que às vezes é difícil de explicar. Você pode estar completamente certo e, ainda assim, ter que se entender com pessoas que discordam de você. Se acha que a única maneira de avançar é ser o mais intransigente possível, vai-se sentir cheio de razão, desfrutar de uma certa pureza moral, mas não vai conseguir o que quer. E se passar muito tempo sem conseguir o que quer, vai acabar achando que o sistema todo é manipulado. O que vai levar a descrença ainda maior, a menos participação e a uma espiral descendente de mais injustiça e mais raiva e mais desespero. O que nunca foi a fonte do nosso progresso. É assim que nos privamos do progresso.

Nós lembramos da oratória altiva do Dr. King, da força de sua carta enviada de uma prisão de Birmingham, das marchas que liderou. Mas ele também sentou com o presidente Johnson no Salão Oval para tentar conseguir a aprovação de uma Lei dos Direitos Civis e de uma Lei dos Direitos de Voto. E essas duas leis seminais não eram perfeitas — exatamente como a Proclamação da Emancipação era um documento de guerra, tanto quanto um toque de clarim pela liberdade. Esses marcos do nosso progresso não eram perfeitos. Não compensavam séculos de escravidão nem Jim Crow, não eliminavam o racismo nem providenciavam alguns metros quadrados de terra e uma mula. Mas melhoraram as coisas. E sabem o que mais? Sempre que se apresenta algo melhor, eu aceito. Eu sempre digo a minha equipe: melhor está bom, pois consolidamos os ganhos e vamos em frente para a próxima luta a partir de uma posição mais forte.

Brittany Packnett, membro do movimento Black Lives Matter e da Campaign Zero, uma das organizadoras da manifestação de Ferguson, entrou para a nossa Força-Tarefa de Políticas para o Século XXI. Alguns dos seus companheiros de militância questionaram se ela deveria participar. Ela arregaçou as mangas e sentou à mesa com chefes de polícia e promotores de cidades grandes. E por isto acabou influenciando muitas recomendações dessa força-tarefa. E, hoje, essas recomendações estão sendo adotadas em todo o país — mudanças que os manifestantes exigiam. Se jovens militantes como Brittany se tivessem recusado a participar em nome da pureza ideológica, essas grandes ideias teriam continuado apenas ideias. Mas ela participou. E é assim que as mudanças acontecem.

Os Estados Unidos são grandes, turbulentos e, hoje, mais diversificados que nunca. O presidente me disse que, hoje em dia, temos aqui na Howard um contingente considerável de nepaleses. Eu jamais teria imaginado. Muito bom! E serve justamente para mostrar o quanto estamos nos tornando interconectados. E com tantas pessoas de tantos lugares diferentes convergindo, nem sempre vamos concordar uns com os outros.

Outra aluna da Howard, Zora Neale Hurston, disse certa vez — e esta é uma excelente citação neste momento: "Nada que Deus jamais tenha feito será a mesma coisa para mais de uma pessoa." Pensem nisto. Por isto é que nossa democracia nos dá um processo destinado a nos permitir resolver nossas divergências com argumentos e ideias e votos, e não com violência e o simples domínio da maioria.

Não queiram, portanto, afastar ninguém, não queiram bloquear ninguém, por mais que discordem. Tem surgido no país uma tendência a tentar fazer com que as faculdades suspendam convites a oradores com pontos de vista diferentes, ou a promover tumultos em comícios de um político. Não façam isto — por mais ridículo ou ofensivo considerem o que dizem essas pessoas. Pois, como costumava dizer minha avó, toda vez que um tolo fala, está apenas apregoando sua ignorância. Pois que fale. Pois que falem. Se não os deixarem falar, vocês estarão apenas transformando-os em vítimas, e assim eles poderão eximir-se de prestar contas.

O que não quer dizer que não devam contestá-los. Tenham confiança para contestá-los, confiança na correção da sua própria posição. Haverá momentos em que não deverão ceder em seus valores básicos, sua integridade, em que terão a responsabilidade de se pronunciar diante da injustiça. Mas ouçam. Entrem em entendimento. Se o outro lado tiver razão em algum ponto, aprendam com ele. Se estiver errado, refutem. Ensinem-lhe. Tratem de vencê-lo no campo de batalha das ideias. E podem muito bem começar a praticar agora, pois uma coisa eu lhes garanto: vocês terão de lidar com ignorância, ódio, racismo, insensatez, gente mesquinha. Posso lhes garantir que terão de lidar com tudo isto a cada passo da vida. Pode não parecer justo, mas a vida nunca foi totalmente justa. Ninguém lhes prometeu um caminho de rosas. E se quiserem tornar a vida justa, terão de começar com o mundo tal como é.

É este portanto o meu conselho. É assim vocês mudam as coisas. A mudança não é algo que acontece a cada quatro ou oito anos; também não ocorre apenas se você depositar toda a sua fé em determinado político, cruzar os pés em cima da mesa e disser: "Tudo bem, vá em frente." A mudança acontece pelo esforço de cidadãos comprometidos que se agarram a algo maior que eles próprios e lutam por isso todos os dias.

Era o que sabia Thurgood Marshall, um homem que certa vez entrou neste pátio, tendo-se formado na Faculdade de Direito de Howard; voltou então para Baltimore, de onde viera, e abriu seu escritório de advocacia. Ele e seu mentor, Charles Hamilton Houston, arregaçaram as mangas e trataram de acabar com a segregação. Trabalharam com a Associação Nacional para o Progresso das Pessoas de Cor. Moveram dezenas de ações, lutaram em dezenas de casos. E depois de quase vinte anos de esforços — vinte anos —, Thurgood Marshall conseguiu por fim levar sua justificada causa à Suprema Corte, obtendo no caso Brown contra o Conselho de Educação a sentença de que a separação era ilegal. Vinte anos.

Marshal, Houston — eles sabiam que não seria fácil. Sabiam que não seria rápido. Sabiam que todos os tipos de obstáculos apareceriam à sua frente. Sabiam que mesmo vencendo seria apenas o início de uma caminhada mais longa em direção à igualdade. Mais eram disciplinados. Eram persistentes. Tinham fé — e senso de humor. E tornaram a vida melhor para todos os americanos.

E eu sei que vocês, formandos, têm essas mesmas qualidades. E o sei porque me informei sobre alguns dos jovens que aqui se formam hoje. Há uma jovem chamada Ciearra Jefferson que está se formando com vocês. E vou apenas usá-la como exemplo. Espero que não se importe, Ciearra. Ciearra cresceu em Detroit e foi criada por uma mãe solteira pobre que trabalhava sete dias por semana em uma fábrica de automóveis. E durante algum tempo sua família não tinha uma casa para morar. Eles ficavam aqui e ali, na casa de amigos e parentes que os recebessem. No último ano da escola, Ciearra se levantava às cinco da manhã todo dia, fazendo os deveres de casa, atividades extracurriculares, trabalho voluntário, ao mesmo tempo em que cuidava da irmã menor. Mas ela sabia que a educação era seu bilhete de entrada em uma vida melhor. De modo que nunca desistiu. Esforçava-se para se sair bem. Essa filha de uma mãe solteira que trabalha na linha de montagem recusou uma bolsa de estudos integral em Harvard para vir para Howard.

E hoje, com tantos de vocês, Ciearra é a primeira de sua família a se formar em uma faculdade. E agora, diz ela, vai voltar para sua cidade de origem, exatamente como Thurgood Marshall fez, para garantir que os trabalhadores com os quais cresceu tenham acesso à assistência de saúde de que precisam e que merecem. Como ela mesma disse, ela será um "agente da mudança". Vai olhar para trás e ajudar pessoas como ela a ter êxito.

E pessoas como Ciearra são o motivo pelo qual continuo otimista com os Estados Unidos. Jovens como vocês são o motivo pelo qual eu nunca cedo ao desespero.

James Baldwin escreveu certa vez: "Nem tudo que é enfrentado pode ser mudado, mas nada pode ser mudado enquanto não for enfrentado."

Formandos, cada um de nós só está aqui porque alguém enfrentou desafios por nós. Só somos quem somos porque alguém mais lutou e se sacrificou por nós. Não é apenas a história de Thurgood Marshall, ou a história de Ciearra, ou a minha história, ou a história de vocês — é a história dos Estados Unidos. Uma história sussurrada por escravos nos campos de algodão, a canção dos que marcharam em Selma, o sonho de um King à sombra de Lincoln. A oração de imigrantes em busca de um novo mundo. O fragor das mulheres exigindo o direito de voto. O grito de conclamação dos trabalhadores que construíram os Estados Unidos. E dos soldados que derramaram seu sangue em outros continentes pela nossa liberdade.

Agora é a vez de vocês. E a boa notícia é que vocês estão preparados. E quando a jornada perecer difícil demais, quando vocês enfrentarem um coro de descrentes dizendo que estão sendo tolos por continuarem a acreditar ou que não podem fazer algo, ou que deveriam simplesmente desistir, ou que deveriam se acomodar — podem dizer a si mesmos uma pequena frase que tenho achado bem útil nestes últimos oito anos: Sim, nós podemos.

Parabéns, Turma de 2016! Boa sorte! Deus os abençoe. Deus abençoe os Estados Unidos dos Estados Unidos. Eu me orgulho de vocês.

"PRECISAMOS IR EM FRENTE"

Pronunciamento na Assembleia Geral das Nações Unidas

Nova York, 20 de setembro de 2016

O último discurso de Obama como presidente nas Nações Unidas foi uma ponderada despedida e um encerramento adequado para os seus oito anos no cargo. Em suas observações, Obama refletiu sobre algumas realizações do seu governo na frente interna e nas relações internacionais. Também reconheceu os muitos desafios que persistem, apresentando um mapa do caminho para maior cooperação internacional. Abordou muitas das questões essenciais da sua presidência, das mudanças climáticas e do terrorismo ao racismo, passando pela injustiça econômica e a perseguição religiosa. Recorrendo à própria biografia, Obama fez o elogio das conquistas do sistema democrático dos Estados Unidos. Os Estados Unidos, disse, não têm o direito de ditar os caminhos das outras nações, mas insistiu em que o desenvolvimento, a segurança e a paz podem ser melhor alcançados por meio da democracia e da integração. O discurso também se destacou pela referência indireta mas clara a Donald Trump, à eleição presidencial de 2016 e à ameaça para a ordem liberal global. "Hoje", disse Obama explicitamente, "um país cercado de muros estaria apenas se aprisionando."

SR. PRESIDENTE, SR. Secretário-Geral, senhores delegados, senhoras e senhores: ao me dirigir a esta assembleia pela última vez como presidente, quero relatar os progressos que fizemos nestes oito últimos anos.

Das profundezas da maior crise financeira da nossa época, coordenamos nossa reação para evitar uma catástrofe maior e restabelecer o crescimento da economia global. Acabamos com redutos terroristas, fortalecemos o regime de não-proliferação, resolvemos a questão nuclear iraniana pela diplomacia. Estabelecemos relações com Cuba, ajudamos a Colômbia a pôr fim à mais longa guerra dos Estados Unidos Latina e demos as boas-vindas a uma dirigente democraticamente eleita da Birmânia nesta Assembleia. Nossa ajuda está contribuindo para que as pessoas cuidem da própria alimentação, tratem dos doentes, fortaleçam a comunidade em toda a África e promovam modelos de desenvolvimento, e não de dependência. E tornamos instituições como o Banco Mundial e o Fundo Monetário Internacional mais representativas, ao mesmo tempo estabelecendo uma estrutura para proteger nosso planeta da devastação das mudanças climáticas.

É um trabalho importante. Fez uma diferença real na vida do nosso povo. E não poderia ter acontecido se não tivéssemos trabalhado juntos. E no entanto, em todo o planeta vemos essas mesmas forças de integração global que nos tornaram interdependentes exporem profundas fraturas na atual ordem internacional.

É o que vemos nas manchetes todos os dias. No mundo inteiro, refugiados atravessam fronteiras para escapar de conflitos brutais. Perturbações financeiras continuam a sacrificar nossos trabalhadores e comunidades inteiras. Em vastas extensões do Oriente Médio, a segurança básica, a ordem básica se esfacelou. É por demais grande número de governos que amordaçam jornalistas, esmagam a oposição e censuram o fluxo de informações. Redes terroristas usam as mídias sociais para pregar aos nossos jovens, pondo em risco sociedades abertas e provocando ódio contra imigrantes inocentes e muçulmanos. Países poderosos contestam as limitações a eles impostas pelo direito internacional.

É este o paradoxo que define nosso mundo hoje. Um quarto de século depois do fim da Guerra Fria, o mundo sob muitos aspectos é menos violento e mais próspero que nunca, e no entanto nossas sociedades estão cheias de incerteza, intranquilidade e conflitos. Não obstante enormes progressos, com a perda de confiança nas instituições, governar torna-se mais difícil e as tensões entre as nações vêm mais depressa à tona.

Acredito, então, que neste momento todos nós encaramos uma escolha. Podemos escolher avançar a partir de um modelo melhor de cooperação ou integração. Ou podemos recuar para um mundo dividido e cheio de conflitos, pautado em conceitos antiquados de nação, tribos, raça e religião.

Quero sugerir aqui hoje que optemos por ir em frente, e não para trás. Acredito que, por imperfeitos que sejam, os princípios do livre mercado e da governança responsável, da democracia e dos direitos humanos e do direito internacional por nós forjados continuam sendo os alicerces mais sólidos para o progresso humano neste século. E não sustento esta tese com base em teoria ou ideologia, mas nos fatos — fatos de que nos esquecemos com demasiada frequência na urgência dos acontecimentos de hoje.

Pois este é o fato mais importante: a integração da nossa economia global tornou a vida melhor para bilhões de homens, mulheres e crianças. Nos últimos vinte e cinco anos, o número de pessoas vivendo em extrema pobreza caiu de quase 40% da humanidade para menos de 10%. O que é inédito. E não se trata de uma abstração. Significa crianças que têm o que comer; mães que não morrem no parto.

Enquanto isso, o desvendamento do código genético promete curar doenças que nos castigam há séculos. A internet pode entregar a integralidade do conhecimento humano a uma menina em uma aldeia remota em um único dispositivo manual. Na medicina e na manufatura, na educação e nas comunicações, vivemos uma transformação da maneira como os seres humanos vivem em uma escala que evoca as revoluções da agricultura e da indústria. E em consequência, uma pessoa nascida hoje tem maior probabilidade de ser saudável, viver mais tempo e ter acesso a oportunidades que em qualquer outra época da história humana.

Além disso, o colapso do colonialismo e do comunismo permitiu que um maior número de pessoas que em qualquer outra época vivesse em liberdade e escolhesse seus dirigentes. Não obstante as regiões em que a liberdade realmente parece recuar de maneira preocupante, o fato é que o número de democracias em todo o mundo quase dobrou nos últimos vinte e cinco anos.

Em áreas remotas do mundo, cidadãos exigem respeito à dignidade de todas as pessoas, não importando seu gênero, raça, religião, incapacitação ou orientação sexual, e aqueles que negam dignidade aos outros são repreendidos publicamente. Uma explosão de mídias sociais deu às pessoas comuns novas maneiras de se expressar, aumentando as expectativas em relação a nós que exercemos o poder. Na verdade, a nossa ordem internacional tem sido tão bem sucedida que já temos como certo que as grandes potências não mais promovem guerras mundiais; que o fim da Guerra Fria afastou a sombra de um armagedon nuclear; que os campos de batalha da Europa foram substituídos pela união pacífica; que a China e a Índia seguem em um caminho de notável crescimento.

Não digo tudo isto para encobrir os desafios que enfrentamos ou sugerir complacência. Acredito, isto sim, que precisamos reconhecer essas realizações para ter confiança de levar adiante esses avanços e garantir que não abandonemos exatamente aquelas coisas que permitiram esse progresso.

Para seguir adiante, contudo, precisamos de fato reconhecer que o atual caminho da integração global exige uma correção de rumo. Como tantas vezes acontece, os que apregoam as vantagens da globalização ignoraram a desigualdade no interior das nações e entre elas; ignoraram o constante apelo das identidades étnicas e sectárias; e deixaram as instituições internacionais mal equipadas, com financiamento insuficiente e poucos recursos para enfrentar os desafios transnacionais.

Como esses problemas reais foram negligenciados, visões alternativas do mundo abriram caminho tanto nos países mais ricos quanto nos mais pobres: o fundamentalismo religioso; as políticas da etnicidade, ou da tribo, ou da seita; o nacionalismo agressivo; um populismo grosseiro — às vezes de extrema esquerda, mas com mais frequência de extrema direita — que tenta restabelecer o que acredita ter sido uma época melhor e mais simples, livre de contaminação externa.

Não podemos simplesmente descartar essas visões. Elas têm força. Refletem uma insatisfação entre um número demasiado grande de nossos cidadãos. Não acredito que essas visões possam proporcionar segurança ou prosperidade a longo prazo, mas acredito que não reconhecem, em um nível muito básico, nossa humanidade comum. Além disso, considero que a aceleração das viagens e da tecnologia e das telecomunicações — paralelamente a uma economia global que depende de uma cadeia de abastecimento global — condena em última instância ao fracasso aqueles que tentam reverter esse progresso. Hoje, um país cercado de muros estaria apenas se aprisionando.

De modo que a resposta não pode ser uma simples rejeição da integração global. Pelo contrário, precisamos trabalhar juntos para garantir que os benefícios dessa integração sejam amplamente compartilhados, e que as perturbações — econômicas, políticas e culturais — causadas pela integração sejam enfrentadas sem rodeios. Este não é o lugar para traçar um plano detalhado de políticas públicas, mas quero apresentar em pinceladas gerais as áreas nas quais considero que podemos nos esforçar melhor juntos.

Começa com a necessidade de fazer a economia global funcionar melhor para todos, e não apenas para os que estão no alto. Embora o livre mercado e o capitalismo tenham elevado o padrão de vida em todo o planeta, a globalização, associada ao progresso rápido e à tecnologia, também enfraqueceu a posição dos trabalhadores e sua capacidade de garantir um salário decente. Em economias avançadas como a minha, os sindicatos foram enfraquecidos e muitos empregos fabris desapareceram. Não raro os que mais se beneficiam da globalização se valeram do seu poder político para solapar ainda mais a posição dos trabalhadores.

Nos países em desenvolvimento, as organizações trabalhistas muitas vezes foram suprimidas e o crescimento da classe média foi impedido pela corrupção e a insuficiência de investimentos. Políticas mercantilistas promovidas por governos que seguem modelos voltados para a exportação ameaçam solapar o consenso em que se escora o comércio global. E enquanto isto, o capital global com demasiada frequência não é chamado a prestar contas — quase oito trilhões de dólares acumulados em paraísos fiscais, um sistema bancário que cresce na sombra, fora do alcance de uma efetiva fiscalização.

Um mundo em que 1% da humanidade controla tanta riqueza quanto os outros 99% jamais será estável. Sei que a defasagem entre ricos e pobres não é uma novidade, mas, assim como a criança em uma favela hoje pode ver o arranha-céu no bairro ao lado, a tecnologia dos dias atuais permite que qualquer pessoa com um smartphone veja como os privilegiados dentre nós vivem e o contraste entre suas próprias vidas e as dos outros. As expectativas aumentam, assim, com uma rapidez que não está ao alcance dos governos, e um disseminado sentimento de injustiça solapa a confiança no sistema.

Então, como remediar esse desequilíbrio? Não podemos recuar na integração, exatamente como não é possível fechar a tecnologia de volta em uma caixa. Tampouco podemos nos inspirar em modelos fracassados do passado. Se começarmos a recorrer a guerras comerciais, subsídios que distorcem as leis do mercado, políticas prejudiciais a outros países, excesso de dependência aos recursos naturais, no lugar da inovação — essas abordagens vão nos tornar mais pobres como um todo e têm maior probabilidade de levar a conflitos. E o flagrante contraste entre, por exemplo, o sucesso da República da Coreia e a desolação da Coreia do Norte mostra que o controle centralizado e planificado da economia é um beco sem saída.

Mas eu de fato acredito que existe um outro caminho — um caminho que promova o crescimento e a inovação, oferecendo a rota mais clara para as oportunidades individuais e o sucesso nacional. Ele não requer que nos sujeitemos a um capitalismo sem alma que beneficie apenas uns poucos, mas reconhece que as economias são mais bem-sucedidas quando eliminamos a defasagem entre ricos e pobres, conferindo ao crescimento uma ampla base. E isto significa respeitar os direitos dos trabalhadores, para que possam organizar-se em sindicatos independentes e ganhar um salário que lhes permita viver com dignidade. Significa investir no nosso povo — suas capacitações, sua educação, sua capacidade de transformar uma ideia em um negócio. Significa fortalecer a rede de segurança que protege nossa gente das dificuldades, permitindo-lhe assumir mais riscos — buscar um novo emprego ou iniciar um novo empreendimento.

São políticas que tenho promovido aqui nos Estados Unidos, com resultados claros. As empresas americanas criaram atualmente quinze milhões de empregos. Depois da recessão, o 1% do alto da pirâmide americana detinha mais de 90% do crescimento da renda. Mas hoje isto está reduzido a cerca de metade. No ano passado, a pobreza em nosso país diminuiu no ritmo mais rápido em quase cinquenta anos. E, com mais investimentos em infraestrutura e na educação da primeira infância e na pesquisa básica, estou confiante em que esse progresso terá prosseguimento.

E, assim como tomei essas medidas aqui em casa, os Estados Unidos também têm trabalhado com muitos países para moderar os excessos do capitalismo — não para punir a riqueza, mas para prevenir a repetição de crises que possa destruí-la. Por isto trabalhamos com outros países para criar padrões mais altos e mais claros no sistema bancário e na taxação — o pois uma sociedade que exige menos dos oligarcas que dos cidadãos comuns apodrece por dentro. Por isto pressionamos por transparência e cooperação no combate à corrupção e no rastreamento de dólares ilícitos, pois os mercados geram mais empregos quando alimentados por trabalho sério, e não pela capacidade de extorquir propinas. Por isto trabalhamos para alcançar acordos comerciais que elevem os padrões trabalhistas e ambientais, como fizemos na Parceria Trans-Pacífica, para que haja mais ampla distribuição dos benefícios.

E assim como o combate à desigualdade é benéfico nos nossos países, considero que as economias avançadas ainda precisam fazer mais para acabar com a defasagem entre países ricos e pobres. O que é difícil do ponto de vista político. É difícil gastar com ajuda externa. Mas não considero que seja uma caridade. Por uma pequena fração do que gastamos com a guerra no Iraque poderíamos apoiar instituições para que Estados frágeis não entrem em colapso, para começo de conversa, e investir em economias emergentes que se transformam em mercados para nossos produtos. Não é apenas a coisa certa a fazer, mas também a mais inteligente.

Por isso, precisamos dar prosseguimento a nossos esforços de combate às mudanças climáticas. Se não agirmos com coragem, a conta que poderá se apresentar será de migrações em massa, cidades submersas e nações deslocadas, oferta de alimentos destruída e conflitos causados pelo desespero. O Acordo de Paris nos dá uma estrutura de ação, mas somente se potencializarmos nossa ambição. E é preciso tratar com urgência a aplicação do acordo, assim como a ajuda para que os países pobres deixem para trás formas destrutivas de energia.

Assim, no caso dos países mais ricos, a criação de um Fundo Climático Verde deve ser apenas o início. Precisamos investir em pesquisa e criar incentivos de mercado para o desenvolvimento de novas tecnologias, e em seguida tornar essas tecnologias acessíveis e financeiramente viáveis para os países mais pobres. Só então poderemos continuar tirando todos os povos da pobreza sem condenar nossos filhos a um planeta que já não possam mais consertar.

Precisamos portanto de novos modelos para o mercado global, modelos inclusivos e sustentáveis. E da mesma forma precisamos de modelos de governança inclusivos e que prestem contas às pessoas comuns.

Reconheço que nem todos os países presentes nesta assembleia seguirão o mesmo modelo de governança. Não creio que os Estados Unidos possa — ou deva — impor nosso sistema de governo a outros países. Mas parece haver hoje uma crescente disputa entre o autoritarismo e o liberalismo. E quero que todos entendam que não estou em uma posição neutra nessa disputa. Acredito em uma ordem política liberal, uma ordem construída não apenas por eleições e governo representativo, mas também pelo respeito aos direitos humanos e à sociedade civil, um judiciário independente e o império da lei.

Sei que certos países que hoje reconhecem a força do livre mercado ainda rejeitam o modelo das sociedades livres. E talvez aqueles de nós que temos promovido a democracia nos sintamos algo desestimulados desde o fim da Guerra Fria, pois constatamos que a democracia liberal não vai tomar todo o planeta em uma grande onda. Verifica-se que a construção de instituições capazes de prestar contas é um trabalho árduo — um trabalho para gerações. Os ganhos muitas vezes são frágeis. Às vezes damos um passo à frente e dois atrás. Em países contidos em fronteiras traçadas pelas potências coloniais, com enclaves étnicos e divisões tribais, a política e as eleições podem às vezes revelar-se um jogo de soma zero. E assim, dada a dificuldade de forjar uma autêntica democracia frente a essas pressões, não surpreende sustentarem alguns que o futuro seja do homem forte, de um modelo de cima para baixo, e não de fortes instituições democráticas.

Mas considero errada essa maneira de pensar. Considero que o caminho da verdadeira democracia ainda é o melhor. Acredito que no século XXI as economias só podem crescer até determinado ponto sem precisar se abrir — pois os empreendedores precisam de acesso à informação para inventar; os jovens precisam de uma educação global para prosperar; os meios de comunicação independente precisam questionar os abusos de poder. Sem essa evolução, as expectativas em última análise não serão atendidas; virá a hora da repressão e da estagnação. E a história mostra que aos homens fortes restam então dois caminhos: a permanente repressão, que gera conflitos em casa, ou a designação de bodes expiatórios no exterior, que pode levar a guerras.

Reconheço que minha crença o de que os governos servem aos indivíduos, e não o contrário, decorre da história dos Estados Unidos. Nossa nação começou com uma promessa de liberdade que se aplicava apenas à minoria. Em virtude de nossa Constituição democrática, no entanto, em virtude da nossa Carta de Direitos, dos nossos ideais, as pessoas comuns puderam se organizar, marchar, protestar, e em última análise esses ideais levaram a melhor — abrindo portas para mulheres e minorias e trabalhadores de formas que tornaram a nossa economia mais produtiva e transformaram nossa diversidade em uma força; deram aos inovadores oportunidade de transformar cada área do empreendimento humano; possibilitaram que alguém como eu fosse eleito presidente dos Estados Unidos.

De modo que, sim, meus pontos de vista decorrem das experiências específicas dos Estados Unidos, mas não creio que essa história seja exclusiva dos Estados Unidos. Veja-se a transformação ocorrida em países tão diferentes quanto o Japão e o Chile, a Indonésia, Botswana. Os países que tiveram êxito são aqueles em que as pessoas sentem ter influência.

Na Europa, o progresso dos países do antigo bloco soviético que abraçaram a democracia contrasta nitidamente com os que não o fizeram. Afinal, o povo da Ucrânia não desceu às ruas por causa de uma conspiração imposta do exterior. Ele desceu às ruas porque sua liderança estava à venda e não havia escolha. Ele exigiu mudanças porque viu a vida melhorando no Báltico e na Polônia, sociedades mais liberais, democráticas e abertas que a sua.

Portanto, nós que acreditamos na democracia precisamos nos pronunciar de maneira enfática, pois tanto os fatos quanto a história, creio eu, estão do nosso lado. O que não significa que as democracias não tenham suas falhas. Significa, sim, que a cura do que aflige nossas democracias é maior participação dos nossos cidadãos — e não menor.

Sim, nos Estados Unidos há dinheiro demais na política; um excesso de partidarismo arraigado; muito pouca participação dos cidadãos, em parte por causa de um emaranhado de leis que dificultam o ato de votar. Na Europa, uma Bruxelas bem-intencionada muitas vezes se isolou demais do jogo de forças normal da política nacional. Com demasiada frequência, nas capitais, aqueles que tomam decisões esqueceram que a democracia precisa ser movida pelo engajamento cívico de baixo para cima, e não pela governança de especialistas de cima para baixo. De modo que são estes os verdadeiros problemas, e como os líderes de governos democráticos fazem a defesa da democracia no exterior, é melhor nos esforçarmos muito para dar um melhor exemplo em casa.

Além disso, cada país organiza seu governo com base em séculos de história, nas circunstâncias geográficas e em crenças profundamente enraizadas de seu povo. Reconheço portanto que uma sociedade tradicional pode valorizar a unidade e a coesão mais que um país diversificado como o meu, fundado com base em algo que na época era uma ideia radical: a ideia da liberdade de seres humanos individuais dotados de certos direitos concedidos por Deus. Mas isto não quer dizer que as pessoas comuns na Ásia ou na África ou no Oriente Médio prefiram um governo arbitrário que não lhes dê voz nas decisões capazes de influenciar suas vidas. Eu acredito que o espírito é universal. E se algum de vocês duvida da universalidade desse desejo, ouça as vozes dos jovens que em toda parte clamam por liberdade, dignidade e a oportunidade de controlar suas próprias vidas.

O que me leva à terceira coisa que precisamos fazer: nós devemos rejeitar quaisquer formas de fundamentalismo, racismo ou qualquer crença na superioridade étnica que torne nossas identidades tradicionais incompatíveis com a modernidade. Em vez disso, temos de abraçar a tolerância que resulta do respeito de todos os seres humanos.

Já é um truísmo que a integração global levou à colisão de culturas; o comércio, a migração, a internet, tudo isto pode desafiar ou abalar nossas identidades mais caras. Vemos sociedades liberais manifestarem oposição quando as mulheres optam por se cobrir. Vemos protestos em reação a charges de jornais ocidentais caricaturando o profeta Maomé. em um mundo que deixou para trás a época dos impérios, vemos a Rússia tentando reaver a glória perdida por meio da força. Potências ocidentais discutem em torno de visões concorrentes da história. E na Europa e nos Estados Unidos vemos pessoas lutando com preocupações sobre a imigração e as mudanças demográficas, dando a entender que pessoas de aparência diferente de alguma forma estão corrompendo o caráter de nossos países.

Não existem respostas fáceis para resolver todas essas forças sociais, e temos de respeitar o significado que as pessoas atribuem a suas próprias tradições — sua religião, sua etnia, seu sentimento de nacionalidade. Mas não creio que o progresso seja possível se o nosso desejo de preservar nossas identidades der lugar a um impulso de desumanizar e dominar outro grupo. Se nossa religião nos levar a perseguir pessoas de outra fé, se encarcerarmos ou espancarmos pessoas que são gays, se nossas tradições nos levarem a impedir que as meninas frequentem a escola, se discriminarmos com base na raça, na tribo ou na etnia, os frágeis elos da civilização vão-se desgastar. O mundo é pequeno demais, estamos muito próximos uns dos outros para recorrer a essas velhas maneiras de pensar.

Constatamos esse estado de espírito com demasiada frequência no Oriente Médio. Lá, boa parte do colapso da ordem foi fomentado porque os dirigentes não buscavam a legitimidade com base em suas políticas ou programas, mas recorrendo à perseguição da oposição política ou demonizando outras seitas religiosas, reduzindo o espaço público à mesquita, onde com demasiada frequência certas perversões da grande fé eram toleradas. Essas forças foram se acumulando durante anos, e agora estão em ação, contribuindo para alimentar tanto a trágica guerra civil da Síria quanto a absurda ameaça medieval do Estado Islâmico.

O estado de espírito do sectarismo e do extremismo e do derramamento de sangue e da retaliação que vem se impondo não poderá ser revertido com mais facilidade. E se formos honestos, entenderemos que nenhuma potência externa será capaz de forçar diferentes comunidades étnicas ou religiosas a conviver por muito tempo. Mas eu de fato acredito que precisamos ser honestos quanto à natureza desses conflitos, e que nossa comunidade internacional deve continuar trabalhando com aqueles que querem construir e não destruir.

E existe aí um componente militar. Ele significa mostrar-nos unidos e implacáveis na destruição de redes como o Estado Islâmico, que evidenciam uma absoluta falta de respeito pela vida humana. Mas também significa que em um país como a Síria, onde não há em última análise uma vitória militar a ser buscada, teremos de persistir no trabalho árduo da diplomacia, voltada para pôr fim à violência, levar ajuda aos necessitados e apoiar aqueles que buscam um acordo político e são capazes de enxergar os que não são como eles mesmos como merecedores de dignidade e respeito.

Nos conflitos da região, temos de insistir em que todas as partes reconheçam uma humanidade comum e os países ponham fim a guerras por procuração que fomentam a desordem. Pois enquanto não forem respondidas certas perguntas básicas sobre a convivência entre comunidades, as brasas do extremismo continuarão ardendo, inúmeros seres humanos vão sofrer —sobretudo nessa região —, mas o extremismo continuará a ser exportado. E o mundo é pequeno demais para que possamos simplesmente construir um muro e impedir que ele afete nossas próprias sociedades.

E o que é verdade no Oriente Médio se aplica a todos nós. Sem dúvida, as tradições religiosas podem ser honradas e preservadas ao mesmo tempo em que se ensina ciência e matemática aos jovens, e não intolerância. Sem dúvida, podemos cultivar nossas tradições ao mesmo tempo atribuindo às mulheres seu pleno papel de direito na política e na economia de uma nação. Sem sombra de dúvida, podemos mobilizar nossas nações em solidariedade, ao mesmo tempo reconhecendo a necessidade de um tratamento igual para todas as comunidades — seja uma minoria religiosa na Birmânia, uma minoria étnica no Burundi ou uma minoria racial aqui mesmo, nos Estados Unidos. E sem dúvida os israelenses e os palestinos estarão em melhor situação se os palestinos rejeitarem a provocação e reconhecerem a legitimidade de Israel, e se Israel reconhecer que não pode ocupar terras palestinas em caráter permanente e nelas criar colônias. Todos nós, como líderes, precisamos nos esforçar mais no sentido de conter, em vez de estimular, um conceito de identidade que nos leva a menosprezar os outros.

O que me leva à quarta e última coisa que precisamos fazer, e que é manter nosso compromisso com a cooperação internacional baseada nos direitos e responsabilidades das nações.

Como presidente dos Estados Unidos, eu sei que, em quase toda a história humana, o poder não tem sido unipolar. O fim da e Guerra Fria pode ter levado muitos a esquecer esta verdade. Tenho notado como presidente que às vezes tanto os adversários dos Estados Unidos quanto alguns dos nossos aliados consideram que todos os problemas são causados por Washington ou poderiam ser resolvidos por Washington — e talvez até sejam mesmo em numerosos demais em Washington os que também acreditam nisto. Mas considero que os Estados Unidos tem sido uma superpotência rara na história humana, na medida em que se mostra disposta a pensar além dos meros interesses próprios; que embora tenhamos cometido nossos erros nos últimos vinte e cinco anos — e eu admiti alguns deles —, temos procurado, às vezes com grande sacrifício, melhor alinhar nossos atos com nossos ideais. E em consequência considero que temos sido uma força do bem.

Nós protegemos nossos aliados. Agimos no sentido de proteger os vulneráveis. Apoiamos os direitos humanos e aceitamos o exame de nossos atos. Vinculamos nosso poder a leis e instituições internacionais. Quando cometemos erros, procuramos admiti-los. Trabalhamos no sentido de fazer recuar a pobreza e a fome e a doença fora das nossas fronteiras, e não apenas em seu interior.

Eu me orgulho disso. Mas também sei que não podemos fazê-lo sozinhos. E considero que, para enfrentar os desafios deste século, teremos todos de fazer mais no sentido de aumentar a capacidade internacional. Não podemos escapar da perspectiva de uma guerra nuclear se não nos comprometermos todos em acabar com a disseminação de armas nucleares e promover um mundo sem elas.

Quando o Irã aceita limitações ao seu programa nuclear, é algo que aumenta a segurança global e aumenta a capacidade do Irã de trabalhar com outros países. Por outro lado, quando a Coreia do Norte testa uma bomba, todos somos postos em risco. E qualquer país que desrespeite esse acordo básico terá de enfrentar consequências. E os países que dispõem dessas armas, como os Estados Unidos, têm a responsabilidade única de seguir um caminho de redução dos seus arsenais, reafirmando normas básicas como o compromisso de jamais voltar a testá-las.

Não podemos combater uma doença como a zika, que não reconhece fronteiras — os mosquitos não respeitam muros —, se não conferirmos um caráter permanente à mesma urgência que aplicamos contra a ebola — fortalecendo nossos próprios sistemas de saúde pública, investindo em tratamentos e no recuo das causas fundamentais da doença e ajudando os países mais pobres a desenvolver uma infraestrutura de saúde pública.

Só poderemos eliminar a pobreza extrema se as metas de desenvolvimento sustentável que estabelecemos representarem mais que meras palavras no papel. O engenho humano nos confere hoje a capacidade de alimentar os que têm fome e proporcionar a todos os nossos filhos — inclusive as meninas — a educação que é a base da oportunidade em nosso mundo. Mas temos de escorar nossa vontade em atos.

E só poderemos concretizar a promessa da fundação desta instituição — e substituir a devastação das guerras pela cooperação — se países poderosos como o meu aceitarem limites. Às vezes eu sou criticado em meu próprio país por declarar que acredito em normas internacionais e instituições multilaterais. Mas estou convencido de que a longo prazo o fato de abrir mão de um certo grau de liberdade de ação — não abrir mão da nossa capacidade de nos proteger ou promover nossos interesses essenciais, mas nos vincular a longo prazo a regras internacionais — é algo que aumenta nossa segurança. E considero que isto não se aplica só a nós.

Se a Rússia continuar a interferir nas questões de seus vizinhos, pode ser algo popular em casa, pode fomentar o fervor nacionalista por algum tempo, mas com o tempo também vai diminuir sua estatura e tornar suas fronteiras menos seguras. No mar do Sul da China, uma solução pacífica de disputas com base na lei significará estabilidade muito maior que a militarização de meia dúzia de rochas e recifes.

Somos todos acionistas desse sistema internacional, chamados a investir no sucesso de instituições às quais pertencemos. E a boa notícia é que muitos países têm demonstrado o tipo de progresso que é possível quando assumimos esses compromissos. Basta ver o que conseguimos aqui nos últimos anos.

Juntos, mobilizamos cerca de cinquenta mil homens a mais para as forças de paz da ONU, tornando-as ágeis, mais bem equipadas, mais preparadas para enfrentar emergências. Juntos, estabelecemos uma Parceria pelo Governo Aberto, para que, cada vez mais, a transparência confira poderes a um número cada vez maior de pessoas em todo o planeta. E juntos, agora, precisamos abrir os corações e fazer mais para ajudar os refugiados que buscam um lar desesperadamente.

Devemos todos dar as boas vindas às promessas de maior assistência feitas nesta Assembleia Geral. Tratarei mais do assunto esta tarde. Mas temos de dar continuidade e cumprir as promessas, mesmo quando a política estiver difícil. Pois o aos olhos dos homens, mulheres e crianças inocentes que, sem qualquer culpa, tiveram de fugir de tudo que conhecem, tudo que amam, precisamos ter a empatia necessária para ver por nós mesmos. Precisamos imaginar como seria para nossa família, para nossos filhos, se o inominável nos acontecesse. E devemos todos entender que, em última análise, nosso mundo será mais seguro se nos dispusermos a ajudar os necessitados e os países que carregam o fardo mais pesado no que diz respeito ao acolhimento desses refugiados.

Muitos países neste exato momento estão fazendo a coisa certa. Mas muitos outros — em especial os abençoados com a riqueza e as vantagens da geografia — poderiam fazer mais para oferecer ajuda, embora também insistam em que os refugiados que chegam aos nossos países precisam se esforçar mais para se adaptar aos costumes e convenções das comunidades que agora lhes proporcionam um lar.

Quero concluir dizendo que reconheço que a história conta uma história diferente desta a que me referi aqui hoje. É possível adotar uma visão muito mais sombria e cínica da história. Muitas vezes os seres humanos são motivados por ganância e poder. Ao longo de quase toda a história, os países grandes têm intimidado os pequenos. Tribos e grupos étnicos e Estados-nação muitas vezes acharam conveniente definir-se pelo que odeiam, e não apenas pelas ideias que os unem.

Quantas vezes os seres humanos não acreditaram ter enfim chegado a um período de esclarecimento, para então voltar a repetir ciclos de conflito e sofrimento. Talvez seja o nosso destino. Precisamos lembrar que as escolhas dos seres humanos individuais levaram as duas guerras mundiais. Mas também precisamos lembrar que as escolhas de seres humanos individuais criaram uma organização chamada Nações Unidas, para que uma guerra assim nunca mais voltasse a acontecer. Cada um de nós, como líderes, cada nação pode optar por rejeitar aqueles que apelam para os nossos piores impulsos e acolher os que apelam para o que temos de melhor. Pois já demonstramos que somos capazes de escolher uma história melhor.

Sentado em uma cela de prisão, um jovem Martin Luther King Jr. escreveu que "o progresso humano nunca anda sobre as rodas da inevitabilidade; ele decorre dos esforços incansáveis de homens dispostos a trabalhar com Deus". E ao longo destes oito anos visitei muitos dos países que os senhores representam, pude ver esse espírito nos nossos jovens, que são mais educados e mais tolerantes, mais inclusivos e mais diversos, mais criativos que nossa geração; que têm mais empatia e compaixão em relação aos outros seres humanos que anteriores gerações. E, sim, parte disto vem com o idealismo da juventude. Mas também vem com o acesso dos jovens à informação sobre outros povos e lugares — o entendimento sem equivalente na história humana de que seu futuro está ligado ao destino de outros seres humanos do outro lado do mundo.

Penso nos milhares de trabalhadores de saúde de todo o mundo que se apresentaram como voluntários para combater o ebola. Lembro-me dos jovens empreendedores que conheci que hoje abrem negócios em Cuba, dos parlamentares que há poucos anos ainda eram presos políticos na Birmânia. Penso nas moças que enfrentaram provocações ou violência simplesmente para ir à escola no Afeganistão, e nos estudantes universitários que criaram programas online para rejeitar o extremismo de organizações como o Estado Islâmico. Sinto-me fortalecido com os jovens americanos — empresários, militantes, soldados, novos cidadãos — que mais uma vez estão refazendo nossa nação, que não se deixam tolher por velhos hábitos e velhas convenções, não carregam o fardo do que é, dispostos, pelo contrário, a agarrar o que deveria ser.

Minha própria família é constituída de carne e sangue e tradições e culturas e crenças de muitas partes diferentes do mundo — exatamente como os Estados Unidos foi construída por imigrantes de todos os quadrantes. E na minha própria vida, neste país, e como presidente, aprendi que nossas identidades não precisam ser definidas pelo rebaixamento de alguém mais, podendo ser exaltadas pela elevação dos outros. Não precisam ser definidas em oposição aos outros, e sim pela crença na liberdade e na igualdade e na justiça.

E o fato de considerar esses princípios universais não enfraquece meu orgulho particular, meu particular amor pelos Estados Unidos — ele o fortalece. Minha convicção de que esses ideais se aplicam em toda parte não diminui meu compromisso de ajudar os que se parecem comigo, ou rezam como eu rezo, ou prestam lealdade à minha bandeira. Mas minha fé nesses princípios de fato me obriga a expandir minha imaginação moral e reconhecer que posso servir melhor a meu próprio povo, posso cuidar melhor das minhas filhas fazendo com que meus atos busquem o que está certo para todas as pessoas e todas as crianças, para as filhas e os filhos dos senhores.

É nisto que acredito: que todos nós podemos trabalhar com Deus. E nossa liderança, e nossos governos e estas Nações Unidas devem refletir essa verdade irredutível.

Muito obrigado.

"O QUE NOSSA DEMOCRACIA EXIGE"

Pronunciamento de despedida

CHICAGO, ILLINOIS, 10 DE JANEIRO DE 2017

Os presidentes não têm obrigação de fazer um pronunciamento de despedida, e menos de um terço deles o fez — de maneira memorável nos casos de George Washington e Dwight Eisenhower. Obama certamente não esperava ter que fazer seu pronunciamento de despedida dez dias antes da posse de Donald J. Trump como presidente dos Estados Unidos. Mas a ascensão de Trump pode ter tornado necessário esse discurso.

Trump construiu seu perfil político nacional denegrindo a cidadania de Obama, e depois construiu sua campanha declarando que a grande experiência na qual Obama investira tanta esperança — o "sonho inscrito nos documentos fundadores da nação" — era um fracasso. Durante a eleição de 2016, Obama manteve-se confiante em que a campanha negativa de Trump, assentada em uma mensagem de declínio americano, fracassaria. Como no caso da maioria dos políticos e especialistas (inclusive, como parecem indicar as evidências, o próprio Trump), suas expectativas foram desmentidas.

E assim, em uma noite de janeiro em Chicago, Obama fez uma ardente defesa do seu legado. Exortou a nação a preservar sua mensagem de esperança e a manter a fé nos valores centrais da moderna civilização ocidental:

liberdade, tolerância, democracia, abertura e confiança no futuro. Fez o elogio dos progressos alcançados em seus anos na presidência em matéria de assistência de saúde, direitos LGBT, respeito aos imigrantes e combate às mudanças climáticas.

Seu pronunciamento de despedida, embora se referindo de maneira explícita ao novo presidente apenas uma vez, com toda evidência refletia uma preocupação mais ampla no país: de que a própria ideia de democracia multirracial, baseada no pluralismo religioso e dependendo de estabilidade econômica tanto na base quanto no topo da pirâmide, corria risco nos Estados Unidos, assim como no resto do mundo. Diante de um público que às vezes se manifestava ruidosamente e outras chorava — em especial quando ele falou com ternura de sua gratidão à esposa, às filhas e a seu "irmão", o vice-presidente Joe Biden —, Obama apresentou uma poderosa argumentação em apoio da democracia liberal, advertindo os americanos para a crescente ameaça do autoritarismo.

Obama retomou também muitos dos temas que tinham definido seu estilo retórico: o longo e não raro turbulento avanço em direção aos ideais da fundação do país e a urgência da participação política. Encerrou recitando o credo que ajudou a fazer do exótico e magricelo garoto multirracial do Havaí, com seu sobrenome estranho, presidente dos Estados Unidos: "Sim, nós podemos. Sim, nós fizemos. Sim, nós podemos."

Olá, Chicago! É bom estar em casa! Obrigado a todos. Muito bem, sentem-se por favor. Estamos ao vivo na televisão. Preciso ir em frente. Dá para ver que eu já era porque ninguém está seguindo as instruções. Sentem-se todos por favor.

Meus concidadãos americanos, Michelle e eu ficamos muito emocionados com todas as manifestações de carinho que recebemos nas últimas semanas. Mas esta noite é a minha vez de dizer obrigado. Fosse concordando ou raramente chegando a um acordo, minhas conversas com vocês, o povo americano, em salas de estar e escolas, em fazendas, fábricas e lanchonetes, assim como em distantes postos militares avançados — essas conversas foram o que me manteve honesto, e manteve inspirado e me manteve em ação. E eu aprendi com vocês todos os dias. Vocês me fizeram um melhor presidente, e vocês me fizeram um homem melhor.

Bom, eu cheguei a Chicago com vinte e poucos anos. E ainda estava tentando descobrir quem eu era, buscando um propósito na vida. E era um bairro não longe daqui onde comecei a trabalhar com grupos da igreja à sombra de usinas siderúrgicas fechadas. Foi nessas ruas que pude testemunhar a força da fé, e a tranquila dignidade de trabalhadores diante da luta e da perda.

PÚBLICO: Mais quatro anos! Mais quatro anos! Mais quatro anos!

PRESIDENTE: Eu não posso.

PÚBLICO: Mais quatro anos! Mais quatro anos! Mais quatro anos!

PRESIDENTE: Foi quando eu aprendi que a mudança só ocorre quando pessoas comuns se envolvem e se mobilizam, e se unem para exigi-la.

Depois de oito anos como presidente de vocês, ainda acredito nisto. E não é apenas minha crença. É o coração pulsante da nossa ideia americana — nossa audaciosa experiência de autogoverno. A convicção de que todos fomos criados iguais, dotados por nosso Criador de certos direitos inalienáveis, entre eles a vida, a liberdade e a busca da felicidade. A insistência em que esses direitos, apesar de óbvios, nunca puderam se impor por si mesmos; de que nós, o povo, pelos instrumentos da nossa democracia, podemos formar uma união mais perfeita.

Que ideia radical! Um grande presente que nos foi dado pelos nossos Pais da Pátria: a liberdade de ir em busca de nossos sonhos individuais com nosso suor e nosso esforço e nossa imaginação, e o imperativo de lutar juntos, também, para alcançar um bem comum, um bem maior.

Durante 240 anos, o convite à cidadania da nossa nação proporcionou trabalho e propósito a cada nova geração. Foi o que levou patriotas a escolher a república em detrimento da tirania, os pioneiros a rumar para o Oeste, os escravos a enfrentar o caminho para a liberdade. Foi o que atraiu imigrantes e refugiados de além-oceanos e do outro lado do rio Grande. Foi o que levou as mulheres a lutar pelo direito de voto. Foi o que deu força para que os trabalhadores se organizassem. Foi o motivo pelo qual os soldados deram a vida em Omaha Beach e Iwo Jima, no Iraque e no Afeganistão. E o motivo pelo qual homens e mulheres de Selma a Stonewall também se dispuseram a dar a sua.

É portanto isto que queremos dizer quando afirmamos que os Estados Unidos é excepcional — não que nosso país tenha sido perfeito desde o início, mas que demonstramos a capacidade de mudar e tornar a vida melhor para aqueles que vêm depois. Sim, nosso progresso foi irregular. O trabalho da democracia sempre foi difícil. Sempre foi controvertido. Algumas vezes foi sangrento. A cada dois passos adiante, muitas vezes parece que damos um passo atrás. Mas o movimento geral dos Estados Unidos tem sido definido pelo impulso para a frente, uma constante ampliação de nossas convicções fundadoras de acolher a todos, e não apenas alguns.

Se eu lhes tivesse dito oito anos atrás que os Estados Unidos reverteria uma grande recessão, daria nova partida na nossa indústria automobilística e desencadearia o mais longo período de criação de empregos em nossa história — se lhes tivesse dito que abriríamos um novo capítulo com o povo cubano, poríamos fim ao programa iraniano de armas nucleares sem disparar um tiro, eliminaríamos o cérebro do 11 de setembro — se lhes tivesse dito que conquistaríamos o direito igual para todos no casamento, garantiríamos o direito do seguro-saúde para mais vinte milhões dos nossos concidadãos — se eu lhes tivesse dito tudo isto, talvez vocês tivessem respondido que estávamos mirando longe demais. Mas foi o que fizemos. Foi o que vocês fizeram.

Vocês foram a mudança. Vocês atenderam às expectativas das pessoas, e por causa vocês, em quase todas as frentes, os Estados Unidos é um lugar melhor e mais forte do que era quando começamos.

Dentro de dez dias o mundo assistirá a um marco da nossa democracia.

PÚBLICO: Nããão...

PRESIDENTE: Não, não, não, não, não — a transferência pacífica de poder de um presidente livremente eleito ao seguinte. Eu prometi ao presidente eleito Trump que meu governo garantiria a transição mais tranquila possível, exatamente como o presidente Bush fez comigo. Pois cabe a todos nós garantir que nosso governo nos ajude a enfrentar os muitos desafios que ainda temos pela frente.

E temos aquilo de que precisamos para fazê-lo. Temos tudo de que precisamos para enfrentar esses desafios. Afinal, ainda somos o país mais rico, mais poderoso e mais respeitado da Terra. Nossa juventude, nossa energia, nossa diversidade e abertura, nossa infinita capacidade de assumir riscos e reinventar significam que o futuro deve ser nosso. Mas esse potencial só se concretizará se nossa democracia funcionar. Se nossa política refletir melhor a honestidade do nosso povo. Se todos nós, independentemente de filiação partidária ou interesses particulares, ajudarmos a restabelecer o senso de propósito comum de que tanto precisamos neste momento.

É disto que quero falar esta noite: a situação da nossa democracia. Vejam bem, democracia não requer uniformidade. Nossos fundadores discutiam. Eles brigavam. No fim, entraram em acordo. E esperavam que nós fizéssemos o mesmo. Mas sabiam que a democracia de fato exige um senso básico de solidariedade — a ideia de que, apesar de nossas diferenças externas, estamos todos juntos nisto; de que subimos ou caímos como um só.

Ao longo da nossa história, houve momentos que puseram em risco essa solidariedade. E o início deste século foi um desses momentos. Um mundo que encolhe, uma crescente desigualdade; mudanças demográficas e o fantasma do terrorismo: estas forças não têm testado apenas nossa segurança e nossa prosperidade, elas também estão testando nossa democracia. E a maneira como enfrentarmos esses desafios a nossa democracia vai determinar nossa capacidade de educar nossos filhos, criar bons empregos e proteger nossa pátria. Em outras palavras, vai determinar nosso futuro.

Para começar, nossa democracia não pode funcionar sem que todos tenham oportunidades econômicas. E a boa notícia é que hoje a economia voltou a crescer. Salários, receitas, valores imobiliários e cálculos de aposentadoria estão subindo de novo. A pobreza diminui mais uma vez. Os ricos estão pagando uma parte mais justa dos impostos em um momento em que o mercado de ações bate recordes. Os índices de desemprego nunca foram tão baixos em dez anos. O índice de não segurados jamais foi tão baixo. Os custos da assistência de saúde estão aumentando na velocidade mais baixa em cinquenta anos. E eu já disse e repito: se alguém for capaz de traçar um plano comprovadamente melhor que os aperfeiçoamentos que promovemos no nosso sistema de assistência de saúde, atendendo ao mesmo número de pessoas a um custo mais baixo, terá o meu apoio público.

Afinal de contas, é para isso que servimos. Não para somar pontos ou ficar com o crédito, mas para tornar melhor a vida das pessoas.

Mas apesar de todo o progresso que fizemos, nós sabemos que não é o suficiente. Nossa economia não funciona tão bem nem cresce com a mesma velocidade quando uns poucos prosperam em detrimento de uma crescente classe média e dos degraus necessários para aqueles que querem entrar para a classe média. Este é o argumento econômico. Mas uma desigualdade flagrante também corrói nosso ideal democrático. Enquanto o 1% do topo da pirâmide abocanhou uma parte maior da riqueza e da receita, um número demasiado grande de famílias, nas áreas urbanas pobres e nas zonas rurais, ficou para trás: o operário demitido; a garçonete ou o trabalhador da área de saúde que mal consegue pagar as contas — convencidos de que o jogo tem cartas marcadas contra eles, de que seu governo só atende aos interesses dos poderosos: receita certa de mais descrença e polarização em nossa política.

Mas não existem soluções prontas para essa tendência de longo prazo. Concordo em que nosso comércio deveria ser justo, e não apenas livre. Mas a próxima onda de perturbações econômicas não virá do exterior. Virá do implacável ritmo de automação que torna obsoletos muitos bons empregos de classe média.

Teremos portanto de forjar um novo pacto social para garantir a educação de que nossos filhos precisam — para dar aos trabalhadores o poder de se sindicalizar por melhores salários; para modernizar a rede de segurança social de maneira a refletir a maneira como vivemos hoje, e promover mais reformas do código fiscal, de modo que empresas e indivíduos que mais se beneficiam dessa nova economia não fujam de suas obrigações com o país que tornou possível esse sucesso.

Podemos discutir as melhores maneiras de alcançar essas metas. Mas não podemos ser condescendentes em relação a elas. Pois se não criarmos oportunidades para todos, a insatisfação e as divisões que têm retido nosso progresso só haverão de se acentuar nos próximos anos.

Existe uma segunda ameaça à nossa democracia — e esta é tão antiga quanto nosso país. Após a minha eleição, falava-se de uma nação pós-racial. Mas essa visão, por mais bem-intencionada, nunca foi realista. A raça continua sendo uma força poderosa e não raro desagregadora em nossa sociedade. De minha parte, já sei a esta altura da vida que as relações raciais são melhores hoje do que eram há dez, vinte ou trinta anos, não importando o que digam alguns. É o que se constata não só nas estatísticas, mas na atitude dos americanos jovens em todo o espectro político.

Mas ainda não estamos onde precisamos estar. E todos nós temos mais trabalho pela frente. Se todas as questões econômicas forem enquadradas em um contexto de luta entre uma classe média branca que trabalha com afinco e uma minoria desqualificada, trabalhadores de todos os setores serão obrigados a disputar restos, enquanto os ricos mais e mais se isolam em seus enclaves privados. Se não nos dispusermos a investir nos filhos dos imigrantes, só porque não se parecem conosco, estaremos diminuindo as perspectivas de nossos próprios filhos — pois essas crianças morenas passarão a representar uma parte cada vez maior da força de trabalho dos Estados Unidos. E já demonstramos que nossa economia não precisa ser um jogo de soma zero. No ano passado, as rendas aumentaram para todas as raças, todos os grupos etários, para homens e mulheres.

De modo que se quisermos encarar com seriedade o avanço na questão racial, precisamos apoiar leis contra a discriminação — na contratação, na habitação, na educação, no sistema penal. É o que exigem nossa Constituição e nossos mais altos ideais.

Mas as leis por si mesmas não bastam. É preciso mudar os corações. Não haverá uma mudança da noite para o dia. Muitas vezes as atitudes sociais levam gerações para mudar. Mas para que nossa democracia funcione em um país cada vez mais diversificado, cada um de nós precisa tentar ouvir o conselho de um grande personagem da ficção americana — Atticus Finch —, que disse: "A gente não entende realmente uma pessoa enquanto não encarar as coisas do seu ponto de vista [...] enquanto não entrar na sua pele e andar por aí nela."*

Para os negros e outros grupos minoritários, isto significa vincular nossas lutas muito concretas pela justiça aos desafios enfrentados por muitas pessoas no país — não só os refugiados ou os imigrantes, os pobres do meio rural ou os americanos transgênero, mas também o sujeito branco de meia--idade que, em um primeiro olhar, pode parecer desfrutar de vantagens, mas viu seu mundo virar de ponta-cabeça com as mudanças econômicas e culturais e tecnológicas. Nós precisamos prestar atenção, ouvir.

Para os americanos brancos, significa reconhecer que os efeitos da escravidão e de Jim Crow não desapareceram de uma hora para outra na década de 1960 — reconhecer que quando grupos minoritários manifestam insatisfação,

---

* Do romance *O Sol é para todos*, de Harper Lee. (N. T.)

não estão apenas praticando uma forma invertida de racismo ou sendo politicamente corretos. Quando promovem protestos pacíficos, não estão exigindo tratamento especial, mas o tratamento igual prometido pelos Pais da Pátria.

Para os americanos nativos, significa lembrar a nós mesmos que os estereótipos de hoje sobre os imigrantes eram ditos, quase palavra por palavra, a respeito dos irlandeses, dos italianos, dos poloneses — que, segundo se dizia, destruiriam o caráter fundamental dos Estados Unidos. E na verdade os Estados Unidos não foi enfraquecida pela presença desses recém-chegados; eles abraçaram o credo da nossa nação, e nossa nação se viu fortalecida.

Assim, independentemente da posição que ocupamos, todos nós precisamos tentar com mais afinco. Precisamos todos partir do princípio de que cada um dos nossos concidadãos ama o país tanto quanto nós; de que eles dão valor ao empenho no trabalho e à família, assim como nós; de que seus filhos são tão curiosos e esperançosos e dignos de amor quanto os nossos.

E isso não é fácil. Para muitos de nós, tornou-se mais seguro o retiro em nossas bolhas, seja no bairro ou nos campus universitários ou nos locais de culto, ou especialmente nas mídias sociais, cercados de pessoas que se parecem conosco, têm os mesmos pontos de vista políticos e nunca contestam nossos pressupostos. A intensificação dos partidarismos, a crescente estratificação econômica e regional, a ramificação dos nossos meios de comunicação em canais para todos os gostos — tudo isto faz com que esse tipo de separação pareça natural e até inevitável. E cada vez mais ficamos tão seguros em nossas bolhas de começamos a aceitar apenas informações, sejam verdadeiras ou não, que estejam de acordo com nossas opiniões, em vez de basear nossas opiniões nos fatos que se apresentam.

E essa tendência representa uma terceira ameaça a nossa democracia. Mas a política é uma batalha de ideias. Assim é que nossa democracia foi concebida. em um debate saudável, damos prioridade a metas diferentes, e aos diferentes meios de alcançá-las. Mas sem uma base comum de fatos, sem a disposição de aceitar novas informações e reconhecer que o adversário pode ter um ponto de vista justo, e que a ciência e a razão são importantes — o que vamos é ficar falando sem nos ouvir uns aos outros, tornando impossível encontrar um terreno comum e chegar a um acordo.

E em parte não é isto que tantas vezes torna a política tão desanimadora? Como é possível que representantes eleitos se enfureçam com déficits quando propomos gastar dinheiro no pré-escolar, mas não quando cortamos impostos de grandes empresas? Como é que desculpamos lapsos éticos no nosso partido, mas reagimos de imediato quando o outro partido faz o mesmo? Não é apenas desonesto, ceder a esse tipo de triagem dos fatos; é contraproducente. Pois, como costumava dizer minha mãe, a realidade sempre dá um jeito de nos alcançar.

Vejamos por exemplo o desafio das mudanças climáticas. Em apenas oito anos, reduzimos à metade nossa dependência do petróleo estrangeiro; duplicamos nossa energia renovável; conduzimos o mundo a um acordo que representa a promessa de salvar o planeta. Mas sem uma ação mais ousada nossos filhos não terão tempo de debater a existência das mudanças climáticas. Estarão ocupados com seus efeitos: mais catástrofes ambientais, mais perturbações econômicas, ondas de refugiados buscando acolhida.

É possível, e mesmo desejável, discutir sobre a melhor abordagem para resolver o problema. Mas simplesmente negá-lo é uma traição não só das futuras gerações como do espírito essencial do nosso país: o espírito essencial de inovação e solução prática de problemas que orientava nossos fundadores.

Esse espírito, derivado do Iluminismo, é que nos transformou em uma potência econômica — o espírito que alçou voos em Kitty Hawk* e cabo Canaveral; o espírito que cura doenças e põe um computador no bolso de cada um.

Foi esse espírito — a fé na razão, na iniciativa, na primazia do direito sobre a força — que nos permitiu resistir à tentação do fascismo e da tirania durante a Grande Depressão; que nos permitiu construir depois da Segunda Guerra Mundial uma ordem mundial com outras democracias, uma ordem não só baseada na força militar ou nas filiações nacionais, mas construída sobre princípios: o império da lei, os direitos humanos, a liberdade de religião, de expressão e de reunião e uma imprensa independente.

Essa ordem está sendo desafiada hoje — primeiro por fanáticos violentos que alegam falar pelo islã; mais recentemente, por autocratas que, em capitais estrangeiras, veem o livre mercado e as democracias abertas e a própria sociedade civil como uma ameaça ao seu poder. O perigo que cada um deles oferece a nossa democracia é de muito maior alcance que uma bomba ou um míssil. Ele representa o medo da mudança; o medo de pessoas que falam ou

---

* Cidade da Carolina do Norte onde os aviadores irmãos Wright realizaram em 1903 o primeiro voo controlado. (*N. do T.*)

rezam diferente, ou têm uma aparência diferente; um desprezo pelo império da lei, que obriga os dirigentes a prestar contas; a intolerância da divergência e do livre pensar; a crença de que a espada ou o revólver ou a bomba ou a máquina de propaganda é o supremo árbitro do que está certo ou errado.

Em virtude da extraordinária coragem dos nossos homens e mulheres uniformizados, em virtude dos nossos funcionários de inteligência, do policiamento e dos diplomatas que apoiam nossas tropas, nenhuma organização terrorista estrangeira conseguiu planejar e executar um atentado em nossas terras nos últimos oito anos. E embora Boston, Orlando, San Bernardino e Fort Hood nos lembrem como a radicalização pode ser perigosa, nossos organismos de manutenção da ordem pública estão mais eficazes e vigilantes que nunca. Eliminamos dezenas de milhares de terroristas — entre eles bin Laden. A coalizão global que estamos liderando contra o Estado Islâmico eliminou seus líderes, privando-o de cerca de metade do seu território. O Estado Islâmico será destruído, e ninguém que ameace os Estados Unidos jamais estará em segurança.

E a todos que serviram ou estão servindo, quero dizer que tem sido a honra da minha vida ser o seu comandante-em-chefe. E todos nós temos com vocês um profundo débito de gratidão.

Mas a proteção do nosso modo de vida não é função apenas das nossas forças armadas. A democracia pode perder terreno quando cedemos ao medo. Assim, assim como devemos, como cidadãos, manter-nos vigilantes contra a agressão externa, precisamos também nos prevenir contra um enfraquecimento dos valores que nos constituem.

É por isso que, nos oito últimos anos, trabalhei no sentido de estabelecer a luta contra o terrorismo sobre bases jurídicas mais sólidas. Foi por isso que acabamos com a tortura, trabalhamos para fechar a base naval da baía de Guantânamo, revimos nossas leis de vigilância para proteger a privacidade e as liberdades civis. Por isto rejeito a discriminação contra os americanos muçulmanos, que são tão patriotas quanto nós.

E é por isso que não podemos nos retirar dos grandes combates globais — expandir a democracia e os direitos humanos e os direitos das mulheres e os direitos LGBT. Por imperfeitos sejam nossos esforços, por conveniente possa parecer ignorar esses valores, isto faz parte da defesa dos Estados Unidos. Pois o combate ao extremismo, à intolerância, ao sectarismo e ao chauvinismo são parte integrante da luta contra o autoritarismo e a agressão nacionalista. Se o alcance da liberdade e o respeito ao império da lei recuarem no mundo, a probabilidade de guerra nas nações e entre elas aumentará, e em algum momento nossa própria liberdade será ameaçada.

Sejamos, portanto, vigilantes, mas sem medo. O Estado Islâmico tentará matar pessoas inocentes. Mas não é capaz de derrotar os Estados Unidos, a menos que traiamos nossa Constituição e nossos princípios nesse combate. Rivais como a Rússia ou a China não têm como competir com nossa influência no mundo — a menos que venhamos a abrir mão daquilo que defendemos, transformando-nos em mais um grande país que oprime vizinhos menores.

O que me leva à questão final: nossa democracia é ameaçada sempre que a temos como adquirida e certa. Todos nós, independentemente de partidos, devemos abraçar sem hesitação a tarefa de reconstruir nossas instituições democráticas. Quando os índices de comparecimento eleitoral nos Estados Unidos estão entre os mais baixos nas democracias avançadas, devemos tornar mais fácil, e não mais difícil, o ato de votar. Quando a confiança em nossas instituições cai, devemos reduzir a influência corrosiva do dinheiro na nossa política, insistindo nos princípios da transparência e da ética no serviço público. Quando o Congresso não funciona a contento, devemos levar nossos distritos eleitorais a estimular os políticos a recorrer ao senso comum, e não a extremos de rigidez.

Mas é preciso lembrar que nada disso acontece de forma espontânea. Tudo isso depende da nossa participação; de que cada um de nós aceite a responsabilidade da cidadania, independentemente da direção tomada pelo pêndulo do poder.

Nossa Constituição é um presente único e maravilhoso. Mas, na realidade, é apenas um pergaminho. Não tem poder próprio. Nós, o povo, somos quem lhe conferimos poder. Nós, o povo, lhe conferimos significado. Com nossa participação e as escolhas que fazemos, as alianças que forjamos. Posicionar-nos ou não pelas liberdades. Respeitar e fazer valer ou não o império da lei. Depende de nós. Os Estados Unidos não são algo frágil. Mas as conquistas da nossa longa jornada em direção à liberdade não estão garantidas.

No seu discurso de despedida, George Washington escreveu que o autogoverno é o alicerce da nossa segurança, da nossa prosperidade e da nossa liberdade, mas que, "por diferentes causas e partindo de diferentes direções, muitas dores serão experimentadas [...] para debilitar nas vossas mentes a convicção dessa verdade". Devemos portanto preservar essa verdade com "zelosa ansiedade"; devemos rejeitar "o primeiro alvorecer de qualquer tentativa de alienar qualquer parte do nosso país do resto ou de debilitar os vínculos sagrados" que nos fazem um só.

Estados Unidos, nós enfraquecemos esses vínculos quando permitimos que nosso diálogo político se torne tão desgastante que pessoas de boa índole sequer se dispõem a entrar para o serviço público; tão áspero e carregado de rancor que os americanos dos quais discordamos não são considerados equivocados, mas mal-intencionados. Debilitamos esses laços quando consideramos que alguns de nós são mais americanos que outros; quando descartamos todo o sistema como algo inevitavelmente corrupto e quando cruzamos os braços e pomos a culpa nos líderes que elegemos, sem examinar o papel que nós mesmos representamos ao elegê-los.

Cabe a cada um de nós ser esse guardião ansioso e zeloso da nossa democracia; abraçar a alegre tarefa que recebemos de tentar permanentemente melhorar esta nossa grande nação. Pois apesar de todas as nossas divergências exteriores, na verdade compartilhamos o mesmo título orgulhoso, o cargo mais importante de uma democracia: cidadão. Cidadão.

Como veem, portanto, é o que nossa democracia exige. Ela precisa de vocês. Não apenas quando há uma eleição, não só quando seus interesses pessoais estão em jogo, mas ao longo de toda uma vida. Se você está cansado de discutir com estranhos na internet, experimente falar com um deles na vida real. Se algo precisa ser consertado, arregace as mangas e organize um movimento. Se os políticos que elegeu o decepcionaram, pegue uma prancheta, consiga algumas assinaturas e concorra você mesmo a um cargo público. Mostre a cara. Entre na dança. Fique nela.

Algumas vezes você vai vencer. Outras, perderá. Partir do princípio de que existe um reservatório de boa vontade nas outras pessoas pode ser arriscado, e haverá vezes em que o processo todo o deixará decepcionado. Mas para aqueles de nós que tivemos a sorte de fazer parte desse trabalho, e de vê-lo de perto, devo dizer que é algo capaz de estimular e inspirar. E a maior parte das vezes, sua fé nos Estados Unidos — e nos americanos — será corroborada.

A minha sem dúvida foi. Ao longo desses oito anos, eu vi as expressões esperançosas de jovens formandos e dos nossos novos oficiais militares. Pranteei com famílias enlutadas em busca de respostas, e encontrei a graça em uma igreja de Charleston. Vi nossos cientistas ajudarem um homem paralisado a recobrar o tato. Vi soldados feridos que a certa altura eram dados como mortos voltarem a andar. Vi nossos médicos e voluntários reconstruírem depois de terremotos e impedirem a disseminação de pandemias após as catástrofes. Vi as menores crianças nos lembrarem com seus atos e sua generosidade de nossa obrigação de cuidar dos refugiados, ou de trabalhar pela paz e, acima de tudo, de cuidar uns dos outros.

De modo que essa fé que depositei tantos anos atrás, não longe daqui, na capacidade dos americanos comuns de promover a mudança — essa fé foi recompensada de formas que eu jamais poderia ter imaginado. E espero que a fé de vocês também. Alguns de vocês aqui presentes esta noite ou assistindo em casa estavam lá conosco em 2004, em 2008, em 2012 — talvez ainda não consigam acreditar que alcançamos tudo isso. Pois quero dizer-lhes: vocês não são os únicos.

Michelle — Michelle LaVaughn Robinson, menina do South Side —, nos últimos vinte e cinco anos você tem sido não só minha mulher e mãe das minhas filhas, mas minha melhor amiga. Assumiu um papel que não havia solicitado e se apropriou dele, com elegância e determinação e estilo e bom humor. Transformou a Casa Branca em um lugar que pertence a todos. E a nova geração ambiciona mais alto por tê-la como modelo. E assim estou orgulhoso de você. E o país se orgulha de você.

Malia e Sasha, vocês se tornaram duas jovens incríveis, nas circunstâncias mais estranhas. São inteligentes e belas, mas sobretudo, são boas, cheias de consideração e de paixão. Carregaram com muita facilidade esses anos sob os holofotes. De tudo que fiz na vida, meu orgulho maior é ser seu pai.

A Joe Biden — o garoto brigão de Scranton que se tornou o filho favorito de Delaware —, você foi a primeira decisão que eu tomei ao ser designado, e foi a melhor. Não só porque você foi um grande vice-presidente, mas porque ainda por cima ganhei um irmão. E nós o amamos e a Jill como família, e sua amizade tem sido uma das maiores alegrias da nossa vida.

À minha notável equipe: durante oito anos — e, no caso de alguns de vocês, muito mais — eu recorri à sua energia e tentei refletir todos os dias o que vocês demonstravam: coração, caráter, idealismo. Eu os vi crescer, casar, ter filhos, iniciar incríveis jornadas próprias. Mesmo quando as coisas ficavam difíceis e frustrantes, vocês jamais permitiram que Washington levasse a melhor. Se protegiam da descrença. E a única coisa que me orgulha ainda mais que todo o bem que fizemos é imaginar todas as coisas incríveis que vocês ainda farão.

E a todos vocês que estão por aí — cada organizador que se transferia para uma cidade desconhecida, cada boa família que os recebia, cada voluntário que batia nas portas, cada jovem que depositava um voto pela primeira vez, cada americano que vivia e respirava o trabalho difícil da mudança —, vocês são os melhores militantes e organizadores que alguém poderia desejar, e eu serei sempre grato. Pois vocês de fato mudaram o mundo. Mudaram mesmo.

Por isso, deixo esta tribuna esta noite ainda mais otimista com nosso país do que quando começamos. Pois sei que nosso trabalho não apenas ajudou vários americanos, mas também inspirou muitos americanos — especialmente muitos jovens — a acreditar que é possível fazer diferença, engatar nosso vagão em algo maior que nós mesmos.

Quero lhes dizer que a próxima geração — desprendida, altruísta, criativa, patriótica —, eu pude vê-la em cada recanto deste país. Vocês acreditam em uma nação justa e inclusiva. Sabem que a mudança constante tem sido uma marca dos Estados Unidos; que não é algo a ser temido, mas abraçado. Vocês se dispõem a levar adiante esse trabalho árduo da democracia. Logo serão em maior número que todos nós, e portanto acredito que o futuro está em boas mãos.

Meus concidadãos americanos, foi a honra da minha vida servi-los. Não vou parar. Na verdade, estarei aqui mesmo com vocês, como cidadão, pelo resto dos meus dias. Mas agora, sejam vocês jovens ou jovens de coração, de fato tenho algo a lhes pedir como seu presidente: a mesma coisa que pedi quando apostaram em mim oito anos atrás. Peço-lhes que acreditem. Não na minha capacidade de promover a mudança, mas na de vocês mesmos.

Peço-lhes que se aferrem a essa fé inscrita nos nossos documentos fundadores; essa ideia sussurrada por escravos e abolicionistas; esse espírito entoado por imigrantes e colonos e os que marcharam pela justiça; esse credo reafirmado pelos que fincaram bandeiras em campos de batalha estrangeiros ou na superfície da Lua; um credo que está no coração de cada americano cuja história ainda não foi escrita: Sim, nós podemos.

Sim, nós fizemos. Sim nós podemos.

Obrigado. Deus os abençoe. Que Deus continue abençoando os Estados Unidos dos Estados Unidos.

AGRADECIMENTOS

Acima de tudo, agradecemos a Anton Mueller, da Bloomsbury, que teve a ideia desta coletânea e nos convidou a editá-la. Somos gratos por seu esplêndido instinto editorial, seu entusiasmo, sua consideração e sua percepção de que muitos americanos gostariam de lançar um olhar retrospectivo para o mandato do presidente Obama, reexaminando suas próprias palavras. Também expressamos nossa mais profunda gratidão a Adam Waters, cujo talento de pesquisador e escritor foi absolutamente essencial para este projeto. Adam ostenta uma sabedoria ímpar no terreno da política e da história — com uma consciência de repórter investigativo sobre a importância dos prazos. Não poderíamos ter realizado este projeto sem ele. Um grande obrigado às nossas agentes, Gail Ross e Suzanne Gluck. Por fim, obrigado ao Miller Center, à Casa Branca e aos em numerosos veículos de comunicação que forneceram transcrições dos discursos do presidente Obama.

Este livro foi composto na tipologia Minion Pro,
em corpo 11/15,15, impresso em papel off-white
no Sistema Cameron da Divisão Gráfica
da Distribuidora Record.